伊斯蘭文明

中卷　中期伊斯蘭的擴張

第4冊
危機與復興：蒙古強權時代

MARSHALL G.S.HODGSON

馬歇爾‧哈濟生　著

THE VENTURE OF ISLAM
THE EXPANSION OF ISLAM IN THE MIDDLE PERIODS
CRISIS AND RENEWAL: THE AGE OF MONGOL PRESTIGE

目次

LIST OF CHARTS

BOOK FOUR
危機與復興
蒙古強權時代
CRISIS AND RENEWAL:
THE AGE OF MONGOL PRESTIGE

她確實與羅瑞爭論許久，最後羅瑞繃起臉來，而且只會說：「我比你年長，知道的一定比你多。」即使不知道他究竟多大年紀，愛麗絲也無法容忍這種說法⋯⋯——路易斯 · 卡羅（Lewis Carroll）

本冊主要聚焦於十四與十五世紀，並始於第三冊探討的中前期（如果需要界定起點的話），這個時期具有罕見的連續性，卻沒有太多完全嶄新的社會環境或歷史趨勢（儘管確實曾經出現過）。十三世紀是蒙古人入侵的時代，到了此時，國際性的伊斯蘭社會（Islamicate society）已經完全成形；蘇非道團（Sûfî tarîqah）組織完備，波斯文學也發展出最具特色的體裁，人們普遍期待軍隊統領（amîr）的統治，並定下伊斯蘭持續擴張的模式。國際性的伊斯蘭社會（Islamicate society）吸收了佔領穆斯林中土的異教蒙古人，並使他們改信，藉此展現出社會的力量，而在接下來的兩個世紀裡，伊斯蘭社會（Islamicate society）在絕大多數的層面上，繼續遵循中前期立下的路線發展。在這個時期，新出現且最為顯著的特點是連續性，而基本的社會創新則相對貧乏。此時，無論政治表述多麼不穩定，都進入了一個社會與文化生活的期待及表述相對穩定的社會（就如同城市定居社會的發展）。那麼，我們就能集中探討，在這種相對穩定的環境背景下持續存在的文化模式如何發展，並且運用保守主義來研究。

至少到目前為止，這樣的時期應該較為單調乏味。但它即使是保守主義的研究，仍然同時具有重要性及啟發性。這種研究的啟發性在於，讓我們得以驗證中前期所建立的模式沒有因為任何外來的元素，而變得複雜化，仍然得以完整運作。就像我主張的，如果確實有任何一個時期可以讓我們清楚看到伊斯蘭世界（Islamdom）作為一個社會所特有的特徵，中期正好就是這樣的一個時期，尤其這些特徵在中後期變得特別清晰。而毫無意外，伊斯蘭許多文藝領域的表現以及一些成為標準的典範，都可以追溯到這個時期。同時，伊斯蘭文明（Islamicate civilization）某些最傑出的人物就活躍於這個時期，並反映

出文明的延續性與伊斯蘭（Islamicate）特徵。

　　不過，若認定連續性與已經隱含於早前的創造性生命的意涵，得以完全（甚至根本性地）在這個時期開展，將會是錯誤的想法。在這個時期的歷史情境中，仍存在一系列的新元素。這段時期內，伊斯蘭的擴張相當穩定地持續進行，這樣的發展幾乎不知不覺地改變整體伊斯蘭（Islamicate）文化生活的預設。中前期的順尼社群（Jamâ'î-Sunnî）宗教綜合體，面臨種種猛烈的挑戰，這些挑戰來自復興的激進什葉派（Shî'ism）、蘇非主義（Ṣûfism）內部的極端主義傾向、哲學和智識層面上的獨立性，甚至還有新伊斯蘭律法（neo-Sharî'）的反動。新的生活方式最重要的來源，就是蒙古人的征服行動。前所未見的激烈破壞行動，摧毀了哈里發政權的殘餘勢力，更擊潰許多阿拉伯與伊朗城市，普遍消滅了工匠與知識分子具有深厚修養的傳統的載體。接著，這場征服行動促進與最遙遠且異質的各種文化（尤其是中國）接觸。透過引進政治、法律以及特別是藝術層面的新標準，蒙古人在這些層面對伊斯蘭（Islamicate）生活提出挑戰，而即使在蒙古人根本未曾涉足的領域中，對於這項挑戰的回應長久以來也為人所感。一直到了十五世紀末期，新動力才出現，而且甚至強大到在伊朗也足以面對成吉思汗（Chingzi Khân）蒙古的鬼魂而面無懼色。

　　當我開始撰寫這本著作時，我以我學到的知識認定在伊斯蘭的前三個世紀後，或明確地說，至少在蒙古人的征服之後，便來到一個停滯甚至是衰退的時期，當時幾乎沒有文化創新，而確實甚至連伊斯蘭世界內部所留有的文化成就程度也日漸衰微，直到又在現代的「覺醒」為止。然而我開始懷疑，就其任何一般或絕對的形式而言，這個論點能不能繼續存在，甚或就「最黑暗」的時期（例如西元1300～1450 年）

而言，這個論點是否還能成立。我會主張，如果真的要談論伊斯蘭世界內部普遍的文化衰微，就必須區分兩個不同時期的兩種現象，而傳統的想像將兩者混為一談。在中後期有一段經濟緊縮的時期，突顯出中前期的某些潮流：經濟緊縮的程度不定，文化效果也不明確。在此之後，至少大約從西元1500年開始，就是經濟復甦的期間，也是文化與政治的輝煌時期，但仍然無法確定中後期的經濟緊縮獲得多大程度的彌補。接著，還有第二個衰微時期，開始於十七世紀，但在十八世紀時情況才變得嚴峻，這次的衰敗期起因於嚴屬的、世界歷史的新局勢，因此嚴重程度遠大於上個緊縮期。在比較伊斯蘭世界過去的榮光與現在的困境時，後者這段時期是相當適切的基礎。

　　中後期的衰退最多只能說不無可能，即使是最容易證實的、經濟繁榮的衰退，也並非一致或普遍的情形。至少按某些標準來看，在那幾個世紀裡，伊斯蘭世界的中土上的美學與知識意識的水準甚至有所提升（就算不是在地中海地區的某些穆斯林領土上也是如此，這些地區時常吸引歐洲阿拉伯語文學者的注意）。顯然正是中後期為十六及十七世紀顯著綻放的伊斯蘭社會（Islamicate society），奠定了新的制度性基礎，湯恩比（Toynbee）也因此能夠將中後期合理定位為創造出全新文明的時代，並稱之為「伊朗文明」（Iranic civilization）。在十六世紀（特別是十六世紀後半葉）伊朗的藝術與生活相關的面向中，我們能夠發現創造性的發酵，與文藝復興時期義大利的當代生活有著令人訝異的相似程度，並在十六世紀孕育出新的生命。伊斯蘭世界的「停滯」或「衰退」（如果在十八世紀之前真的曾經發生衰退），當然必須界定在中後期，不過，那個衰退期本身也是其中一個重要的新起點。

很遺憾，在各個伊斯蘭（Islamicate）歷史分期當中，最少被深入探討的時期就是中後期，特別是該時期的中土地區。研究現代國際事務的歷史學者們，通常不會將背景回溯到這麼早的時期，而儘管文獻學家對探究事物的起源充滿熱忱，卻也鮮少研究這麼晚的時期，除非是為了研究與西方直接相關的地中海沿岸地區，才會關注中後期。這個時期相關的詳盡研究如此稀少，在面臨針對該時期總體特色的判斷時，必須要保持懷疑的態度。針對本書中任何概括性的推論，都必須強調一點，提醒讀者比起西方的歷史，伊斯蘭歷史（Islamicate history）還未曾經過透徹的研究，也因此關於這個時期的概括性推論不外乎是憑藉學養所做出的推測。這本著作中一定也留有缺少深入研究的痕跡。《伊斯蘭文明》中卷第四冊之所以不成比例地簡短，一部分是因為還有太多資料未經分析。本冊所涵蓋的時間事實上並不比第三冊所描述的時期短，如果讀者們未能留意這一點，將會顯得未能綜觀全局。

世界性的危機

如果即使在這段限定期間內，也不能討論全面性的衰微，我們至少還能談談總體的衰微因素。事實上，這種情形不只出現在伊斯蘭世界，歐亞非舊世界（Oikoumene）的多數地區也是如此。伊斯蘭的中後期是經濟發展相對遲滯的時代，甚至普遍有退化的情形。（這並非唯一的例子顯示伊斯蘭世界就是某種世界歷史縮影，雖然各個世界局勢的部分在伊斯蘭世界呈現時會以不同的比重組成。）

在歐亞非三洲的城市定居地帶，十四、十五世紀似乎在每個地區

都有經濟擴張趨緩的現象。歐洲的城鎮數量雖然迅速增加，但其中許多城鎮卻停止擴張（不過，儘管步調較慢，新開拓的西方地區仍持續發展）。中國生產的鐵先前一度明顯增產，現在速度穩定下來，甚至有趨緩的情形。即使在印度也能找到衰退的痕跡——當時在富饒的恆河河谷，政府的收入已經無法支撐過去的金碧輝煌。在這段時期的中期，黑死病出現在這個半球，造成西元1346年至1348年間的大瘟疫，導致人口劇烈減少，而且許多地方歷經好幾個世代後，都未能完全補充人口。將近兩個世紀，某種世界性的蕭條反映在都市化的程度、貿易量、可資運用的社會資源，甚至純粹反映在人口數上。

　　這或許部分起因於蒙古人的破壞行動所帶來的後續影響。這些後續影響主要有兩個方向，直接影響曾受侵略的地區，也間接影響世界貿易的資源。如果有任何間接影響的話，其作用就是及於所受破壞程度相對輕微的西歐與印度，而在受到直接影響的地區，經濟衰退似乎最為強烈。無論如何，不管蒙古人可能曾經扮演何種角色，在分歧多樣的原因之中，必定有其一致之處，才得以產生一系列如此廣泛的現象。

　　顯然至少在這幾個世紀裡，許多穆斯林領土較不繁榮。在尼羅河（Nile）至烏滸河（Oxus）間地區，也就是伊斯蘭社會（Islamicate society）的中土地區，某些土地的人口數量與文化活動可能有顯著的衰退。無數的城鎮範圍似乎都縮小了，甚至倒退到如村莊一般的規模。事實上，偶爾會有新城鎮出現，但更常見的情形是到了中期末期，較早的伊斯蘭時代所熟知的貿易與學習途徑，早已變得微不足道，甚至消失無蹤，然而卻沒有任何核心地帶相應地起而取代之，或許在相當程度上，這兩個世紀見證了這種情形最大幅度的增長。特別

是到了西元 1300 年，比起以往在阿巴斯朝（'Abbâsids）興盛時期的情形，底格里斯河—幼發拉底河流域的繁榮確實遠遠更為低落。在中後期，埃及一位富有洞察力的觀察者甚至在那富裕的河谷見證了嚴重的貧困。對伊朗大多數地區而言，同樣的說法似乎也能夠成立。西伊斯蘭世界（Maghrib）至少在中前期，農耕區就已經開始顯著縮減。另一方面，絕大多數更晚近才伊斯蘭化（一般而言也不是那麼乾旱）的地區，似乎不受這類衰退所苦。

我們絕對不能貿然嘗試估算繁榮衰退的程度。我們太常只能取得零星的證據，而這些證據往往來自研究較為透徹的時期（無論是較早期或較晚期）裡較為傑出、在當時也較為繁榮的區域，但是關於特定地點衰退的情形，相關資料所指出的往往也只是指出商業活動與投資活動所在位置的改變，而不是總體的區域性衰退。當時繁榮的地區可能幾乎不為人知，更沒有人加以研究。而在經濟史中，因為我們也對其他時期一無所知，我們對中後期的無知也就更加惡化。

伊斯蘭世界在這個時期的經濟翻轉，伴隨著稱之為衰退的其他潮流，但在這裡，這個概念更未能定論。

保守精神

從現代觀點來看，文化保守主義可以視為所有現代以前社會的首要特徵。從這個觀點來看，就這些社會壓倒性的保守主義（他們稱之為「傳統主義」〔traditionalism〕）而言，很難區分「文明化」的農業（agrarianate）社會與尚不識字的「原始」社會。探討引進任何新的基本制度時，運用受習俗拘束的文化模式所做出的詮釋顯然不可行，否

則有些人似乎就會打算認定，直到現代的前夕，保守的「傳統主義」
精神在人類社會佔了上風，幾乎僅僅面臨偶然的零星挑戰；到了現
代，理性的發展精神才取代了這種保守精神。所謂的習俗拘束則被視
為一套得以解釋所有其他事物的觀點。我們先前探討伊斯蘭世界的國
際性傾向時已經提到，用這種方式將所有社會分為「現代」與「傳統」
兩個範疇的作法，將導致造成誤解的後果。（同時也讓某些作家使用
「傳統的」〔traditional〕一詞，而將社會「受到習俗拘束」與「具有家
長制度」兩種情形混為一談，因此他們以同一個詞彙，指涉心態與制
度類型兩種不同的事物。）

　　對其他精通歷史觀點的人而言，現代以前「西方」的內部發展相
當清楚，足以在這個地區排除這種雙重分類。但是，除了某些無可否
認具有創造性的時期以外，他們通常以類似觀點看待其他未經仔細研
究的文明。確實（以其特殊的西方想像為基準），這種作家能夠得到
較好的發展，他們不只談論保守主義或傳統主義，甚至常常談到西方
以外的所有文明顯而易見的衰退。

　　正如我們進而考量科技性的現代性（technicalistic Modernity）對
伊斯蘭世界的衝擊時所將發現的，要回答什麼是現代性獨有的關鍵特
徵，這兩種觀點都會導致誤解。技術主義的現代性不單只是跳脫習俗
的理性解放，也不只是西方傳統特有的傾向進一步開展的結果，而是
已經自成一類的文化變遷。然而，就伊斯蘭中期的研究而言，更重要
的是，正如我們已經看到的，其中任何一種觀點都將導致我們對農業
（agrarianate）層次文化本身的運作過程產生誤解。就文化傳統的本質
而言，傳統必然為了生存而持續變遷。逐漸改變的環境會強迫人們接
受這些條件，除此之外，文化對話的內在動力也同樣可以促使人們接

受，使原本在傳統中潛藏於創造性時刻的意涵得以開展。我們已經看到，伊斯蘭文化（Islamicate culture）正處於持續且範圍廣大的變遷與發展過程，不只在最初出現的繁盛時期如此，在後續文化日漸成熟的期間更是如此。任何保守主義的理解方式都必須視之為這段過程的一部分。

但是，認為現代以前的時期保守封閉，這種觀點也有其道理，如果仔細分析也相當有價值。換句話說，與許多現代的「進步」觀念相反，農業（agrarianate）層次社會中最正常的文化變遷步調都十分緩慢，且往往不受歡迎，而且只有部分能夠延續下去——甚至在獲取其他立足點的過程中，某些暫時性的立足點通常會消失。文化變遷的速度只有在例外的情形才會加快腳步，進入創造性的全盛時期，但變遷也只有在例外的情形才會減緩，轉變成所謂的停滯，或者倒退為所謂的衰微。而我認為，許多學者嘗試研究伊斯蘭文明（Islamicate civilization），特別在研究其較晚時期的過程中，會犯下致命的錯誤，那就是他們未能區分常態性的保守主義以及所謂的停滯或衰退。

現代西方人建立的「西方」歷史形象具有三個特徵，特別掩蓋了農業層次（agrarianate）的一般保守主義模式。西方領土本身的歷史可以直接回溯到最早的高盧人（Gaul）以及他們在西歐的祖先，而這段歷史已經被帶有偏見的虛構故事取代了：將地中海東部希臘歷史的某些全盛時期與後來歐洲西北部拉丁人的歷史，結合為同一系列的歷史事件。這種合成的想像導致人們產生一種印象，認為西方歷史不斷大幅進步，一方面因為西方歷史納入地中海東部地區的方式，另一方面則是因為詮釋西歐成分的方式，由於缺乏世界歷史的洞見，不論是邊境地區（也就是所謂早期的西方）迅速但多是依靠外力得來的進展，

或發生在晚期西方新的內部發展，西方人都以同樣的方式一概描述為「進步」。最後，既然現代技術主義的重大變遷發生在西方，人們認為此一事實只是延續並確認了「西方」長期的「進步」。因此，在人們研究得最透徹的領域中（也就是農業〔agrarianate〕社會），真相遭到掩蓋，而保守精神正賦予了這個時期特色，但卻未在一般性的歷史基礎上受到賞識。

這種詮釋的形式無法適用於伊斯蘭歷史（Islamicate history）。相反地，正如我們已經看到，有些作法在某種程度上與我們任意將希臘史的某個時期附加於西方歷史的作法相類似——也就是抱持種族觀點的文獻學家，將哈里發盛期的歷史斷然地與前朝的薩珊帝國切割，而加深了人們錯誤的印象，認為早期的伊斯蘭時代突然就大鳴大放了起來，而這也似是而非地讓往後的時期相較之下看似衰退。基於這項以及其他外來的理由（本書在別處指出其中多項），要發現伊斯蘭歷史（Islamicate history）常態性的保守主義本質，也同樣困難。回應著西方進步的印象，晚近伊斯蘭文化（Islamicate culture）的普遍衰退成為學者和普羅大眾的共同印象。導致這種現象的原因可以在事件表（見〔序言〕表1，第20～24頁）中概括呈現，這些事件使人們產生「晚期的伊斯蘭世界處於衰退階段」的觀念。至少在目前，不能說後來的伊斯蘭世界完全沒有衰退，但直到消除無端產生這種印象的錯覺之前，我們無法極其認真地看待這種衰退的論點。

無論如何，首先人們必須理解常態性的保守主義，以及表現在其中的保守精神。我們必須牢記，即使在創造力的偉大全盛時期，「舊世代」時間觀——認為年輕世代大不如前——通常就是最常被接受的態度。而有待解釋的不是這種態度，而是這種態度的例外，這樣的例外

偶爾見於地中海地區、伊斯蘭世界，也同樣見於現代以前的西方。[1]而且人們可以預期在任何時代，只有一定數量的傳統能有顯著發展，有時也沒有其他具有潛在重要性的新發現能夠接續，這悲傷的情況同樣發生在古代地中海地區、伊斯蘭世界，以及現代之前的西方，而其他傳統更可能實際遭受損害。應該視為特殊現象而加以解釋的，是文化的所有或多數面向皆同時繁盛發展的情形，但無論文化多麼盛行，保守主義不是存心只想扼殺理性變革、盲目的不散陰魂。相反地，保守精神本身就是嚴肅理性評估的元素之一，時常顯著地引導每個世代的領導階級。

仍被採用的文化傳統的本質，確保每個世代必須做出自己的抉擇，這個抉擇必須根據社會中某些特定團體的實質利益，也就是那些有地位能夠為所欲為的群體。推測這樣的團體享有何種利益時，不能只考量手上的物質資源，還須考慮文化資源，而文化資源包括潛在的

1　人們往往引用「舊時代」的時間觀，來證實文化衰退的存在，一如 Robert Brunschvig 在 'Problème de la décadence' in *Classicisme et déclin culturel dans l'hisloire de L'Islam*, ed. R. Brunschvig and G. E. von Grunebaum (Paris, 1957) 裡有趣的討論。對我來說，只在能指出這種想法別具效用的情形下，這種引用才能表現其獨到之處。Brunschvig 在一篇關於西方所抱持的伊斯蘭（Islamicate）衰退觀念的歷史評論中，提出一件事實，他指出在十七世紀末以前，西方人不曾談起伊斯蘭的衰退。正如我後文所述，我認為這個時間點對整體的問題而言，比人們所理解的還要重要得多。順道一提，Brunschvig 與 von Grunebaum 編纂的整部著作對保守主義的問題具有重大價值，儘管在我看來，該部著作的一系列前提預設有許多瑕疵，而不利於後半部更全面性的結論。*Unity and Variety in Muslim Civilizalion*, ed. G. E. von Grunebaum (University of Chicago Press, 1955) 一書也處理某些相關的問題。

領導者必須具備的那種預期，去預測其他人各自會如何回應某些事物。正是藉由這種形式，過去的慣例與習慣得以扮演最重要的角色，但這個角色相當侷限，甚至並不穩定。現代以前無數的抗爭行動，譬如伊斯瑪儀里派（Ismâ'îlî）的那些行動，他們以實例說明，一旦人們確信新的立場對自己有利，而且確實也能夠取得那些利益時，一般人也會願意激進地採納新的立場。保守精神盛行之時，便在絕大多數情形下非常實際且實用地反映出一些事情，如特定社會中可以利用的投資、容忍範圍內的風險程度，以及肩負責任的個人對於事物的可行性或能否得到報償的認知。

我們必須承認，保守精神不只是針對特定行動的謹慎整體評價。保守精神所提出的預設立場是，重複採行舊有方法是最好的做法，舉證責任須由潛在的創新者負擔，而且變遷實際上經常是墮落而非改善，這樣的保守精神作為一種整體氛圍，得以在任何精細的評估開始之前，就能影響任何決定中的關鍵層次。然而，即使作為整體氛圍，保守精神也能夠發揮極其重要的社會功能。在農業（agrarianate）社會中，幾乎所有社會團體，包括村莊、地方工匠行會，甚至是所有城鎮，都必須在以現代觀點來看完全孤立的狀態下活動。如果犯下任何重大的失策，這些團體可能輕易失去所擁有的一切，更無法從頭來過。舊世代的時間觀即認為較年輕的世代缺乏經驗，總是處於毀掉每項事物的邊緣上，這樣的時間觀在某種程度上情有可原。光是堅守個人固有的事物就已經夠困難了，任何改善充其量都只是推測性質，不具實用性。即使是在最具革命性的時期，我們必須認知到，保守精神理所當然潛藏在所有農業（agrarianate）層次的歷史之下。但很大程度上，歷史的現實會在絕大多數的時期中阻礙這種精神完全發揮作用，

至少自西元紀年的第一個千禧年以來，非常難找到任何一段時期，保守精神在高等文化層次上能夠發揮極大的效用，而導致全面性發展完全停滯並帶來衰退，這種時期幾乎都是特例。在某些文化區塊裡，總是會發生衰微的情形，但大概只有總體性的停滯（不只是發展的緩慢）會帶來任何足可稱為總體衰退的現象，這樣的停滯會阻礙文化傳統的創造力，而有創造力才能維持傳統的生命力和可行性。在我看來，總體性的衰退實際上似乎相當罕見。

文化衰微與風格循環

　　充其量只能說文化上的衰退是難以確認的現象。在任何特定的傳統中，都很容易辨別文化衰退，例如，特定的縫紉風格在製作上不再像過去那樣仔細，純粹變成只是為了次要目的而製作、敷衍馬虎的模仿。（通常人們會發現，別的事物會取代舊有文化，成為目光與風雅的焦點。）這種衰退的單一個案司空見慣，卻不是真正的重點所在。人們也可以客觀精確地指出某些文化整體區塊中的衰退，這種衰退就比較切中重點。如果人們獲得充分的資訊和證明，或許就能夠斷定：科學知識或新穎的科學研究水準已經下跌，而工業或農業技術也是如此。在探討這樣的文化衰退時，甚至可以使用統計方法。

　　但是，要評價這些水準，特別是技術水準，都必須考量另一個範圍，那就是經濟繁榮，「衰退」或退步能夠在其中加以確認（如果我們握有良好且充分的資訊）。如果所能獲取的資源減少，或者資源的開採受到阻礙，過去使用的某種複雜技術所帶來的收益就會減少，不再能夠彌補已經支出的投資，經理性的評估後，都會認為應該放棄這

些投資。事實上，不論在任何地方能夠客觀證明衰退現象的存在，經濟面向都是首要的因素。因此對享有特權的人來說，無論是因為生產上的完全衰減或僅僅是較嚴重的收益減損而導致的衰退，不只會減少給予作家或藝術家的贊助，也會促使人們接受那些用花費較低的材料或較少的時間所製作的作品，而如果資訊充分，我們就能毫無爭議地衡量這種情形。原則上，這些情形也能夠相當輕易地推翻、替換。

但當人們談到中後期伊斯蘭世界的衰退時，他們所指涉的不只是假定的經濟資源減少，以及對應的資助金額縮減，儘管他們確實將這些情形包含在內。適用於整體文化上的衰退概念是源於國家與教會的歷史，特別是羅馬帝國的歷史，在這段歷史中，德行、高度道德標準，以及對富有創造力的天才的欣然認可，與羅馬帝國的成長時期交互作用，而統治階級喪失這些無形的特徵，又與帝國在政治權力上的衰弱相互影響。羅馬帝國伴隨著整套的文明模式，後來也被塑造為理想的文明模式，而與帝國在政治上的衰弱相關的，則是另一套非常不一樣的文明模式，人們後來稱之為「哥德式」（Gothic）模式，並認為它毫無價值可言。同樣地，哈里發盛期政治權力為人景仰，與之相隨的還有其特權階級的創造性活力。人們認為，往後的政治與文化秩序都缺乏該時期所展現的無形德行，而這要怪罪於某種傳統主義的保守精神無趣的勝利。

在此種意義上，文化衰退更加難以察覺。即使是總體經濟緊縮（即使假定這是已經確立的事實）與可能隨之而來的好幾個現象，實際上也代表了無形、富有創造力的德行已經消失，也難以用來說明文化上的衰退。即使在經濟活動中，量的損失也未必等於質的損失，這樣的活動即使規模縮小也可能非常精細，或更廣泛的運作範圍能夠彌

補任一處的資源縮減。而倘若一個經濟體受限於超出參與者控制範圍的力量，就可能不只會讓規模縮小，甚至會運用更少的技術設備，以支持其他仍然具有重要性的創造性活動，如果這種活動造成的壓力較輕。我們必須直視展現出來的心智素質，而即使當我們獲得充分的資訊證據，能夠加以推論，容納不同意見的空間也仍然存在——就如同我們缺乏關於中後期的足夠資訊的狀態。

事實上，每個社會的每段時期都可以稱之為衰退時期，而人們也已經如此稱呼其中絕大多數的時期。人們總是能夠指出任何時期中的衰退因子——任何處於持續變動狀態的文化傳統本質，都必須降低或偏離已然達成的某些標準，即使只是為了容許建立合乎新條件的新標準。看來重要的似乎是創造力與衰退之間的總體平衡，但即使是平衡也必須依賴經過衡量的評斷。若從一種特別高度評價哈里發盛期的文化價值的觀點來看，中後期顯然是衰退時期，因為就這樣的觀點而言，能夠顯示衰退的特點似乎相當重要，而創新之處則看似微不足道。而有些人高度評價十六及十七世紀的伊斯蘭文化（Islamicate culture）所完美展現的價值，對他們而言，似乎可以做出相反的判斷。

不過，某些特徵確實與保守精神的極度優勢相關，我們也可以將衰退這個詞應用在這些特徵上；即使對某個時代的進程而言不完全具有決定性，這些特徵經年累月堆積而成的存在，也可能在某個時代的整體氛圍與「風格」上，留下顯著的效果。在普遍繁盛的時代，人們相對廣泛地期待甚至鼓勵創新，因此人們也容忍富有創造力的個人，甚至給予他們榮譽與資源，而在其他時代，對新奇事物的普遍期待，或許無力制衡一般人對任何新事物與生俱來的疑慮，而他們對創新者所抱持的懷疑也會更加難以控制。社會結構可能不只讓靠阻礙重大變

遷獲利的人們躍升於權勢顯赫的職位（這確實是常見的情形），更讓他們能夠在這些職位上，行使非常完整的控制力，而「常態性的保守主義」就到此為止了。當這種傾向被推向極端，制度可能變得「僵硬死板」，而不論面對新需求，或甚至是內部對話邏輯的壓力，傳統將會較為反應遲鈍。

這種狀態可能會以多種方式出現，特別是其中兩種方式，能夠讓他們相互依賴。談到全盛時期特有的特徵時，我指出會抑制改變的兩個理由：新風格在被接受之初通常都相當粗野，以及特別在以農耕為基礎的經濟當中，容許實驗性作法的空間相當狹小。在某些情形下，這兩個理由都能造成文化發展的嚴重阻礙。

當一種（在藝術但同時也在其他領域中，甚至在經濟或政治組織中的）行事風格，已經在特定傳統內部的文化對話過程中，發展到臻至完美的層次，那麼，任何必須在變異較小的發展層次上開始的替代模式，都將面臨競爭的困境，即使這個替代模式能以其自身有限的方式提供某種完美的事物，甚至具有相當的潛力，能夠發展成為一系列前景更為宏大的模式，也無法避免競爭。替代的經濟方法通常因為屬於較粗陋的層次，或較未廣泛推廣的發展尺度，而無法帶來這麼好的回報，但若沒有先運用在這種低層次或小規模上，新的方法就無法前進到比其競爭者更為有效的層次。在初始的發展階段時，替代的藝術概念如果必須在奠基於不同種類藝術概念的完美模式旁併行出現，將會顯得粗野，也不吸引人。即使有藝術家富有高度創造力，觀眾仍須花時間習慣於他的新風格；而既然任何傳統都同時依賴對創造性時刻的回應與創造力本身，觀眾習慣所造成的時間差就會具有決定性。這樣一來，一旦以經高度發展的形式存在，新的形式類型就不太可能出

現，除非發生某種中斷，而能夠有足夠時間調和新舊形式的比較落差，讓新形式有空間可以變得更加完美，例如階級、種族或宗教團體的中斷。

每項成就與洞見都有其誘人之處，而當文化模式在人們對它的特定特徵之評價，高過賦予這種模式價值且無法公式化的人類長處時，都會引來足以導致自我貶抑的忠誠。這在宗教領域中最為明顯，但我們都知道這是一種相當普遍的現象。

特別在藝術領域，甚至在富有想像力的其他領域中如哲學、實證科學及學術研究，人們甚至並不欣然滿足於完美。只過了五分鐘，最美麗的日落就已讓人心生厭倦。人們總是要求新的事物。但如果他們仍然過度忠於他們所理解且備受尊崇的模式，就只能藉由誇大其中的幾項特徵來創造新的事物——只有從既定傳統內部的完美平衡衍生出來，才能擁有不可或缺的新奇事物。因此，在完美的狀態下遭到抑制的不只有基本的創新，在給定形式中已經達到完美的狀態本身也遭到損害。真正的風格會屈服於時尚。藝術家或思想家們將保有已然臻於成熟的形式模範，但他們很容易會過度詳盡闡述，而將細節精簡到失去平衡的程度。於是就像藝術史學家所指出的，在藝術的古代時期之後，我們不只會發現一段古典時期，（儘管古代時期有自己的完美狀態）實現所有隱藏在以古代風格表現的觀點中的主要潛力，我們也能發現，在古典時期之後存在一段時期，既過度華麗裝飾，更反常地探究在傳統中處於開放狀態的所有次要闡述管道。跟風的學者們也會和跟風的藝術家們一樣，相當熱切地在科學領域採用這種方式。

幸好這種過度詳盡闡述的作法，不太可能保持純粹的形式而存續許久。任何文化對話都天生對其他發展路線相當開放，而人們也著手

參與這些路線，可以期待藉此打開任何封閉的模式。在古典文藝復興時期之後，巴洛克風格出現，這個例子提醒我們，當古典形式已經實現，藝術家（或詩人、哲學家、甚至科學家）可能會轉移焦點，從而可能看似過度詳細闡述的事物，可以富有創造性地逐漸轉變為激進前衛的詮釋方法，而其所詮釋的基本上仍然是同一套傳統中的事物。這類情形非常常見，從古代到古典、再到過度詮釋，風格循環的退化階段可能仍然相當有影響力，特別在最頂尖層級以外的工人當中更是如此。那麼，風格循環會一再招致衰退，只能以不斷更新的創造力加以克服。

但正是這種在風格循環以外的情況，最可能促使一整個世代在任何創造力領域屈服於風格循環的衰退期。特別是，只要可用於新投資的資源稍有減少，都會抑制既存團體的試驗，或阻礙具有不同傳統的新團體躍升到可以完全闡述所屬傳統的地位。直到新的層次穩定下來，繁榮景況和特別是流入城市的資源數量緊縮，必然會在農業時代（Agrarian Age）裡，威脅到為求實驗與創新而可能早已內化於城市生活的任何餘裕，並以朝新方向進行的發展為代價，鼓勵對於既存傳統的過度詮釋。

當中後期繁榮的衰退已經到達觸及伊斯蘭世界核心地帶的程度，必定滋養著業已強化的「保守主義」氣氛，更精確地說，這種氛圍是一種強烈期待，期待既定規則將會存續，且對個體而言，遵守固有規則會是最安全的作法。這個時期確實曾經出現的文化創新，部分立足於直接的地方性繁榮，但文化創新似乎往往得以遂行其道，而足以對抗與坦率的創造力不相符、總體性的期待模式。

無論如何，不管經濟衰退或風格循環帶來什麼效果，保守精神強

大到足以阻止任何偉大的文化全盛時期出現。與哈里發盛期（當時阿拉伯哈里發政體本身就鼓勵新的文化綜合體）相比，在中後期發展而來的新綜合體，必然會碰上那使舊模式保持不變的既得利益，且通常也會調整自己以適應這些利益。這在文化立場態度上的差異確實在時代的成果上留下印記。但在創造力缺席的狀況下就並非如此，即使當保守精神完全顯現其特性，文化傳統的動力當然也繼續運作著。創造力確實仍然存在，但往往是以更為間接的形式存在。

〔序言〕表1　伊斯蘭的中後期（西元1250～1500年）對照歐亞非世界事件

The Islamic Later Middle Period, 1250－1500, with Reference to Events in the Oikoumene

年分（西元）	歐洲	歐亞非世界中部	中國
1253 年		旭烈兀（Hülegü）帶著規模大過成吉思汗的軍隊西征	
1256 年		旭烈兀的軍隊摧毀伊斯瑪儀里派的要塞	
1258 年		旭烈兀的軍隊攻陷巴格達（Baghdad）	
1259 年		傭兵（Mamlûk）佔領埃及、敘利亞；一支蒙古軍隊在西元1260年返回	忽必烈（Kublai）成為大汗（至西元1294年）；遷都至大都（Cambaluc；燕京〔Yenching〕／北京〔Peking〕）
1261 年	君士坦丁堡（Constantinople）的拉丁帝國崩解，拜占庭統治恢復		忽必烈企圖在統治期間擴張到緬甸（Burma）和占婆（Champa，南越南），並長征爪哇和日本
1261 年		傭兵與欽察汗國（Gold Horde）由於拜占庭與義大利城市的合作而結盟；莫斯科君主及其他人對欽察汗國納貢附庸，後來將大公（Grand Prince）的名號賜給莫斯科的統治者	

年分（西元）	歐洲	歐亞非世界中部	中國
1270 年	聖路易（Saint Louis）於十字軍東征途中在突尼斯（Tunis）過世		雲南省被納入大元帝國，並皈依伊斯蘭
1274 年	對抗拉丁阿威羅伊學派（Averoism）的鬥士——托馬斯・阿奎納（Thomas Aquinas）過世	納席魯丁・圖西（Naṣîruddîn Tûsî）過世	
1283 年	條頓教團（Teutonic order）完全征服普魯士，使居民皈依基督教	在地中海東部與黑海地區，義大利的貿易利益增長	
1290 年	猶太人被逐出英格蘭		
1291 年		最後一批十字軍遭傭兵逐出敘利亞	
1292 年			馬可・波羅離開中國
1295 年		統治伊朗的合贊汗（Ghazan Khân）皈依伊斯蘭；蒙古的「統一」終於分裂	
1299 至 1326 年	「歐斯曼」突厥人（'Ottoman' Turk）的統領歐斯曼（'Uthmân）在位期間		
約 1300 至 1326 年	俄羅斯東正教大主教區（Metropolitanate）從基輔（Kiev）遷往莫斯科		恢復文官考試體制與翰林學院（十四世紀）
1306 年	猶太人被逐出法蘭西	穆斯林推進到印度南部	

年分 （西元）	歐洲	歐亞非世界中部	中國
1313 年	欽察汗國的汗（khân）以降均為穆斯林		
1321 年	但丁（Dante）過世		
1326 年	歐斯曼朝拿下布爾薩（Bursa）		
1335 年		阿布—薩伊德（Abû-Saʿîd）過世；伊兒汗國（Îl-khân）分裂成數個互相交戰的小國	
1336 年	喬托（Giotto）過世		
1337 年	英法百年戰爭開始		
1346 至 1350 年	黑死病盛行		
1348 至 1349 年	日耳曼的猶太人遭驅逐至波蘭		
1360 年代	歐斯曼朝拿下位處歐洲的阿德里安堡（Adrianople）；傳統上所認定的同化制度（Devshirmé）與突厥禁衛軍（Janissaries）建立的年代	帖木兒（Timur）在河中區（Transoxania）崛起	
1368 年			明朝將蒙古人逐出大都
1370 年	立陶宛王國（Lithuanian kingdom）拿下基輔，擴張並對抗欽察汗國的韃靼人（Tatar）		

年分 （西元）	歐洲	歐亞非世界中部	中國
1374 至 1375 年	佩脫拉克（Petrarch）、薄伽丘（Boccaccio）過世		明朝的復興，定調為古代（唐宋的）理念的重建；藝術、哲學與純文學保守主義
1379 年		帖木兒向西擴張，越過烏滸河	
1393 年	歐斯曼朝拿下保加利亞		
1395 年	帖木兒擊潰欽察汗國		
1396 至 1403 年	赫里索洛拉斯（Chrysolorus）在義大利教授希臘文		
1398 年		帖木兒洗劫德里	
1400 年	喬叟（Chaucer）過世		
1402 年	揚·胡思（John Hus）開始傳教	帖木兒在安卡拉打敗歐斯曼朝	
1403 至 1424 年			永樂皇帝；中國發動一系列的海上探險，直入麻六甲海峽並進入印度洋；（？）錫蘭一度向中國納貢
1405 年		帖木兒過世；其繼承人無法確保帝國的存續，但成為藝術與文學的贊助者	
1414 年		孟加拉的穆斯林統治者鼓勵當地的臣民改信	
1415 至 1429 年	收集失傳的拉丁文著作		
1419 年	立陶宛人得以干涉欽察汗國內政		
1420 至 1431 年	胡思戰爭（Hussite wars）		

年分 （西元）	歐洲	歐亞非世界中部	中國
1429 年		烏魯—別克（Ulugh-beg）在撒瑪爾干（Samarqand）建立天文台	
1431 年	聖女貞德遭以火刑處死		
1434 年	葡萄牙人繞過博哈多爾角（Cape Bojador）		
1453 年	歐斯曼朝拿下君士坦丁堡		
1460 年	航海者亨利（Henry）王子過世；葡萄牙人來到非洲西岸外海；受命遠征至印度		
1462 至 1505 年	伊凡三世（Ivan III，大帝）在位期間，即莫斯科大公		
1460 年代	印刷術引進義大利與法蘭西		
1475 年	義大利人在黑海最後的勢力遭到驅逐		
1488 年	葡萄牙人繞過好望角		
1492 年	哥倫布往西航向印度；基督教徒拿下格拉納達（Granada），穆斯林在西班牙的最後據點		
1498 年		葡萄牙人進入印度洋並在那裡成為強權	

第一章

蒙古侵擾後的政治與社會

1259 – 1405 CE

蒙古人在尼羅河至烏滸河間地區的角色，與六百年前阿拉伯人在該地區扮演的角色之間，可以找到令人驚訝的類比。不論何者，因為大規模接觸都市生活而得以強化的游牧民族，都征服了多數的主要農耕地區（精確地說，蒙古人的領導者們本身就是游牧者，而非商人）。每一個游牧團體都不只擁有強烈的民族驕傲與團結精神，至少還存有社會規範的元素，而社會規範是為了聯合龐大的戰士群而發展。人們相當忠於蒙古法，也就是成吉思汗法典（Yasa），幾乎等同於穆斯林共同的伊斯蘭法所具有的意義。此外，蒙古人之中不乏才華洋溢的人才，特別是成吉思汗（Chingiz Khân）本人，而至少在第一代之後，他們當中有許多人具有建設性的重要性（儘管蒙古人確實將毀滅性的恐怖，發揮到阿拉伯人也前所未有的極端程度。）

考慮到這可大致上相提並論的起始點，嶄新的開始看似出現了，似乎開展了在新文明裡再次重新定位伊朗—閃族（Irano-Semitic）遺產的契機。但事實正好相反，穆斯林領域中的蒙古人被吸納到伊斯蘭世界中，而最終接受波斯語作為他們的文化語言。歷史背景並不相同，蒙古統治時代的經濟並未擴張，而且至少在某些地區正處於緊縮狀態——儘管（其程度高低並不清楚）在歐亞非舊世界的規模上，蒙古人自身可能必須為此承擔部分的責任。那麼，伊朗—閃族社會對於社會與智識上的需求，已經發現看似令人滿意的解決方案，且富有世界主義的色彩，儘管不能肯定在中前期發現的解決方案卻無法據此有所進展，但這個解決方案必定遺漏了內在緊張與矛盾之處。

蒙古人確實對其中某些解決方案也有所貢獻，即使他們沒有像阿拉伯人那樣大幅重新界定局勢，其中的關鍵因素可能是這些環境背景上的差異。不過，不能忽略蒙古人與阿拉伯人之間一個最令人吃驚的

差異：蒙古人所帶來的事物中，沒有任何一項能與《古蘭經》及伊斯蘭的靈性動力相提並論。

貧瘠土地的農業生產力：迫近的長期衰退

在乾旱帶中部的多數地區以及鄰近區域裡，蒙古體制支配了經濟與社會模式的變遷，而在理解蒙古人政體的形成過程時，無論套用何種方法，都必須以這些模式為前提。我們對於實際發生的事情所知甚少，但我們可以就何種發展具有重要性，大膽地提出一些評斷。我先前曾經提到，在農業時代中，乾旱得以危害農業的生產活動與組織，也足可危及游牧式畜牧生活，畜牧業是乾旱帶農業經濟的輔助生產模式。農業經濟不穩定的狀況，以及農業與游牧式畜牧經濟的敵對關係，在中後期達到巔峰。於此，我們必須追溯先前幾乎未曾討論提及的長期演進，並試著判斷該情形如何在這個時代造成危機，如何同時導致蒙古人的征服行動，並形成這個時期普遍的經濟特性。我們首先要試著界定，乾旱地區中部的農業經濟長期衰退的規模與構成要素，並且說明何以在這個時代到了緊要關頭。接著，我們將回溯游牧式畜牧經濟長期的興起，並試著區分畜牧業在不同的發展階段、與農業衰退的各個階段相互交錯時，對農業社會造成的效果。最後，我們或許可以推測出農業的弱點與畜牧的長處在中後期的消長，與那個時期的歐亞非舊世界經濟成長普遍遲緩的傾向，這兩種情形之間的關係。

人類這個物種往往表現出極具毀滅性的現象，再也沒有任何地方，比在乾旱帶的農業時代更能輕易證明這一點——除非能夠證明，對於我們正在討論的問題，技術主義的現代性連同其大規模的浪費行

為，算得上更適切的案例。農業與整個農業（agrarianate）複合體之所以能在乾旱帶興起，或許是因為當地的特殊潛質。不過，農業在那裡興起，並以如此高度先進的技術踐踏該地區的資源及生態平衡，這件事實就像是對於人口步步逼近的噩運。到了眾人皈依伊斯蘭的時代，就算某種足可對抗災厄的神奇力量跟隨伊斯蘭而來，大概也已經來不及避免某些後果。

人們已經注意到，在整個乾旱帶，特別在尼羅河至烏滸河間地區和北非（Maghrib），許多現在僅適合放牧的土地，曾一度是肥沃的農地。在好幾千年之前，這個地區的降雨量曾經遠遠多過現在的降雨量，而人們一度將農業衰退歸咎於氣候變遷。但在過去的兩千年間，也就是農業曾經達到顛峰、也曾落入谷底的這段期間，這整個地區的降雨量似乎沒有顯著減少。那麼，問題就出於更短期的原因，而不是長期的乾燥。

當然，絕大多數的「乾旱」地區並非完全受水源短缺所苦，問題在於水資源集中在幾個地方，或一年當中的幾個季節；就一年當中的其他時候而言，沒有使用到的水資源通常就浪費掉了。那麼，可能有大量的水源存在，但問題在於如何運送水資源並保留到正確的時間與地點，從而能夠完整利用，毫不浪費。在遠離水道的乾旱地區有多種集水方法——透過地上或地下的人造運河，或蓄集季節性雨水的水池，但所有方法都需要持續維護，也依賴修復破損或其他瑕疵的措施，這種措施有時規模龐大。大量的樹木似乎是一種將水氣終年保留在土壤中的間接手段，但樹木的重要性也在於能夠提供水源以外的其他資源。當樹木被砍下或焚燒，或其生長遭到阻礙，除非以有效的覆蓋物替代，否則土壤就容易遭到侵蝕。而且沒有充沛的水源，就不易

生長出良好的自然植被，也難以培養新的土壤。

　　因此，在乾旱地區，農業生產力一旦萌生，就比其他地區更依賴人類措施維持良好平衡。若連續耕作缺乏適當預防措施的土地，就可能逐漸摧毀之，而中斷農耕可能並非補救的方法。那裡的農業必須先清除自然的植被，並依賴灌溉，就算當地的農業既穩定又強健，這兩項工作仍必須非常費心地避免浪費。在這兩種情形，土地閒置一段時間之後，也不一定能回復到先前的條件，而恢復土地維護後，可供利用的天然資源往往較為不足。如果操作不當，灌溉可能造成沼澤化，還有最具難以挽回的後果——土壤鹽化，尤其是地下水的鹽分增加。若這種鹽化的情形要回復原狀，就得耗費大量的投資，但在當時（在今日也仍然如此），土壤的侵蝕會更難以回復原狀。在經常只有偶然且稀少的植被生長的地區，喪失自然植被可能會快速導致土壤猛烈侵蝕。就這兩個方面而言，人類組織的失敗都可能造成衰退的惡性循環，病帶來導致更嚴重退化的私人短期對策。

　　從早前更潮濕的時代起，或許曾有數量可觀的森林存留，其中組成的樹木緩慢變動，且一旦摧毀就無法自然恢復原狀。無論如何，為了比以往規模都更為廣大的農業而清理土地，幾乎必然是造成農業潛力逐漸降低的長期因素；換句話說，在任何地方，農業生活在早期的時代越是興盛，在後來的時代所能恢復的繁榮程度就越是低落，而開墾的地區越多，留待往後開拓的新地區就越少。不過，還有別的狀況造成更具立即性的瓦解，將長期的弱點逼上緊要關頭。

　　毀滅性的戰事可能中斷健全的農業，特別是在戰爭的掠奪迫使倖存的村民移居他處的情形。如果持有土地的規範阻撓了經濟層次的地方性舉措，可能同樣會造成不良的管理（若非藉由多重繼承而分散土

地持有的狀況，如同伊斯蘭律法似乎要求的那樣，就是透過鼓勵地主外居的土地所有制〔absentee landlordism〕，如同時常發生在以都市為中心的伊斯蘭社會〔Islamicate society〕的情形）。法律的路障可以移除，也經常被移除。或許阻礙地方上採行相關措施的是特權階級全面剝削農民的傾向，這種傾向源自於早期的定居時代，而且持續存在。如果除了維持生活必需的產品以外，一切都被壓榨殆盡，就不會留下可以投入地方的任何資本或動機，除非是在廣泛的國家權力轉而投入這種努力的時代，或為了回應相對開明的私人土地持有者的偶發行動，這種行動幾乎沒有連續性可言。同時，當土地所能提供的回報減少，放牧的收益就勝過耕作。就放牧而言，體型較小、收成更頻繁的動物取代了較大的動物（用綿羊取代牛），而最後，當不情願的游牧者面臨嚴重的壓迫，山羊就進而取代了綿羊。事實證明，山羊能在最艱難的環境下找到草料，但牠們是毀掉本來可以長得更高大的矮小植物，特別是樹的幼苗，將之當成草料。因此，一旦山羊進入某個地區，就註定會毀滅殘餘的樹林，並讓土地的收成少於以往。

　　似乎在農業社會（agrarianate society）建立之後，地方上就立即出現土地荒蕪的情形，而且在農業社會型態存續最久的地方特別嚴重。在伊拉克南部的某些地區，也就是蘇美人（Sumerian）曾經繁榮之處，或許早在蘇美時期的後半部土地就已經開始荒蕪。雖然是在好幾個世紀之後，但隨著灌溉範圍與規模增大，更多地區陷入貧瘠狀態。在伊拉克，儘管某些地方在更早期就曾經出現一些荒蕪情形，在之後的軸心時代，灌溉規劃似乎在希臘化（Hellenistic）、巴底亞（Parthian）、與薩珊帝國（Sâsânian）時期達到高峰。同一個時期可能也見證了尼羅河至烏滸河間地區的其他土地上灌溉工事的最高峰。但

伊拉克的農業投資規模最為龐大，後續的衰退也最為極端。正如我們先前提到的，政治、農業經濟與生態上的因素，使薩瓦德地區（Sawâd）的灌溉日益困難，這種情形或許在薩珊帝國時代末期就已經開始。事實上，薩瓦德地區面臨著鹽化與淤積的困境，或許還有森林砍伐與侵蝕，以及土地坡度的改變（天然灌溉區域因此縮小），而或許即使在如此遙遠東方的水源頭，降雨量也有些許微小的變動。到了哈里發盛期的末期，儘管穆斯林統治者努力做出完善的規劃，在伊拉克（或許還有其他地區）普遍都出現一定程度的土地荒蕪情形，似乎正導致總體生產力永久性地降低。隨著每次高度耕作的連續性中斷，荒蕪的情形更是無法修復，例如哈里發的權力沒落之後就太常發生這種狀況。一旦這個地區的社會與經濟結構採行高度集中化的都市結構，灌溉模式的修復就會變得相當困難，即使在更小的規模上，藉由像是起初還能發揮作用的地方性措施，也難以修復，而軍事化模式則是灌溉衰敗後的部分結果，同時也更增添修復的艱難。

　　這一切最為嚴重地影響了一個單一區域──伊拉克，它本身就擁有非常龐大的灌溉設施。伊拉克的土地荒蕪帶來一項巨大的特殊後果：損害薩珊帝國或哈里發政權形式的官僚帝國結構的財政基礎。即使這樣的結構發展到能夠幫助維持其他地區在灌溉設施上的高度投資時，伊拉克的衰退仍然造成更廣泛的影響。然而，縱使不論大量投資與高度荒蕪，某個程度的惡化或許正在尼羅河至烏滸河間地區的其他地方發生。在乾旱帶的許多地方，砍伐森林、鹽化以及一定程度的畜牧化無疑會相互強化，使農業復興比最初的狀況還要困難得多。中央政府的存續或崩解，或許最多只能將荒蕪延後或提前幾個世紀，而且幾乎已經沒有新的土地可供開墾以作為補償了。

在哈里發的中央權力沒落之後，缺乏強大政治權威的情形，以及戰爭帶來的反覆災禍，都無助於（或許在尼羅河至烏滸河間的眾多地區）在微妙的平衡局勢中，以最為謹慎的態度運用土地資源。在乾旱的土地上，荒蕪的過程幾乎是隨著文明本身開始，或許在伊斯蘭出現之前，隨著軸心時代而來的高度剝削之後，早就已經到了無法回頭的境地，而無論就範圍或強度來說，這個過程比起農業成長可能採取的任何路線，人們都更強烈地感受到它的存在。由於欠缺初步的新洞見與新方法，儘管可能已經有所延遲，這種衰退的情況可能無法延緩太久，任何錯誤都會加速土地荒蕪。到了中後期，錯誤經常發生。雖然幾乎不瞭解運作過程的基礎作用力，政府裡的人們至少有意識到維持耕作及確保農民合理收益的重要性，但他們的建議只帶來相對稀少的成果。儘管人們付出某些勇敢的努力，特別在蒙古人本身的統治時期，但事實證明，在整個中期還有稍晚的時代，政府在本質上無力處理如此難以捉摸的長期挑戰。至少在某些地方，實質可供農業使用的地區面積持續衰減，而其結果，除了成長中的畜牧區域帶來的貢獻以外，整體經濟狀況的傾向並非擴張，而是緊縮。

通常隨著農業的衰退，數量龐大的家畜會進入原本的農業地區。有時候，當新的畜牧群體找到進入某個地區的管道，游牧者就會趕走農人。在某些情形，仰賴部族支持的軍事統治者不情願或被迫同意後，畜牧者似乎得以接管暫時在戰事中遭到毀壞的地區。有時候，畜牧範圍的擴大，似乎比較可能是農耕者在農業無法獲得利潤時離場退出的後果，儘管稅捐稽徵當局盡力避免這種結果發生。維持土地的耕作，成為中期許多穆斯林統治者專心一致的目標。但無論土地移轉的機制為何，總體而言，無疑只在該時期的背景條件下，畜牧業比農業

更具經濟效益的地區，畜牧者才握有控制權，而他們也仍然維持畜牧者的身分。無可否認的是，一旦畜牧者接管邊境地區，儘管其他條件可能改善，但該地區未來的農業前景最終可能仍會衰退，因為比起過度耕作再加上農民所採行的輔助性放牧活動，過度放牧綿羊以及特別是山羊，可能會更快速地剝除土壤，並造成侵蝕。（我們可以比較更晚的時期，西班牙的部分地區為了建立畜牧綿羊所需的牧場而人口減少的情形，儘管在西班牙，牧場的經營屬於商業性質，並反映出歷史的新時代，而不只是農業〔agrarianate〕層次的資源運用的次要轉移。）

　　農業的沒落在不同地區各有不同形式。必須記住的是敘利亞內部地區的某種沒落曾是人為地地方性擴張終止的結果；在我們探討的這個時期，任何新的沒落都帶來個別的影響，也必須獨立地加以證實。或許早在中前期，隨著駱駝游牧生活引進的災難，北非（Maghrib）的沒落就已經擁有最強大的驅動力。中前期時，可能在加濟拉地區（Jazîrah），也必定還有在安那托利亞中部，衰退就隨著導致衰退之重要因素的突厥部族到來而開始，但可以確定的是，游牧化的情形在中後期有所增長。對於呼羅珊地區（Khurâsân），我們似乎所知極少，但在這個時代，那裡的農業似乎退化了。在西班牙南部，至少在某些地區，衰退與穆斯林的撤退或驅逐同時發生，因為那些穆斯林擁有完備的技術。在埃及，似乎比較沒有因素造成常態性農業荒蕪的驟然降臨，不過，游牧化的過程甚至也在軍事化苛政的陰影中進行著。有些人可能會懷疑權貴—統領體制（a'yân-amîr system），接著還有日益增長且相對武斷的政府模式，在某種程度上影響了伊斯蘭世界的所有地區，即使是在造成這種政治發展的經濟基礎尚未在地方上發揮作用之

處也有所影響。確實,乾旱區中部農耕衰退最重要的因素是這個區域所固有的特徵,但我們可以想見,至少在某些地方,人們會強調這樣的沒落是歐亞非舊世界總體衰退的結果,而當然,這樣的沒落可能會接著成為部分伊斯蘭世界經濟發展的結果。

作為普世軍事菁英的突厥人

當農業經濟正在為早前的勝利付出代價時,畜牧經濟逐漸變得更有效率。我們已經在第三冊提到,游牧式的畜牧生活如何能藉由與城市及其貿易的直接關係,形成自己的自主經濟,而在尼羅河至烏滸河間的邊緣地區又為何會存在以畜牧生活取代農業的傾向,這種傾向的結果是,畜牧者的首領進而在農業秩序相對微弱之際,掌握了權力的平衡關係。不過,有一個畜牧經濟的部分佔有重要地位,那就是突厥的畜馬游牧者群體,他們出沒在中央地區,在塞爾柱(Seljuk)時代以降才帶來威脅。蒙古人的征服行動致使這個群體更為引人注目,因為正是龐大的突厥部族組成蒙古軍隊,或在征服的刺激下移居。蒙古人仍是菁英階級,但在幾個世代後幾乎全都消失了,至少在阿爾泰(Altai)山脈西邊如此。(韃靼〔Tatars〕這個名字原本用來指稱蒙古與他們的追隨者,而在某些歐洲語言中,人們很快就用它來特指突厥人,更精確地說,是指涉更北邊的突厥人。)這些突厥人是何方神聖,他們又如何登峰造極呢?

我們已經提到,在阿拉伯人的征服行動中,駱駝游牧的發展達到畜牧者們進而以軍事手段干預鄰近農耕地區的程度時,所帶來的後果。然而,就長期而言,畜馬游牧在歐亞草原中部的發展,在世界歷

史上才普遍更具關鍵性，雖然對印度的影響確實相對較小，卻大幅影響歐洲，甚至影響中國更深，而農業經濟特別不穩的尼羅河至烏滸河間地區，所到受的影響，遠甚於其他任何主要地區。因為隨著游牧式的畜牧生活發展（必定只在打下農業基礎之後才開始），畜牧群體顯然在使用火藥的戰事發展完全之前，居於軍事上支配整個乾旱帶的戰略性地位。

歐亞草原中部的畜馬游牧，展現出與其限制相關的特殊軍事優勢。畜馬游牧無法忍受沙漠的乾旱，如阿拉伯半島與薩哈拉沙漠等地。儘管馬匹賦予畜牧者機動性，並提供奶與其他賴以維生的產品，最重要的市場經濟動物仍是所需糧草相對密集的綿羊。此外，畜馬游牧擁有相當複雜的技術性設備——裝備貨車、為了應付風吹雨打的氣候而相對精心製作的帳棚、為了滿足不同目的且數量充足的多種動物，還有像是鐵匠之類的專家，這一切都有助於強化游牧社會的階層化特質。儘管如此，畜牧者仍然能夠長途旅行，因為綿羊與山羊能乾旱帶的絕大多數地區茁壯生長，完全不受農業所面臨的限制所拘束。馬匹的廣泛運用，賦予這些畜牧者在非常廣大的範圍內進行劫掠的能力，而比起駱駝游牧者的掠劫，定居民族似乎更難以抵抗這樣的能力。部分的原因在於牧馬者數量更多，而且即使在耕作地區，也樂於放牧他們的綿羊。另一個的原因則是，在更高度階層化的社會秩序中，可以更容易地集結並控制掠劫活動。農耕的鄉間發展出防衛性、騎馬的士紳階級，大半是為了抗衡他們的掠劫。

這些畜馬游牧者無疑原本就是差異甚大的群體。至少在草原西部，主要的語言曾一度是印歐語系的語言，早期進行畜馬游牧也仍多是印歐語系民族。但那裡存在著一種促使各個種族的人口混合的強烈

傾向，並使通用語言通行於非常廣大的地區。在較東邊面對戈壁沙漠及龐大中國農耕勢力的部族，似乎往往已經建立起更持久的政治群體（且或許保有他們的剛毅，較未受都市的汙染，但這點很難證明），而絕大多數西邊部族的領導人，似乎往往遭到黑海北邊牧草地上相對豐厚的物質生活所驅散。確實，政治勢力（必定連同大規模的移民）通常由東向西，跨越歐亞草原而前進。據此，起源於東邊的幾種方言——阿爾泰語，以及特別是突厥語在整個草原上佔有優勢，更成為通用語言。因此，到了這個時代，當牧馬模式在物質性與社會性技術上全面發展，且成就更高過偶一為之的大掠劫時，游牧民族多半皆使用突厥語，至少在蒙古西邊的游牧民族是如此。

這群數量龐大的突厥騎馬戰士同時直接或間接地在伊斯蘭世界促進政府的軍事化，也就是農業佔有權的軍事化。我們將在稍後探討草原的政治期待所帶來的直接貢獻。甚至早在突厥部族如此進入伊斯蘭（Islamicate）的核心地區之前，間接的貢獻就已經隨著引進突厥奴隸擔任士兵而開展。早已出現的一般突厥軍事陣容，有助於為軍隊從平民人口中分離，以及整個伊斯蘭世界軍隊本身的團結精神提供基礎。接著，當全體突厥部族發現自己鬆散地分布在中土上時，隨傭兵而始的優勢，在許多地方幾乎獨佔了軍事生活，而且在他們完全融入農耕日常生活之前特別如此。游牧者提供了軍事勢力不受拘束的理想載具，甚至比傭兵軍團更加不依賴定居社會的忠誠。這項發展在中前期就已在進行之中，更在中後期達到高峰。

這個時間點標誌了兩條歷史發展路線的交錯。雖然農民可能足夠勇敢，甚至在某些狀況下足夠強壯，但也擁有更多東西而無法承擔損失，相較之下，毫無牽掛的游牧者會是更好的士兵。但游牧者更強大

的機動性以及內建的軍隊組織，尚不足以確保他們的優勢。只有在某些條件下，游牧者的優點能夠強過他們的缺點，並且勝過他們在技術性資源與永久性大規模政策方面的貧乏。首先，這只可能發生在特定的歷史期間，這段時期是在畜馬游牧者全面技術專業化之後，並且在農業勢力讓遊牧者在商業及軍事方面取得的支配地位之前，特別隨著彈藥武器的全面發展而來；這個期間早在伊斯蘭中期之前就已經開始，但也隨其結束而終止。其次，只有在農業社會（agrarianate society）的內在條件將定居社會天生在權力上的優勢，壓縮到最低限度時，這種情形才有可能發生，這些優勢之中最顯著的是大規模組織，使定居社會能以組織有序的總體政策來面對零散的攻擊。已經有些人指出，有一部分正是因為呼羅珊與烏滸河流域的特權階級在伊斯蘭時期都市化，才致使當地的騎馬士紳階級，比起早前時期更無力抵抗葛邏祿突厥人（Karluk Turks）與塞爾柱突厥人（Seljuk Turks）的入侵。若是如此，其原因或許主要並不在於特權階級的年輕人早就因為染上奢侈而墮落，而是在於他們在政治上較無法自由地獨立於都市階級之外。但是，一旦部族突厥人的勢力已經穩固，他們就有助於都市優勢地位與促使相同情況反覆發生的軍事化永久存續。在哈里發政權及其官僚組織崩潰之後，中期伊斯蘭世界基本的組織恰好為游牧者的廣泛滲透，提供了必要的條件。

游牧者利用伊斯蘭社會（Islamicate society）的組織方式，並供應許多當時需要的軍事人力。接著，他們作為游牧者的角色對文化上可能的發展、甚至對社會經濟資源設下限制——在好幾個時間點上，大臣努力促進農業發展，卻因為士兵們偏好畜牧生活而受阻礙。但畜馬游牧者的到來，或許只對於長期的社會性傾向帶有強化的效果。

我們已經理解到，隨著中央官僚組織沒落，地方性的都市組成單位如何取得政治上的自主性；而我們也已經瞭解，既然城市實際上無法提供中央官僚組織的適當替代品，所能做的就只是允許每個都市團體處置自己的事務；因此，當這些團體之間發生衝突，就需要某些外部權威來仲裁。為了達成此一目的，即使是最具自主性的城市也會需要統領的駐軍。這些駐軍必須補充城鎮缺乏的一項事物，以使城鎮在政治上得以運作，那就是駐軍必須具有一項基本的軍事德性——團結精神。不過，這項德性已經足以確保不受挑戰的權力。在原子化的社會中，沒有政治力量能夠否定如此純粹的權力：社會需要任何能夠凝聚充分團結精神的團體（並任其擺佈），才能克服來自仰賴彼此支持、最大的地方性團體的抵抗。

　　有兩個重要的團體，比較不受個人主義的都市社會中必須承擔的義務所污染。農耕的村民們發現自己在財政與文化方面須聽命於城市，而且因為人們急切需要他們的勞力，導致村民們不適合進行冒險。不過，畜牧者之所以享有獨立性，不只是因為他們四處流浪的工作特徵；就畜牧工作的本質而言，他們因隸屬於一個團體而受到規訓，卻不參與定居社會的群體關係。布伊朝（Bûyids）的建立者正是轉而成為傭兵的山區游牧者。草原上的畜牧者憑藉更強大的軍事潛力，在他們的游牧生活中，連結甚至比山區或沙漠的畜牧者更龐大的群體。確切而言，隨著消滅抵抗勢力而建立塞爾柱帝國的族群，正是草原上的畜牧者。第二種本質上就具有團結精神的群體是軍隊的奴隸。正如我們在阿巴斯朝（Abbâsids）興盛時期所看到的，當時人口中的任何階層實際上都不打算支持政府，而政府認為最安全的作法就是依賴與整體人口疏離、除政府之外別無認同的士兵。畢竟，在伊斯

蘭世界的社會中，最能扮演這種角色的就是奴隸，他們是外來者，並且（由於他們必然來自伊斯蘭境域〔Dâr al-Islâm〕之外）無所寄託。因為除了彼此無所依附，他們建立起堅不可摧的團結精神。儘管面臨著一切的危險，薩曼朝（Sâmânids）的統治者跟阿巴斯朝一樣，繼續利用這些奴隸。嘎茲納朝（Ghaznavid）就是由這種奴隸（或更準確地說是受解放者〔freedman〕）軍官和他們的傭兵軍隊建立的。當塞爾柱人變得富裕，且再也不能依賴他們身為游牧者原本享有的忠誠與訓練時，他們同樣也開始使用傭兵軍隊，而其中許多受解放的軍官也同樣建立起他們的朝代。

這些情形發生時，兩種來源的軍事人員在種族上十分相似。就像草原上的游牧者具有潛在的軍事資源，一旦引進這種軍事資源，就足以壓倒任何其他類型的畜牧者，而草原也同樣成為年輕奴隸的最佳來源，這些奴隸從兒時起就接受身為騎師應有的軍事訓練。後方草原上的異教徒部族經常參與掠劫行動，並樂於出售他們的俘虜。這種情形的結果是：在所有相當容易進入歐亞草原中部的區域，突厥人就形成穆斯林地區最重要的軍事階級；所謂的歐亞草原中部就是從尼羅河谷到阿富汗（Afghân）山區之間的地區。在更往西邊之處，包括西班牙，類似的發展塑造了柏柏人（Berber）的軍事階級。總是有其他軍事人員能用來制衡佔有優勢的群體——亞美尼亞人、喬治亞人（Georgian）、代蘭姆人（Daylamî）、庫德族人（Kurd）、黑人等等，但這些人當中，沒有任何一群份量足以改變首要的支配地位。（在法蒂瑪朝〔Fâṭimî〕統治下的埃及，士兵分為柏柏人與突厥人，另外也包含一支黑人部隊，這些黑人奴隸是以遠遠更差的條件招募的，然而，就整體而言，這支部隊沒有晉升到太高的位置。）那麼，在尼羅

河至烏滸河間地區的整塊土地上，突厥有時會以完整的部族形式（在這種狀況下，人們稱之為「Türkmen」），更常（在中前期）在組成駐軍並產出統領的傭兵軍團中成群結黨。他們對崛起中的眾多蘇丹的忠誠程度多寡，是相對無關緊要的問題，但是對於軍事統治者在這幾個世紀以來漸增的力量，突厥文化的同質性確實有所貢獻。

尼羅河至烏滸河間地區的多種突厥人團體，在文化與（很大程度）政治上得以相互取代。烏滸河南方或西方的游牧突厥人，包括塞爾柱人本身，絕大多數都是突厥人的西南分支，這個分支又稱為烏古斯（Oghuz，維持畜牧生活的人們，往往就稱為烏古斯）；即使在蒙古人征服之後，情況大多也仍是如此。但這項反映在方言上的種族團結精神，其重要性都比不上——全體突厥無論使用何種語言都加以遵循的一般社會模式。因此，除了彼此間永不止息的相互征戰，且長久以來沒有更多成就的情況之外，突厥將他們主要的政治角色扮演得很好。如此一來，在根本沒有任何成熟政體的情形下，穆斯林的社會生活若有必要仍然可以繼續進行，實際情況也常是如此。但突厥的外來者身分和它在尼羅河至烏滸河間地區的國際性連結（這種連結僅僅強化他們作為突厥人的身分，因此即使是非突厥的軍事人員往往也會被突厥人同化），仍然更進一步加深城鎮文明生活與政治權力核心之間的分裂。這只會使發展任何具有整體性政體更加困難，因此駐軍的突厥人身分藉由強調軍事生活的傾向，發展出跨越伊斯蘭世界的手足之情及社會流動，進而助長民間生活與軍事生活之間的破裂。單一種族群體在軍事力量中的主導地位是一種特殊處境的產物，那種處境也就是東半球城市定居地帶的人們在當時意識到必須直接面對歐亞草原。換句話說，這反映了歐亞非舊世界歷史中的一個時刻，在那個時刻，草原

在所有其四周的生活中，扮演著非比尋常的重要角色。

游牧生活與軍權勢力贊助的國家（military patronage state）

　　最晚至蒙古統治時期，突厥群體以一種更加直接的手段，促成伊斯蘭世界裡的軍事化形式，那種手段源自於草原上的政治模式。我們已經看到，至少從中國與歐亞西部之間、漢人與羅馬時代發展出規模完整的貿易開始，草原上的游牧生活就已經發展出自己在商業城市與游牧部族之間的共生關係，而這樣的關係比起先知穆罕默德之前的阿拉伯半島還更加複雜。在游牧生活方面，畜牧者本身得以獲得更強大的權力，任何一個部族的潛在財富都可能更加龐大，這個情形與游牧生活的範圍幾乎不受限制這一點，至少在政治上同等重要。當然，任何一個部族通常都受限於特定的勢力範圍，但部族仍在廣大區域中反覆移動。在面向中國北邊空曠沙漠的遠東領土，與位於遠西地區、連結西歐多雨森林的那些領土之間，幾乎沒有明確的邊界。最截然分明的分界是天山山脈與其北邊的山區，將塔里木盆地與錫爾河—烏滸河（Syr-Oxus）流域分隔開來。但對部族群體的通行而言，這些山區似乎早就不構成重大阻礙，特別是位於相對更受侷限的遠東部族，沙漠南方強大的農本中國也無法吸收他們，這些部族被西邊推進，朝向畜牧草原與農耕平原之間尚乏確切邊界的地區。此外，從偏遠地區到定居城市農業地區的人口梯度，無論是逐漸轉變或突然爆發、以小團體或大部族的形式，將游牧者引進定居人口更為眾多的地區，特別是烏滸河南邊或歐洲東部等地。這助長了眾多部族不間斷的流動。在這些龐大且變動的人口當中，就有可能出現由統一領導階級統治的強大部族

集合體，例如有時在部族間的鬥爭中崛起、如滾雪球般壯大的領導者，他從廣大地區集結游牧者的潛在軍事力量，以供掠劫之用，更能夠征服整個定居民族。

　　特別乾燥的季節循環，可能促使一個部族對另一部族施加壓力，並造成政治性的後果。許多氣候情況可能正在發揮作用，因此，較為寒冷的時期對牲畜來說或許嚴苛，但冰雪若留存於山區越久，越可能持續供給流動的水源。屈居弱勢的部族可能衰弱到某個程度，而達到政治上的真空狀態，佔有優勢的部族也可能會發現自己能夠藉機擴張權威。（但與某些印象相反的是，並不是乾旱與衰弱促使邊緣部族打敗其長久警戒的鄰居，並奪取他們的土地。）然而，在考量這些因素時，必須同時考慮到在畜馬游牧生活長期發展中的不同階段，還有游牧生活與貿易城市的共生關係所帶來的效果，那就是技術的躍進（如馬鐙的運用），以及更逐步發生的變動（如城市數量倍增以及游牧領主期望前景的商業化）。於是，我們終究得以說明的，主要不是游牧者大舉到來的特定年分（當時出現多重的政治互動），而是游牧者變動不居的特質。[1]

1　一般人的印象會認為明顯自給自足的部族人口突然因為乾旱而被迫離開習慣的牧場，接著征服毫無戒心的定居民族，這種盛行的印象似乎是從一種歷史觀衍生而來，意即將歷史視為在其他方面固定不變的環境背景下、一連串的孤立事件。某些游牧者或許確實有這樣的感受，而且每遇歉收年，就可能會促使成長中的部族去試探能夠掠奪鄰近的部族到何等程度。但我們必須牢記，即使在遙遠的草原上，歷史的行進一向都是總體性的過程，每個特定的情形中都帶有不均衡的因素，且每次新的失調都是源自舊的失調。部族總是有理由徹底調查彼此的地位，因為沒有任何地位是真正亙古既有的。

隨著跨區貿易在財富與文化資源方面強化了歐亞中部的城市，開拓了龐大游牧集合體的可能性。中國是同質性最高、規模也最龐大的農業集團，除了在中國得以介入控制的情形以外，這些城市往往落入當時最強大的畜牧部族群體的霸權手中，霸權便得以利用這些城市的文化才能（也就是他們的文官、藝術與工藝）以及財政資源，使自己更加強大。哈里發政權曾一度得以控制錫爾河與烏滸河盆地，但在西元1000年之後，即使是草原南方邊緣（但在商業上地位重要的）地帶也成為突厥部族的霸權範圍。

商業城市擁有文化領導權。隨著城市人口成為穆斯林，部族領導階層多也跟著皈信。但與古萊須族（Quraysh）及漢志（Hijâz）的畜牧者之間的共生關係對比，在歐亞中部的每個地方，權力往往把持在游牧者手中，城市的共和政體也鮮少取得相當程度的獨立性。另一方面，比起駱駝游牧者，部族之間的聯繫較為緊密；駱駝游牧者們通常是由具備君王特質、並被貴族家人圍繞的偉大首領統治。在畜馬游牧者當中，由於享有較多財富，逐漸帶有起伏地接近農業環境階級階層化的情形。

因此歐亞中部的游牧者不只發展廣泛協同行動的方法，更發展出統治商業城市的傳統，他們也能夠在更具農業屬性的地區，擴張並開發那些城市。那套傳統的基本觀點是，征服該處的部族人民經由其統治家族代表，都能夠取用定居地區內所有的經濟與文化資源，他們不只享用那些資源的收益，還有由之產出、任何有利可圖的其他事物；原則上，在被征服的地區上不會有公私之別。另一方面，有種與之互補的態度能夠平衡這種（在征服者身上並非前所未有）心態，那就是權貴的道義責任；（一旦當地居民完全順服）佔領家族道義上的義務是

要保存並贊助征服城市中任何可見的傑出事物，包括所有奢侈的藝術，甚至還有多種靈性的信仰。

正如我們所見，在游牧勢力的毀滅性潛力處於巔峰之際，蒙古人的征服行動到來，但當時正好也是歐亞中部的商業—畜牧共生關係中，游牧者的統治慣例與模式發展得最為完整的時刻。區域間的貿易早就有其重要性，並（隨著城市定居生活區域的擴張）在千餘年來不斷增長，而游牧部族也早已完整發展出運用城市技術以達成目標的傳統。但接下來的過程沒有達成太大成就，不斷擴張的城市後來得以將部族首領帶進商業核心，進而與城市人口一起造成部族群體的龐大債務負擔，並限制部族人口可以自由移動的範圍。一開始，蒙古人的龐大兵力大多用於破壞毀滅，他們的征服行動是歷代以來最為廣大的，他們所引起的恐怖驚駭也最令人膽顫心驚。與古萊須商人領導下阿拉伯人的態度相比，蒙古征服的結果令人驚訝。蒙古人宣稱自己肩負統治世上所有種族的神聖使命，而在如此無上的自信背後，苦痛的痕跡清晰可見，宛如他們已經嚐過太多驕傲與聰明的商人所導致的、部族人民的普遍墮落。

但是蒙古領導階級的活力轉而贊助眾多臣民的藝術與科學，在某種程度上，這種贊助關係從一開始就已經存在，而且從第二及第三個世代起，變得非常廣泛。蒙古人的贊助達到最初的阿拉伯征服者遠不及的規模，確實史無前例，他們重建舊城市或建立新城市，修復灌溉工事，並獎勵農業；另外，他們試著確保商人能夠自由通行，並為商業及文化上的接觸開啟新途徑，甚至為學者建造天文台與圖書館。人們可能會有一種印象，似乎從穆罕默德直接的追隨者世代以來頭一次，那些統治這個地區的人們將獨立的成就當成明確的目標，而不只

是遵從先前的宮廷或宗教的某種理念；那些獨立的成就是為了留下強列個人印象的「行動」，無論印象好壞。

這種贊助關係有其限制。蒙古人的到來加深並發展了一種傾向，即突厥人口在伊斯蘭地區（Islamicate land）更中央及更北邊的地區逐漸支配了政治與軍事生活。因為，儘管來自東方更遙遠草原地區的蒙古人使用與突厥語有著顯著差異的語言（雖然他們的語言和突厥語同屬阿爾泰語族〔Altaic〕），但進行征服行動的大批部族人民必然都是突厥人。更不用說，蒙古人所領導的突厥，與穆斯林當中出身奴隸的突厥士兵之間，根本沒有一絲認同感可言，即使是隨著塞爾柱朝而晉身權貴的游牧突厥也並未為人接納，其原因就在於，後兩者使用烏古斯式的突厥語，而大批新征服者則使用後來名為察合台突厥語（Chaghatay Turkish）的方言。不過，為了維持他們藉以建立權力的部族人民支持，最初的蒙古政權被迫在耕作帶與放牧帶之間的邊緣地區上，開放一定範圍的土地供畜牧生活之用，就如同尼羅河至烏滸河間地區相當常見的情形。在這些畜牧者當中，幾乎沒有人準備好成為定居的農民，而農業的成長也有其限制。對著游牧生活所表現的相對善意，只會進而助長已然存在的烏古斯突厥人口。無論如何，突厥語前所未有地成為軍事語言。

這種促進畜牧生活的情況與給予商業人口的贊助之間，沒有直接的衝突；那些商業人口的投資具有流動性，更能藉由新統治階級已然具備的奢侈品味獲利。但這確認了乾旱帶中部已然存在、朝向機動性的傾向，這種傾向有礙農業發展與農業貴族體制，當然也不利於工業投資，因為工業投資同時依賴城市裡群聚的市場與安全的穩定性。在中後期，隨著蒙古人的征服，農業與平民農業組織的荒廢，一如穆斯

林領土統治的軍事化，均位處顛峰。

這種現象與新生中國工業經濟的毀滅同時出現，而後者在某種程度上或許能夠說明，尼羅河至烏滸河間地區較早前的商業繁榮（並因此能夠間接解釋在歐亞中部的游牧──商業共生關係的強大聲勢，這共生關係在當時因其征服而在中國經濟的毀滅上扮演如此重大的角色）。但是，像在這個時期那麼顯著的都市與農業生活蕭條，顯然大半屬於內部的現象。造成這種現象的原因在於，一旦不利條件曾經出現，對於農業繁榮常見的世俗威脅就會進而強化，在乾旱地區，這樣的威脅總是虎視眈眈。

蒙古人嘗試在他們新近獲取的農耕疆土上，建立起或可稱為「軍權勢力贊助國家」的制度，在其中，草原上的原則進被普遍實行，例如游牧者對於都市文化的資助關係。事實上，蒙古人未能完全將農耕社會的基本關懷──農業生產──完全納入贊助關係，農業止居於次要的地位。他們曾經嘗試這麼做，且在當時微妙地重新建構了整個核心伊斯蘭世界的政治與文化氛圍。

蒙古的典範：軍權勢力贊助國家的更新潛力

中後期的國家組成往往包含建立握有廣大權力的華麗朝廷。朝廷有時可能會協助保管老婦人掉落在道路上、裝著黃金的錢包，而更常見的情況是捐贈數量可觀的金額，資助以華麗詞句讚美朝廷重要人士的詩人們；另外，宮廷也可以聚集人力，來建造莊嚴且裝飾精美的清真寺與宮殿，以及同一批偉大人物的墳墓。某些統治者嘗試要認真提供良好的統治，助長文化與農業；其中許多統治者讓最接近其權威所

及的地區，在一段期間內能夠享有較可預期的社會條件以及一定程度的繁榮。

但是，幾乎所有的國家組成本質上都仍屬於軍事體制，特別在尼羅河至烏滸河間地區更是如此。在那裡，無論某個朝代的統治範圍多麼廣大，任何疆界所能達到的最廣範圍都無法維持太久，而且總是蘊藏著將權力下放給行省與地方統領的可能性。這些政府無法擁有足夠的力量在不論統領個人特質的前提下，維持官僚體系的恆常運行，但那些政府無法提供戀棧權位的官僚組織足夠的力量，也往往未能超越純粹部族性且在本質上不可靠的權力概念；在這樣的概念裡，對活躍的部族而言，整塊土地都成為適合以其高超本領獵取的獵物，就像在更地方性的層次上，一些村莊可能對鄰近的游牧者納貢求和。自然而然，他們幾乎無力重置文明的天平，也無力壓制一再發生的戰事在各個層次上造成虛耗浪費的後果。

主要存在於尼羅河至烏滸河間地區以外的眾多國家組成，都建立在大致穩定耐久的政治觀念之上，並與軍事的概念相符，通常還預設了伊斯蘭高於不信者的優越性。但在尼羅河至烏滸河間地區，所形成的政治理念往往最脆弱無力；那裡是伊斯蘭傳統（Islamicate traditon）的中心所在，農業的荒蕪也蔓延得更遠。在這個地區，如果說有任何政治觀念佔有優勢，往往就是蒙古主義（Mongolism）式的政治觀念——宣揚蒙古帝權的偉業。這個觀念部分立基於一種具有世界性規模、嶄新的權力意識，傳說中亞歷山大大帝（Alexander）曾經達成這樣的意識，但這似乎是歷史首次最為明確可及的時刻，於是蒙古的軍隊讓中國或尼羅河至烏滸河間這類的地區，在當地最機敏的居民眼中，顯得目光短淺。（我們將會發現，在這段時期，這個以歐亞非舊

世界為背景的整體性意識曾經多次出現，而且其真實性勝過以往歐亞非舊世界歷史上的任何時期。）蒙古偉業的宣揚也奠基於外顯的威懾戰略（Schrecklichkeit）之上──他們樂意屠殺整座城市。殘暴行為也蔚為風氣，在十四及十五世紀，一度流行建造高塔，將砍下的人頭封在粗糙的石造建築內，在夜裡遠遠地就會閃著微光，屍體腐敗的器官飄曳著，生動表現出蒙古人屠城的意願。蒙古人在絕大多數的穆斯林人口中享有的偉大聲譽，在幾個世紀以降都造成廣泛的影響，因為人類除了總是心懷恐懼之外，往往也會景仰成功的掠奪者。

　　蒙古人的統治菁英以受成吉思汗法典統治為傲，這部法典包含了相當仔細的條文，涵蓋個人身分與公民刑事責任，並足以確保道德標準長期的一致性，以及蒙古人相對於任何下屬的優越性。蒙古人的成吉思汗法典作為統治綱領，似乎享有充分的聲譽，能夠啟發其他以突厥人為組成基礎的政體，而仿效制定他們自己的成吉思汗法典，特別是埃及與敘利亞的傭兵政權（從西元1250年起）。但是，無論在蒙古人的國家，或在其他對蒙古人稱羨不已的穆斯林國家中，成吉思汗法典的作用都沒有像哈里發盛期古老的絕對君權典範發揮深遠的影響力，當時君權概念補充了伊斯蘭法，提供政治上可行的體制。成吉思汗法典與伊斯蘭法仍然無法調和，而且成吉思汗法典本身仍然是平民百姓毫無所知的狹隘軍事規範。具有實效的政治秩序仍然存在於國際穆斯林體制之中，這樣的政治秩序在中前期運行，而軍事當權者更帶來日益災難性的後果。

　　不過，蒙古人的政體確實引進了具有「軍權勢力贊助國家」特徵的概念，在日後有著大好前程，而在引進此一概念時，他們也修正了穆斯林制度的脈絡。在歐亞中部，游牧─都市的共生關係早就已經超

越單純掠奪式剝削的層次。在伊斯蘭世界的農業社會中，透過蒙古人以及分享其勝利之突厥部族的驚人成就推動，共生關係上升到更高的層次。從一開始，蒙古人就以追求不朽成就的精神來行動，聲勢浩大地摧毀，也聲勢浩大地建設。這一切都帶有相對耐久的制度性殘留物，我們可以透過三個特點指出這些殘留物，不過必須注意，這不是在形容單一的國家，只是在蒙古人統治下以及他們的繼承者之間，常見又互有關聯的特徵。第一，獨立朝代律法的合法化；第二，整個國家作為單一軍事力量的觀念；第三，主要軍事家族的封地（appanage）剝削所有經濟及高等文化資源的企圖。然而，這些制度層面上的傾向絕大多數只在蒙古的時代才開始出現，而這個時代仍表現出接續中前期的高度連續性，其中某些傾向直到十六世紀才完整地發展，十六世紀是核心國家（及其體現的模式）因火藥武器而享有更強大實力的時代。

在法律領域中，相較於伊斯蘭法作為新秩序之社會基礎的角色，成吉思汗法典沒有真正成功扮演這個角色。不過，法典終究確實促使一種往後在政治上最為重要的新合法性原則興起，這項原則在整體穆斯林社會的伊斯蘭法，以及同樣獨立於任何國家權力的地方性習慣法（'âdah law）之外，得以作為第三種基本法源，這項原則就是朝代法——統治家族所制定的法律，受到蒙古傳統強力的讚揚。朝代法不只是特定統治者的法令，更是法令的集合，並隨著該家族掌有統治權而持續有效。朝代法對後繼的主權者具有拘束力，至少直至遭到他們明令廢除為止都是如此。終究，在火藥武器的時代，朝代法形成了據以合法化特定政體制度基礎。

這樣對於統治家族之角色的朝代概念，因為有成吉思汗流傳下來

的世界性權力為基礎，而得以自圓其說；也正是這一概念，得以正當化在如此龐大的規模上運用令人恐怖驚駭的行動、進而要求服從的作法。支持專制統治的舊論述現已轉由哲學家（Faylasûf）來闡述，仍為人引用──統治者的權力越是廣泛，臣民就能享有越高度的和平與安全；特別還帶有這樣的觀念：既然維持權力帶給統治者的利益確保了正義，那麼這樣的正義本身就足以帶來繁榮、產出稅賦，用來供養統治者需要的士兵。但「統治家族」這項新觀念，藉由正當化一切有助於朝代顯赫榮景的事物，而支持傳統上對於功能有限之絕對君權的期待。接著，逐漸在中後期的進程中，甚至有人針對伊斯蘭法的正當性提出一套與這種想法相符的詮釋。這套解釋認定，為了達到伊斯蘭法的目的，任何執行伊斯蘭法的蘇丹都應該合法的哈里發（所以可能同一時間有不止一位這樣的哈里發），而既已在位的統治者因此獲得伊斯蘭律法上的特權地位。但同時，在同樣那段期間與部分相同的圈子裡，在統治者將要執行的伊斯蘭律法中，宗教學者（'ulamâ'）所扮演角色的涵蓋範圍遭到限縮，由於人們將因循學說（taqlîd）（即對特定法學派〔madhhab〕的遵從），進而解釋成「理性思考判斷（ijtihâd）之門」的探求早在九世紀時就已經關上──這種主張並非前所未有，但在十五世紀的權威法律編制才賦予它實質內涵，當時的法律編制確立了法律的最終版本，此後，伊斯蘭法不再是反對者手上仍在持續發展的工具，而是一組封閉固定的規則，能夠被調整並納入更具重要性的法律傳統。於是，宗教學者們被先一步制服，而未能試圖對抗朝代的權威與法律。新的政權因此獲得一種合法性，而即使從伊斯蘭法的觀點來看，阿巴斯朝的統治者也鮮少達成這種合法性。

其次，在行政領域中，文官官僚組織往往按照階級與報酬而被軍

隊吸收。即使在塞爾柱朝的時代,這種作法也並非前所未有,但在新的軍權贊助國家中則形成一種體系制度。同樣地,這項發展在中後期才開始,但與軍權贊助國家的精神相當契合。在這樣的國家裡,具有軍事本質的家族會將資產之中的所有特權與責任分配給家族成員,整個上流社會領域都服從軍事紀律,剩下的人只不過是納稅者,就像被真正的人所保衛並榨取資源的「牧群」。

蒙古人的國家裡沒有傭兵軍隊,即使後來某些帝國重新引進這種軍隊,他們也不再享有過去幾乎獨佔且獨立的地位,而在實質上被整合到王室的軍事家眷之中。部分原因在於:草原逐漸整合成為國際商業鏈的一環(居民也轉而成為穆斯林,而非臣服於奴役),而不再供應奴隸。不過,也正是在這種繼承自草原的世界觀當中,部族的軍事菁英憑藉親近偉大朝代的權貴,形成永久的統治階級,而蒙古政權形式整體的驅動力使這種情形得以維持原狀。穆斯林社群(Muslim Ummah)及伊斯蘭法、專制君主及其(如同以往的)官僚組織,兩者之間存在著心懷嫉妒且為數眾多的新權貴,他們與君主和他的家人關係密切,但不受君主支配。到了更晚期,這個觀念在中央地區退化為另一套系統,轉而向各式各樣的部族徵兵,以取得軍力,有需要時便號召軍隊聚集,但在蒙古統治以及隨後的一段期間內,強大的游牧軍隊就是游牧社會本身的核心。

王室家眷本身、當然還有軍事專家,都以蒙古人或突厥人的身分,自動被納入軍事體制之中。財政管理(也就是總理之職)通常由史用波斯文的非突厥人掌控,這些人在中央地區被稱為「塔吉克人」(Tâjik)。他們不持劍,但作為軍隊的輔助部門而受招募前來(以帝國的用語來說,他們是「軍士」〔'askerî〕,而非「劍士」〔sayfî〕),而

且有時候，即使是伊斯蘭法相關的職位，如伊斯蘭法官（qâdî）與伊瑪目（imâm），可能也都屬於軍隊的榮譽成員（也就是「軍士」），而不是受支配的「子民」（ri'âyah），因此能夠豁免稅捐，成為稅款的收取者，而非支付者。但從這個角度來看，他們的身分地位與詩人、畫家並沒有太大差異，後者同樣被資助者納入軍事建制、授予榮銜，晉升於臣民大眾之上。

最後，在政府的整體範疇當中，上述這些政策強化了一種傾向，使具有活躍的中央政治權威，開始著手干預並支配伊斯蘭（Islamicate）制度地方分權且去政治化的國際網絡，至少在朝代所控制的地區如此。這種干預的一種表現方式，一種根據經濟發展計畫而刻意重新安置人口的習慣；城市工匠與農民家眷都按照主要的計畫遷移，其目的未必是懲罰反叛勢力，也可能只是為了發展人煙罕至的地區。在蒙古人及其仿效者的統治下，這種活動相當普遍，甚至會聽說他們興建新城只是為了設置貿易中心，而非建立首都。往後，人口管理有時會形成相當完整的體系。朝代對於藝術與科學的資助也是出於相同的精神。（必須補充的是，「軍權贊助國家」提升高等文化贊助總額的方式不必然是施予財富，也可能是提供另一種略為不同的架構，以此分配財富。）

上述這些情形對總體的土地所有制造成顯著的影響。墾地（iqtâ'）土地授予系統按照蒙古的特權統治地位觀念來修正，讓土地的持有權更明確地集中在宮廷朝臣與贊助者手上。古代士紳階級的土地佔有權、伊斯蘭法以及軍事性的土地授予累積而成的複雜局面，起初就被蒙古人弄得混亂無章，而在釐清土地持有權之後，這一切的元素有部分持續存在，但已加入源自成吉思汗法典的附加條款。在許多地區，

這種改變所帶來的純粹動力，可能會更進一步減少分配的土地上獨立農民所承擔的責任，進而減少投入農事的努力，但由於時空阻隔，我們無法確知此事。蒙古的土地分配模式終究也使宗教學者賴以為生的慈善產業更加受到宮廷控制，有時這樣的做法似乎讓宗教學者與統治權力的關係更為緊密，而強化了蘇非行者疾呼民眾起身反抗的傾向，某些時候甚至是以嚴苛的伊斯蘭法觀點，來對抗彬彬有禮的宗教學者。

政府的形式在軍營中大肆展現。嚴格來說，這樣的國家沒有首都城市，「首都」就是軍隊，無論軍隊碰巧在何處紮營，都是首都所在。君主之所以為君主，是因為他總指揮官的身分，人們也期待他能夠不透過代理人，直接發號施令。不像初期的哈里發們有可能隨行他們所派出的遠征隊，蒙古統治者不會派遣其他人代行，而是親自出征；原則上，所有兵力都集中在一支軍隊中，因此也就集中在同一場遠征。事實上，整個國家機關就被組織成一支龐大的軍隊——當然，可能會從這支軍隊派出分遣隊，但基本上仍是在君主的帳棚周圍紮營的人們所組成的單一整體。絕大部分的國家機關檔案及其財庫，可以在任何重大戰役（即由主權者親身指揮的任何戰役）裡帶著走。無論如何，人們期待所有各司其職的國家官僚首長，跟隨他們的主權者行動。蒙古經驗已然發展出這種迅速組織如此龐雜事務的方法，因此儘管看似笨重，這個軍事國家可以（在這個時期）極其快速地移動。這樣的組織幾乎等同於一座大城市（對這種行政中心的「營地追隨者」而言，其與大城市無異），還能高效率地維持秩序並進行動員，對此，旅行家們都經常感到吃驚。

隨著政權日益穩定，就愈加能夠容許政府本身建立於固有的城

市，但仍然堅持著軍隊國家的原則，甚至直到十六世紀，這整套系統開花結果（並開始進一步發展成另一種體系）。儘管在當時，這套系統帶給伊斯蘭（Islamicate）政府的輝煌繁盛多於穩定，終究還是導致了根本性的政治革新。

伊斯蘭世界中一連串的政府形式可以詮釋為表現出一系列不同「種族」的方式，或者更適當的說法是，這些政府形式體現了一系列結構的可能性，且與不同統治者群體各有關聯。起初在阿拉伯人統治之際，政府整體由一群主張平等主義的特權人士組織、運行；接著，當波斯的統治方法出現，政府由中立的專制君主掌控，在他面前，最偉大與最低賤的人都只不過是臣民；但最終，隨著突厥人的征服，政府由特權軍事家族與特權階級把持，而這些特權階級幾乎就是該家族透過贊助關係的延伸。不過，如果我們主要以乾旱帶中部社會整體發展的角度來觀看演進過程，而不是透過不同統治民族的觀點，就能更深刻地理解連續政治發展的微妙之處，也正是藉由這樣的觀點，我們將更容易了解，剛剛抽象簡述的群體多樣性實際上出現在不同的國家與時期。

不論在軍權勢力贊助國家傳統的發展過程中，草原的習俗與蒙古的顯赫勢力扮演何種角色，我以「軍權贊助國家」這個名詞總結的那些傾向，也可以視為伊斯蘭世界既存的軍事化所造成的自然結果。未能成功地在中前期的城市中推動某種民兵自治後，人們就得以預期，一旦駐軍部隊控制與軍事土地佔有權的模式完全建立，權貴（aʻyân）對統領駐軍的偏好將會導致軍隊更大幅地干預社會與文化事務，而身為突厥人的同質性無可否認更會助長這種傾向。在政治權力的地方分治與軍事化最為顯著的那些中土上，蒙古人實際扮演的角色或是他們

的高度聲望，都有助於提供軍事勢力能夠藉以成形並變得相對穩定的模式。因為上層文化脫離市集商場、甚至脫離清真寺，而更明顯地將焦點放在宮廷（及其對過度講究的熱愛）和互補的蘇非蘇非中心（khâniqâh）上，較晚期的商人階級在上層文化的聲望便（往往看似）逐漸下降；一旦發生這樣的情形，儘管游牧者與貿易商之間存在著古老的連結，而且以軍事形式表現的農耕壓力本質上帶來某些後果，能夠穩定軍事勢力的模式仍得以建立。[2]

蒙古汗國（西元1258～1370年）

穆斯林領土上建立了三區主要的蒙古領土。旭烈兀（Hülegü）的後裔統治底格里斯河與幼發拉底河谷，以及多數的伊朗山區及高原，同時也是安納托利（Anatolia）亞塞爾柱朝的最高統治者，他們一度也是君士坦丁堡邊界上較小的歐斯曼國家的領主（但他們將敘利亞留給埃及的傭兵統治者）。他們的名號是伊兒汗（Îl-khân），直到他們成為穆斯林之前，都是身處中國的蒙古大汗的代理人，首都是亞塞拜然（Azerbaijan）的馬拉加（Marâghah）。第二個蒙古體制同時與身處中國的大汗，以及其他接受其主宰地位的蒙古朝代敵對，他們是察合台蒙古勢力，位於錫爾河（Syr）與烏滸河流域、耶地蘇（Yedisu）草原東北邊和喀布爾（Kâbul）山區，同時進而控制旁遮普（Panjâb）。第

2　談到「軍權贊助國家」時，我採用的是Martin Dixon的概念（這是我和他以口頭溝通所得到的概念），與我不同的是他熟知史料，但我自由地調整這些概念，來符合我觀點中的一般文明史要求，我希望自己沒有陷於過多的錯誤。

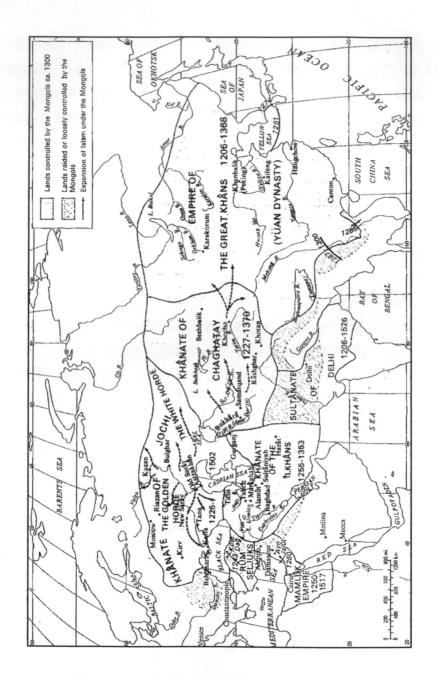

圖 1 − 1：旭烈兀時期（西元 1255～1260 年）的蒙古勢力

三個蒙古國家，就是後來被稱為欽察汗國（Golden Horde[3]，原本稱作「藍帳汗國」〔Blue Horde〕），其中心在窩瓦河盆地，但影響力向西擴張到更遠處，而長期服從俄羅斯的眾基督教大公。蒙古（Mongolia）西邊第四個長期存在的蒙古人政體是額爾齊斯河流域（Irtysh basin）的白帳汗國（White Horde），就像其他三個國家，終究皈信了伊斯蘭；然而，在穆斯林的歷史上，統治蒙古（Mongolia）與中國以東所有領土的主要蒙古帝國幾乎沒有直接的影響。

在每個地方，蒙古統治者都可能有興趣恢復先前已被毀壞的經濟，但對伊兒汗國的領土最感興趣。一旦領土臣服，旭烈兀便選擇可靠的行政官員，恢復先前採用的體制。旭烈兀身為巴格達與整個下美索不達平原的統治者（這些地方是在他自己的戰役中受挫最甚之處，而在其他地方，那些戰役往往只是被熱切的臣民夾道迎接的勝利行軍），（在西元1259年）任命了一位穆斯林學者（阿塔—瑪立克・朱維尼〔'Aṭâ-Malik al-Juvaynî〕）。這位學者出身呼羅珊一個古老的行政官員家族，他的父親曾經在蒙古統治者手下任職，他自己也曾在官方財務部門（dîwân）受訓。他沿著幼發拉底河挖出一條長運河，沿著河岸建立一百五十座村莊，並且致力普遍重建他的省份裡的農業，希望能使那些省份比起以往更加富饒。他資助其他文人學士，自己也寫了一部令人印象深刻、波斯文的蒙古征服史（他曾兩度造訪蒙古本土）。同時，阿塔—瑪立克的兄弟（在西元1262年）晉升為整個伊兒汗國的主要大臣，並得以讓他的兒子們擔任總督。他與阿塔—瑪立克的興趣相投，且在有時發生於穆斯林與早前的受保護者（dhimmî）社群之間

---

* 3　譯註：直譯為金帳汗國。

的競爭中，以穆斯林的保護者聞名；在異教蒙古人的統治下，受保護者得到的利益有時高過戰敗的統治集團。

　　同樣地在文學的贊助上，好幾位伊兒汗相當活躍。即使相較於其他軍事宮廷，蒙古領主們因重度酗酒、爭吵不休而惡名昭彰，但其中許多人仍帶有嚴肅的關懷。在他們的領土上，所有宗教傳統都獲得寬容，甚至在一定程度上接受資助。在蒙古人當中，佛教最為盛行，特別是圖博（Tibet）的喇嘛所詮釋的那種藏傳佛教（蒙古人將他們的佛教與來自舊蒙古傳統的「薩滿」〔shamanistic〕異教混合），並在幾塊蒙古領土上，四處都可以發現許多佛教僧侶。某些蒙古人成為景教（Nestorian）基督教徒，採行當時仍常見於歐亞中部的宗教派別。在一段時間後，某些蒙古人也成為順尼派（Sunnî）或什葉派（Shî'î）的穆斯林，雖然他們並未放棄成吉思汗法典所規定但牴觸伊斯蘭法的儀式。不過，他們的知識觀點可能與他們龐大帝國的地平線一樣寬廣，（在酒癮發作之間）許多蒙古人對歷史與自然感到好奇，不論其宗教信仰為河。在旭烈兀及其繼承者的統治下，在西元 1259 年亞塞拜然的馬拉加，設備齊全的天文台開張，這個城市或許成為最重要的天文學中心。來自半球各個地區的飽學之士在伊兒汗國朝廷受到歡迎，而在那裡，穆斯林學者與他們交換資訊與觀點，影響力及於（正如我們將看到的）天文學、史學與密契主義等多樣領域。中國的行政人員與工程師從一開始就與蒙古人一同到來，中國傳統的聲譽自然也特別高漲。中國人印製紙錢的作法曾一度被引進伊朗，卻在那裡全面失敗，而蒙古人早就在中國地區成功普及紙錢。中國的風尚為人模仿，特別是藝術領域，因為中國的美學素養無可匹敵。另一方面，專業的伊斯蘭研究自然暫時得到較少的贊助。

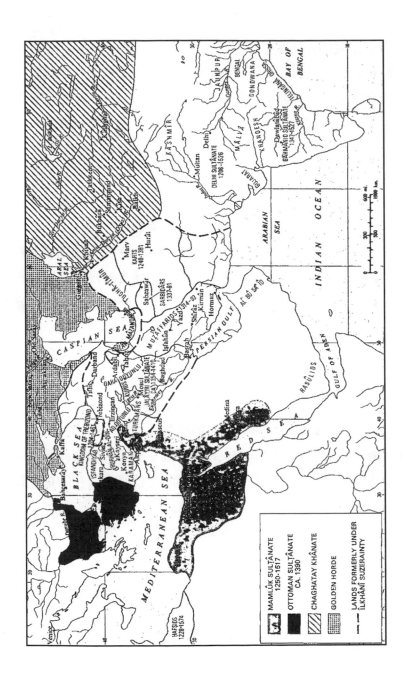

圖 1－2：十四世紀的地中海地區中部至印度

三個主要的西方蒙古汗國很快就彼此為敵，為了上烏滸河地區（在察合台汗國〔Chaghatay〕與伊兒汗國之間）與高加索地區（在欽察汗國與伊兒汗國之間）的領土而爭執不斷。這些國家很早就開始採行相互矛盾的外交政策，因此，穆斯林的埃及雖然是伊兒汗國的主要敵人，欽察汗國卻與埃及培養商業與政治上的交流，而欽察汗國對於伊兒汗阿巴嘎（Abaḳa，在位於西元1265～1282年）試著結盟、位於地中海地區的拉丁基督教勢力並不友善。這樣的政策加速了任何普遍蒙古團結情感的終結，在旭烈兀的侄子、蒙古與中國大多數的蒙古人所承認的大汗忽必烈（Kubilay）死後（西元1294年），這樣的團結精神幾乎就很少造成政治上的影響。（西元1305年時，所有蒙古國家仍然共同商議，但也僅止於此。）促使每個國家在自己地區的利益與高等文化上，建立政治基礎的壓力也就上升了。

　　因為在每個國家裡，享有更多特權也具有更高教養的階級中，大多數的人口都是穆斯林，伊斯蘭就是文明的宗教，於是蒙古人當中轉而皈信伊斯蘭的人數日益增加，而那些早就成為穆斯林的人們往往在各自的國家結成派系。穆斯林派系的優勢意謂著，國家將更致力於區域性且與地方穆斯林人口立場一致的政策，而不是仍全神貫注於完全出於蒙古觀點的政策，因此宗教信仰的問題就帶有潛在的重大政治後果。

　　第一個接受伊斯蘭傾向的國家是欽察汗國。窩瓦河（Volga）流域的定居人口與鹹海岸邊的花剌子模（Khwârazm）保持密切商業關係，在哈里發盛期晚期的數年間，這些人口中成為穆斯林的人數愈來愈多。可薩國（Khazar）定都於窩瓦河口，其統治階級早自七世紀起就成為猶太教徒（或許這點就如同穆罕默德時代之前的葉門，在源自更

古老的各方核心地區、相互競爭的宗教信仰所帶來的壓力之間，確保了中立的獨立地位），但首都的人民大多是穆斯林或與基督教徒；而當可薩國的勢力因為俄羅斯人的侵擾在西元960年代崩解後，控制著這個地區的部族結構就更有利於伊斯蘭發展。同時，在比窩瓦河更北邊的地區、位於現在的喀山（Kazan）附近的保加爾（Bulghâr）突厥人，早在西元900年代早期就已經成為穆斯林，他們藉由與哈里發政權建立直接關係，來維護自己外於可薩人的獨立性。到了蒙古征服的時代，隨著北部地區的貿易與聚落增加（在西元900年代，保加爾人經常自豪於擁有一座城市，且城市大多由帳篷組成；到了1100年代，那裡已有好幾座以石材建造的城市），在整個窩瓦河流域的中下游，保加爾人的勢力握有支配性的地位，儘管後來他們對西邊的俄羅斯人採取守勢。作為伊斯蘭化的活躍中心，保加爾人付出了一些努力，讓基輔的俄羅斯人改信伊斯蘭。他們擁有少量、獨特的文學作品，以突厥文書寫。（因為喀山位在如此遙遠的北方，夏天的夜晚十分短暫，就會發生意料之外的儀式問題，特別是當齋戒月落在夏天時，就只有很少的時間能從日間的禁食恢復正常進食。）

蒙古人摧毀了保加爾國（及其城市），更將他們主要的活動中心改建在更接近窩瓦河口的地方，藉以恢復窩瓦河下游地區相對於更具農業特色的北方的優越性。但是，穆斯林人口依然存在，而且到了西元1290年，統治者也成為穆斯林（儘管某些來自西方的基督教傳教士付出許多努力）。穆斯林人口多數已經是突厥人，他們似乎很快就轉而認同欽察汗國，但更往西邊，與欽察汗國維持納貢關係的斯拉夫基督教徒人口，則因為宗教差異而與帝國主體更加疏遠，這樣的狀況將

在往後的幾個世紀更加惡化。[4]

　　接下來轉向伊斯蘭的是伊兒汗國，但是在佛教徒與穆斯林派系之間發生內鬥後才進而轉向。首要的大臣朱維尼因為在西元1282年至1284年間支持短暫統治的穆斯林蒙古人而遭到處決——儘管敵對的波斯穆斯林官員早就準備好要讓朱維尼身敗名裂。他的繼任者是一名猶太醫師，企圖將穆斯林的影響力禁絕於政府之外，但他最終就像伊兒汗國大多數的大臣，也遭到處死。（只有蒙古人能夠免於君主多疑的反覆無常之害。）在大臣死後，好幾個城市裡的穆斯林放縱地搶劫並屠殺猶太人。於西元1295年，佛教徒合贊（Ghazan）拿下王位，他也因為發現伊斯蘭政策的價值，進而成為穆斯林，並堅持蒙古貴族也要改信伊斯蘭，而更守舊的蒙古人終究也遭禁聲，佛教僧侶被大舉趕出領土。在首都塔布里茲（Tabrîz），除了佛教寺廟以外，就連教堂與猶太人集會所也都遭到拆毀。然而，對抗穆斯林埃及的戰爭仍繼續進行；到了西元1300年，大馬士革被佔領，連帶承受許多破壞行動，但在西元1303年，蒙古人在敘利亞吞下一場災難性的敗戰。

　　當時合贊專門資助伊斯蘭學問，但也保持過去寬廣的視野。他對好幾種藝術、工藝以及自然科學與蒙古史感興趣，也只少懂得幾種語言（除了他原先就會的蒙古文，或許還有突厥文，他也曾提及波斯文、阿拉伯文、漢文、藏文、喀什米爾文，甚至拉丁文）。伊兒汗國

4　某些作者把「俄羅斯」（Russia）這個字當成地理名詞，用來指稱所有最終由俄羅斯人定居的領土，他們因為受到這樣的誤導，而在他們的作品中被稱之為「俄羅斯」的一切事物似乎自然而然就是俄羅斯的，穆斯林似乎是完全外來的入侵者，即使在窩瓦河地區也是如此，而這樣的認定可能導致他們誤解蒙古汗國改信伊斯蘭的意涵。

宮廷接待來自歐亞非舊世界絕大多數地區的使者，而宮廷也派遣使節前往印度與中國，最遠曾去到歐洲的英格蘭；在伊兒汗國宮廷的認知中，像圖博那樣的土地更為接近，但卻似乎甚至更了解西方（教宗認為替定居在塔布里茲的拉丁人派遣一名主教是相當恰當的）。身兼醫師與學者的拉胥德丁・法茲勒拉（Rashîduddîn Fażlullâh）是合贊的大臣，合贊非常仰賴他為穩定的行政管理所付出的努力，我們稍後也將特別提到他傑出的史學著作。拉胥德丁也任用他的幾個兒子擔任行省總督。除了設置新水道或挖掘新運河、在沿岸建立村莊，並為有信仰者提供禮物、安排前往特拉比松（Trebizond）或喀布爾的軍事遠征之外，拉胥德丁特別關切的是要為醫院提供來自印度與其他地方的異國藥物。他在塔布里茲附近為學者建造的城鎮，不只配備大圖書館、為貿易商一類的人們完成準備工作，更有五十位醫師，其中某些來自埃及、印度與中國（他不只將他的某些波斯文著作翻譯成阿拉伯文，還翻譯為漢文）。拉胥德丁最終受到後來的統治者立論薄弱的指控，七十幾歲的他連同一個十六歲大的兒子遭到處決（西元1318年），他的學者城鎮與安放在那裡的、許多他的廣博著作的抄本都遭到掠奪。

在察合台汗國，更西南方地區、特別是烏滸河流域的蒙古人往往會傾向成為穆斯林，而在更東北方的地區，即耶地蘇草原（位於巴爾喀什湖〔Lake Balkhash〕南邊）與天山山脈（這些都是伊斯蘭尚未完全確立的區域），居住當地的蒙古人則謹慎地抗拒伊斯蘭，認為穆斯林的身分與真正的蒙古人身分無法相容。一直到了西元1326年，有一名穆斯林才成功成為汗（khân），雖然他在十年之內就被來自耶地蘇草原的叛軍殺害身亡（西元1334年）。不久之後，察合台汗國分裂，錫爾河與烏滸河流域仍然多信仰伊斯蘭，但東邊的汗要到更晚期才成為

穆斯林。

　　約在此時，這三個國家全都開始分崩離析。（蒙古人也在此刻開始失去他們對中國的控制，並在西元1368年遭到驅逐。）蒙古政權的王位繼承方式是透過出席全體的集會（庫里勒台大會〔kuriltay〕）的大家族首領從統治家族中選舉出繼承者，而這種作法能夠確保無可改變的公開性，但這樣的繼承方式總是嚴格遵守基本的游牧原則，一個人的領土應由他的兒子們平等瓜分（最年輕的獲得家鄉的土地，但仍然是以平等為前提）。基於這項原則，大汗即使受到其他所有人認可，也不能指望他們的獨立領土服從於他。在持久的蒙古國家中，國家不能分割的事實愈來愈明顯，但所有兒子的權利都是平等的，這樣的意識或許導致藉由大會來選舉繼承人的作法，最終改為透過軍事競爭決定繼承人的模式，在其中，統治者就是最強大的派系所支持的候選人。當競爭的結果不具決定性，就可能導致王國實質地分裂。無論如何，位居核心的權威變得更行羸弱。

　　儘管察合台汗國以及特別在西元1357年之後的欽察汗國成為鬥爭派系的目標，但在這兩個草原政體（突厥人組成大部分的定居人口），成吉思汗後裔的蒙古人在整個世紀都維持著某種權威。在伊兒汗國，這些蒙古人消失得較為迅速。阿布—薩伊德（Abû-Sa‘îd）在位期間（西元1317～1335年）為內部紛爭所擾，就像絕大多數重度酗酒的蒙古統治者（事實上，那個時代許多統治者都是如此），他年紀輕輕就過世（約在三十歲），而且在他死後，團結的伊兒汗國再也不是人們的共識，而對於每位繼承者而言，別的派系也都與他們敵對。到了西元1353年，這些魁儡繼位者當中的最後一位被忽視，原本的伊兒汗國領土則由不同的獨立朝代瓜分。

即使在伊兒汗國強盛之際，事實也證明，讓眾多並非蒙古人的統領繼續戍守大半領土是多麼便利的做法，只要他們在納貢與讓蒙古人解決他們之間的爭端時，保持服從就行了。因此，以赫拉特（Harât）為中心的庫爾特（Kurt）朝代控制了多數的呼羅珊地區，而須拉子（Shîrâz）的穆查法爾朝（Muẓaffarids）統治伊朗西部的好幾個行省。這些家族成員之間的爭執有時在不同城鎮中產生，彼此對抗。賈剌儀爾人（Jalâyir）是本身與蒙古傳統有關聯的部族，在阿布─薩伊德在位期間結束之後，他們最長久地試圖支持蒙古人選擔任伊兒汗。但後來在十四世紀，該部族的首領們直接統治伊拉克，有時更掌控加濟拉地區（Jazîrah）與亞塞拜然，企圖取代他們認為能夠與之抗衡的穆查法爾朝。其他較小的朝代則扮演次要的角色。這些勢力並不承認彼此具有真正的合法性，而且最急切地參與反覆不斷的戰事，以維持原有的臣民或號召新近的歸順者。

在絕大多數的情形下，權力把持在純屬軍事強權的統領手上，但在某些地方，權貴實際上會選邊站，而至少有一個案例，獲取權力的是城鎮裡基礎較不穩固的群體。在蒙古中央權力衰弱之際，在呼羅珊西部的薩普澤瓦爾（Sabzavâr），當地某些具有蘇非主義背景的什葉派成員（被稱為「薩爾巴達爾人」〔Sarbadar〕）形成某種類似共和的政體（西元1337年），他們沒有突厥駐軍的優勢，並致力於消滅壓迫。對於為這個時代撰寫編年史的順尼派學者而言，薩爾巴達爾人（這個詞的意思是「向絞刑架宣誓」）令人厭惡；關於這些人，我們大多聽說他們縱容自己沉溺其中的暴行，因為他們經常以暴力的政變更換首領。（這些大多互無關連的共和首領，在無法跳脫朝代觀念的作家筆下，諷刺地得到「朝代」這個名稱。）不過，在他們統治的地區中，

他們享有廣泛的支持，似乎也在這幾年間變得更加強大。他們拿下好幾座城鎮，而且在西元 1370 年得以說服尼夏普爾地區（Nîshâpûr）加入他們（但赫拉特的庫爾特族人很快就將該地區奪回）。然而，庫爾特族人未能在其他地方打敗他們，而來自撒馬爾干的征服者——帖木兒則樂於著手消滅他們（約在西元 1331 年），連同其他統領一併消滅。

埃及的傭兵政權（Mamlûks）

在穆斯林的中土地區裡，埃及政府是曾抵抗蒙古浪潮的政權之一。薩拉丁（Saladin）的艾尤布家族（Ayyûbids）曾經建立順尼派的敘利亞—埃及政體，取代了法蒂瑪朝（Fâṭimids），艾尤布家族恰好就在旭烈兀到來的時代遭其軍事奴隸（傭兵）趕下王位（西元 1250 年），而這些傭兵同意由他們的同儕之一握有領導權。（一系列新的獨立主權者當中，第一位是女性，她是最後一位艾尤布朝繼承人的母親。）

這些傭兵看似沒有主人，在他們奮力於西元 1260 年在大馬士革南邊的艾恩賈魯特（'Ayn Jâlût）打敗無人可敵的蒙古人，並將之趕出敘利亞時，他們的聲譽便確立下來。蘇丹拜巴爾斯（Baybars，在位於西元 1260～1277 年）以暗殺為手段，在不久之後奪得權位，他視國家為一種軍事資源，積極地組織政權。他針對好幾支駐軍所做的國防方面的安排（包括迅速傳遞情報的機關）都以效率著稱。他很快地消滅敘利亞艾尤布公國的殘餘勢力，然而，將忠於家族聯繫、薩拉丁及其繼承者的國家收歸中央的工作卻從未完成。在長達六年的戰爭中，拜巴爾斯消滅了沿海絕大多數的十字軍佔領地，接著在其他伊斯瑪儀里派勢力遭旭烈兀征服時，迫使仍維持獨立自主的敘利亞伊斯瑪儀里派成

員臣服。他從自己的敘利亞—埃及基地派遣軍隊，沿尼羅河上溯至努比亞（Nubia），順流至紅海海岸，西到席蘭尼加（Cyrenaica），進入奇里細亞（Cilicia），對抗當地殘存的亞美尼亞國家，甚至還向北對蒙古人與他們的安那托利亞塞爾柱附庸發動攻勢。他與其他傭兵軍人絕大多數都是突厥人，大多來自黑海與裡海北邊的欽察地區（Kipchaḳ），也就是來自欽察汗國，他盡力從該地區為其個人的軍隊補充大批的新傭兵。拜巴爾斯一開始仰賴這支兵力，但為了替他的統治尋求更廣泛的正當性，他在開羅扶植一名從毀滅的巴格達中脫逃的阿巴斯家族成員，成為當時的哈里發，並假扮成他的僕人。（這名魁儡哈里發懶散的繼任者們偶爾也在名義上被其他穆斯林國家承認，通常是與傭兵政權缺乏密切關係的國家。）

　　拜巴爾斯沒有建立朝代，反而建立了一套寡頭體制，在這套體制裡，其他蘇丹們遵循著他所建立的模式。被身為受解放者的士兵圍繞的偉大統領們，各自依靠由進口軍事奴隸組成的軍團，來建立自己的權力。傭兵的兒子們是自由人，儘管他們可能提供次要的軍事服務，但多系統性地被排除在主要軍團的兵役之外，如此一來，每個世代都要從北方重新引進士兵，並訓練他們忠於自己所屬的統領以及軍團裡的同袍傭兵。西元 1299 年到 1382 年間，某種世襲統治尚得以存續，除了這個期間以外，國家都是由代代繼承、受解放的奴隸統治。普遍的原則是，每個統治者都暫時由他的兒子繼承，直到眾多競逐權位的傭兵軍團（通常藉由戰鬥）決定下一位蘇丹該由誰的領導者擔任（並罷黜暫時取得頭銜的男孩）。在世襲蘇丹的時期後半，蘇丹只不過是某些統領手中的魁儡君主，他的地位更低於身為受解放者的蘇丹；即使是在這個時期，強大的傭兵統領也形成獨佔的寡頭政治。即使當蘇

丹正在推動自己對整體國家利益的考量措施（那些利益往往只由蘇丹考量），也沒有任何一位蘇丹膽敢完全蔑視傭兵。

在傭兵們的同儕所能允許的限度之內，事實證明某些蘇丹就是活力充沛的統治者。這些蘇丹謹慎地促長貿易；在西方人（或說「法蘭克人」）當中，威尼斯人受到優待，而曾自十字軍的敘利亞港口據點獲利的熱那亞人（Genoese）及比薩人（Pisan）因此不受重視；北邊與南邊的貿易分別與黑海地區及印度洋進行，因為政治上的安排而受保障。在蘇丹嘎拉溫（Ḳalâwûn）的統治下（西元1280～1290年），以及他死後的那一年，拿下了其餘的十字軍港口據點，但出於對西方海權優勢的恐懼，敘利亞的貿易被導向少數的大港口，而其餘港口都遭到拆毀。位於奇里細亞的基督教亞美尼亞國家遭到消滅。嘎拉溫的兒子是納席爾・穆罕默德（al-Nâṣir Muḥammad，在位於西元1299～1340年），在他成功但成就並不卓越的統治期間，穆斯林對於朝代正統地位所施加的壓力得到成效，納席爾必須在西元1309年退位，來擺脫兩名統領的控制，但接著在西元1310年一場令人驚訝的逆轉中，他重新掌握權力，重建他個人的統治。但在西元1382年之後，身為切爾克斯人（Circassian）而非突厥出身的傭兵取得權力（相對於早期的巴赫里支系的傭兵〔Bahri Mamluk〕，他們名為布爾吉支系的傭兵〔Burjî Mamluk〕），就再也不能容忍更嚴重的世襲傾向。

在傭兵政權的時代，埃及（特別是開羅）成為伊斯蘭文化（Islamicate culture）區的核心，當地繼續使用阿拉伯語文，並幾乎與波斯文化（Persianate culture）沒有任何關聯，比起以往，埃及文人在伊斯蘭世界扮演的角色更為重大。儘管在傭兵時代晚期，農業的繁榮顯著衰退，對開羅來說，這卻是個燦爛的時代。傭兵君主的權力與品

味永恆地留存在開羅的清真寺裡，其中絕大多數清真寺的建造日期就在他們統治期間；他們捨棄先前更常使用的、更廉價的材料，而選擇以石材建造，工程師也發展出一種設置良好的巨大結構所帶來的強烈美感——在某個時期，即使是深受歡迎的阿拉伯式花紋（arabesque），人們也幾乎不准許那些花紋妨礙線條的雄偉。他們以帶有騎士精神的舉止為樂，諸如個人才能的紋章象徵、馬術的專精、進行持續不斷的內鬥時所應遵循的禮節。正如騎士精神所常見的情形，承擔代價的是開羅的平民百姓，他們受到鄙視，更被永久排除在權力之外。

最終，這讓傭兵君主賠上他們自己最為珍視的至高無上的權力。這些君主蔑視火器槍砲（當時是步兵的武器）而認為它們配不上真正的騎士，並將那些武器留給蒙受蔑視的黑人奴隸軍團，禁止蘇丹們對那些軍團投入過多資源，而最後他們被來自安那托利亞歐斯曼朝的砲兵隊伍征服（西元1517年）。埃及接著落入歐斯曼朝的統治，但一整群傭兵君主仍長久獲准作為從屬地方的軍事貴族，而繼續存在。

德里蘇丹政權（Delhi sultantate）：在印度的擴張

德里蘇丹政權早在十三世紀初，就在恆河河谷旁遮普外建立了來自阿富汗山區的信仰戰士（ghâzî）軍隊，因此成功抵擋蒙古人的侵擾，而所得到的報償是許多飽學之士，他們為了逃避異教的蒙古人而前來，也因此強化蘇丹政權的伊斯蘭文化（Islamicate culture）。就像在開羅傭兵蘇丹政權的情形，德里蘇丹政權源自傭兵傳統，他們都強烈地意識到蒙古人的出現，但沒有畜牧生活組織的背景，也沒有直接共享蒙古人所引進的新統治取向。當時就像第一次征服恆河平原的情

形，在他們起伏不定的地方分治時期，穆斯林強化日漸受到種姓拘束之印度社會的有效方式，就是讓自己在這整個地區實質上成為統治階級的種姓，他們的性格十分開放、不帶有狹隘的偏見。（我們將在第四章「伊斯蘭的擴張」中，更進一步討論這個時期所發生的事件。）

作為穆斯林冒險事業的場域以及免於被蒙古人統治的避難所，德里蘇丹政權很快就得到一支充滿活力的軍團，不只由穆斯林軍人組成，還有各種伴隨他們而來的文化專家。當然，穆斯林商人帶著伊朗與烏滸河流域的居民所習慣的貨物，發現自己特別受歡迎。在熱切歡迎任何來自更為正統的穆斯林領土居民的社群中，因投身冒險事業而來到印度的蘇非行者能夠作為靈性的支柱，而得到受人尊崇的地位；其中兩人成為印度兩大主要蘇非道團的創立者（蘇赫拉瓦爾迪道團〔Suhravardîs〕與契斯提道團〔Chishtîs〕）。波斯詩學大受讚賞，來自伊朗本土的詩人能夠找到欣賞他的聽眾，並獲得殊榮。

到了十三世紀末，伊斯蘭雖然規模不大，卻也已經堅實地立足於整個恆河流域，其勢力所及，甚至向東遠至孟加拉；在那裡，就算獨立穆斯林蘇丹政權與德里的勢力直接衝突，也沒有強大的印度教反對勢力。在各方山區，過去好幾個世紀的印度教徒統治階級種姓後來被稱為拉吉普特人（Râjput），他們形成好幾個能夠穩定佔據地方要塞的家族，並在穆斯林的勢力最為低落之際，重新取得更高的獨立性。不過，在平原地區（也就是農業生產最為富饒之處），絕大多數的區域都承認穆斯林的至高地位，地方上沒有留下任何統治階級的種姓，強大到足以挑戰穆斯林。

同時，蘇丹國原本是小型突厥軍事寡頭體制政治層面的具體呈現，在體現過程所產生的特徵早就在經歷改變。穆斯林的統治最終必

須依靠穆斯林地方社群的成長與支持，而這種社群的強大吸引力之一就在於提供開放的社會機會。突厥寡頭政治與其賦予突厥人的些許優勢，在政府領域限制了這些機會。或許就維持新近到來的信仰戰士的忠誠而言，這是適切的作法，但一旦穆斯林的勢力發展到相當的規模，也獲得長久的地位，這種作法就不再適合用來維護勢力。但第三位偉大的德里蘇丹巴勒班（Balban，約在位於西元1249～1287年，但在西元1266年才正式即位），就已經有效地堅持制衡突厥貴族，並堅持以君主的身分地位統治。他固執地堅持，只讓一個循規蹈矩的突厥人擔任名譽的職位，並排除任何其他人，而這樣的作法可能減輕了他的工作負擔（就像最初的兩位蘇丹，他也是以突厥奴隸的身分出身）。但隨著權力往蘇丹手上集中，貴族階級的獨佔性實際上就失去了立足點；而且，當蒙古人穩居北邊之後，再也沒有新的突厥奴隸可供應印度出售。繼承巴勒班的無能後裔們，浪費多年時光在敗壞名聲上，包括他們自己的名聲，還有他們帶來的任何純突厥政策的名聲。

在巴勒班死後幾年，蘇丹政權的新秀大放異彩。儘管蒙古人在西北邊持續帶來壓力，蘇丹政權仍進而擴張到印度其他地區。這主要是在兩位精力充沛又性格古怪的統治者手下完成；若根據巴勒班的定義，阿拉伍丁・希里吉（'Alâuddin Khilijî）並非突厥人，而他開始以行省統領的身分，向東進入摩臘婆（Mâlvâ）掠奪，甚至早在他（藉由篡位）獲取王位之前，就已經跨越溫迪亞（Vindhya）山脈，進入德干半島。在他在位期間（西元1296～1316年），恆河平原南邊更多山區領土臣服於德里，而他的軍官進行了一場長期掠奪（西元1307～1311年），最遠去到半島南方終端泰米爾納德邦（Tamiland）的馬都拉（Madura），向絕大多數印度統治者索得戰利品，並使他們承諾每年納

貢。阿拉伍丁將偉大君主的角色扮演得很好，他嚴格管制主要軍官們的生活，甚少允許他們喝酒（儘管在其他方面，阿拉伍丁幾乎不將宗教學者當一回事），並讓他們活在對間諜持續不變的恐懼中——強大的軍事統治者必然將間諜派駐在軍官的家眷之中，而阿拉伍丁這個老密謀者也深知間諜的特殊價值。更重要的是，他也無情地管制首都的市場，為賣給士兵的食物價格設下嚴格的限制。

但是一直到穆罕默德·圖魯各在位期間（西元1325～1351年），才真正征服南方。[5]即使在一連串短暫、放蕩或混亂的君主統治期間，侵略南方的政策也仍然零星地執行著；當廣受軍隊擁戴的穆罕默德·圖魯各之父即位，這項政策更進一步體制化。早在擔任他父親的代理人時，穆罕默德就已經在德干高原（Deccan）的部分地區鞏固穆斯林的權力（他的父親則是使孟加拉東部臣服）。在穆罕默德本人的統治期間，他全心投入將整個德干高原、甚而還有高原南部的許多地區納入穆斯林直接統治範圍的治理工作，或至少對那些仍作為納貢國而留存的統治者們，加以嚴厲的管束。約於西元1330年，在穆斯林偉大的南方勝利行軍後，更廣泛的印度地區都不得不承認穆斯林的權威。穆罕默德·圖魯各已經成為能跟阿拉伍丁·希里吉平起平坐、真正的

---

5 歷史學家們（從頌詞般的穆斯林編年史得到線索）經常會把歷史寫得似乎在阿拉伍丁·希里吉統治下，印度南部早就已經是穆斯林領域，並認為後來的軍事行動都只是單純地弭平叛亂。但（無論多數的農業軍事統治有時看起來多麼像是現代都市勒索者的作法，向其「臣民」收取保護費）我們必須區分做成納貢協議的掠奪與真正的征服行動；違反納貢協議所帶來的風險只是另一場掠奪，而真正的征服行動，將會設下永久性的行政機關，權力安排也會取得長久的合法性，而對於擾亂既存權力結構並要求重新設置的行動，確實也就能稱之為「叛亂」。

君主，但他對控制家鄉的嘗試卻不太成功。他極度致力於德干半島的事務，以至於在統治早期就企圖將首都南遷到德干高原上、馬哈拉施特拉邦（Mahârâshtrâ）的德歐吉里（Dêogiri）。儘管一切已經安排妥善，以使搬遷更加簡便，德里的重要人士們卻仍緩慢前進，而面對這種情形，他試圖採取強制性的手段，命令德里所有的人口（或說是命令所有地位顯赫的人士，隸屬於他們的人員則都會奉命跟隨）在特定的時間內搬遷完畢。腳步落後者所受懲罰極其嚴厲，導致德里部分崩毀，而新首都也令眾人厭惡，穆罕默德‧圖魯各因此很快就必須拋棄之。在穆罕默德在位期間的後面幾年，他與軍官們一直意見相左，並面臨一系列他無力鎮壓的叛亂，但仍完成了在南方建立穆斯林勢力的工作。

在這些征服行動的時代裡，穆斯林的德里蘇丹國充滿非凡的人物，他們大大增添了穆斯林社群的活力。在從外地或在當地招募的穆斯林核心人口當中，他們只是部分最令人印象深刻的人物。許多穆斯林似乎願意嘗試幾乎所有事物；阿拉伍丁那具有人道精神的前任統治者或許有些異想天開，曾經圍捕某個印度教世襲教派的成員，那名教派的成員認為，他們的宗教實踐要求他們殺害（並掠奪）旅行者，在圍捕之後，他將他們用船載運到恆河下游靠近孟加拉的地方，而非讓他們流血受苦。在這些非凡的人物當中，最為特別的就是穆罕默德‧圖魯各。

穆罕默德似乎一直是一名成功的將軍（除了征服伊朗高地，並進而在舊伊斯蘭地區建立名聲的計畫失敗之外，其他行動都相當成功）。過度的行政管理終於為他招致眾多軍官、宗教階級以及其他權貴的敵意，這都源自於他優秀卻不擅變通的腦袋。他就像阿拉伍丁，

非常用心地控制士兵補給品的價格，而他甚至更勝阿拉伍丁，面臨可能造成漲價風險、因掠奪南方而導致的貨幣氾濫。他以完整又富有創造力的嚴格管制計畫回應此一危機，這些計畫包括向鄰近德里的杜阿卜（Dôâb）農業地區收取苛捐雜稅，他也趕上某些蒙古統治者喜愛的中國流行──嘗試發行代幣。很遺憾地，事實證明他的稅率帶來災難性的後果，農民群起逃亡，他也被迫讓步，透過強制力並設立成效遲緩的農業扶助計畫（專供購買種子的貸款、挖掘新井、對新投入之耕作的補助等），吸引農民歸返；同樣地，他未能提供足以杜絕偽幣的保障措施，因此財庫必須承受重大損失，以回收倍增的代幣。

　　穆罕默德‧圖魯各詳讀哲學甚至科學著作，他對宗教問題也有濃厚的興趣。有人指出，他熟知同時代的大馬士革漢巴里（Ḥanbalî）法學派學者伊本—泰米亞（Ibn-Taymiyyah）的激進思想，這名學者拒絕蘇非密契主義，並要求宗教學者基於城市精神進行改革。對哲學傳統的興趣，或許會導致從不同的立足點推導出相同的一般性結論，因此穆罕默德確實攻擊蘇非行者。接著，他為了確保自己在伊斯蘭律法上的正當性，而接受傭兵君主們在開羅扶植的阿巴斯朝傀儡哈里發的授權，因此陷入巨大的困境，但是由於他要求宗教學者只能根據他的主張來支持他，他也成功地疏遠他們。

　　在阿拉伍丁與穆罕默德的時代，德里的蘇非行者當中，最傑出的一位是尼查姆丁‧奧里亞（Niẓâmuddîn Awliyâ，西元1324年逝世），他統治整個印度地區的契斯提道團。在我們對道團蘇非主義（ṭarîqah Ṣûfism）的討論中，我們已經提及尼查姆丁對於來自所有階級、尋求諮詢的個人的靈性生活，包括印度徒與穆斯林，都孜孜不倦地給予關切。儘管他不允許他個人的門徒（murîd）依附宮廷謀生（他甚至禁止

學生擔任法官，因為法官常在強大蘇丹的要求下，迎合政府的利益而做出裁決），他仍成為許多宮廷人物的靈性顧問。他的門徒納席魯丁·奇洛格·迪赫里（Nâsiruddîn Chirâgh-e Dihlî）接手他的工作，以及他在契斯提蘇非行者之間的領導地位；納席魯丁似乎是徹夜禮拜、啜泣的禁慾者，總是能夠感受任何人的需求。

　　尼查姆丁在宮廷的門徒中，最為卓越者是偉大的詩人阿米爾·胡斯洛（Amîr Khusraw, 1253 — 1324 CE）。（儘管他不是軍人，但他的父親是突厥移民，而這位詩人似乎也獲頒軍事階層的榮銜。）阿米爾·胡斯洛的波斯詩學，即使在伊朗高地也備受尊敬，在那裡，大多數以波斯文寫作的印度詩人幾乎總是無人聞問。但他深愛著自己的印度家鄉，並輕蔑伊朗習俗、讚揚印度事物。據說是尼查姆丁·奧里亞建議他以印度語——德里地區的地方性語言——寫詩。他以其抒情詩歌廣為人知，但人們期待他成為宮廷頌詞作家，而除此之外，他為阿拉伍丁在德干高原的奮鬥撰寫一篇詩式歷史，可能是同時間編纂的官方散文歷史的補充。他的詩篇在所有論點上都正確地表達讚美之意，自鳴得意地為（異教徒）蒙古人或印度教徒之死歡欣鼓舞，並令人作嘔地讚揚軍隊成功進行的大屠殺或掠奪而來的戰利品。不過，和他的其他詩歌相同，人們仍能在這些頌詞中感受到他的獨立精神。他特別讚揚有效的統治高於單純征服的價值，因此，儘管篇幅不長，他在開始敘述遠征的故事之前，就提及阿拉伍丁的行政措施。已經有人指出，他的某些誇大與刻意的做作或許正是要企圖貶低他所描述的成就，而不只是以結果論來貶低這些成就（儘管確實有這樣的結果）。[6]

6　Muḥammad Habîb 教授曾有力地翻譯並評論阿米爾·胡斯洛以奇爾吉的征戰為主

約從西元 1334 年開始，在穆罕默德・圖魯各發動最大規模的征服行動的數年間，穆斯林的反叛（較次要的反叛行動則是來自印度教徒）破壞了印度穆斯林勢力的統一性；穆斯林的勢力涵蓋範圍過廣，而無法以當時的穆斯林統領所能運用的行政手段，加以中央控管。軍隊所選擇的穆罕默德・圖魯各的繼承者是他的表兄弟非陸茲（Fîrôz，1351 — 1388 CE），雖在形式上延續（他所忠於的）穆罕默德的政策，卻也強調與任何可能說服的人和解。（然而，他確實將一名號稱自己是「末世引導者」〔Mahdî〕的人斬首）。他允許外圍地區的穆斯林統治者各行其是，僅僅維持德里對孟加拉以西的印度河與恆河平原的直接統治。他也相當古怪；在各種小機械裝置中，他以發明一種新的鐘錶機械著稱。就如同其他的印度穆斯林統治者，他特別喜愛捕捉並訓練野象。在他死後，德里蘇丹政權的力量衰弱到幾乎只等同於任何一支印度穆斯林的勢力，特別是在德里遭到來自撒馬爾干的征服者帖木兒的洗劫之後（西元1398 年），情況更是如此。

歐洲地區的早期歐斯曼朝

穆斯林前進歐洲的速度比前進印度還要慢得多，但到了十三世紀，在希臘文化的主要地區之一（即安那托利亞），他們的發展已然獲取堅實的立足之地，其推進行動同時以突厥畜牧者及邊境掠奪者的形式進行，也採取農耕的孔亞（Konya）塞爾柱政體形式。蒙古人的到來可能造成可利用的部族人口數目增加，這些部族因流離失所而轉

題而寫成的 *Khazâ'in al-futûḥ*, (Madras, 1931)。

變為信仰戰士，但蒙古人未必會讓這個過程加速許多。一旦原來的穆斯林—基督教徒陣線破裂，拜占庭農民、官僚體制與軍隊之間的社會關係在各處都十分相似。而在十四世紀早期也發生了推進行動第二次的中斷，當時到達海岸的穆斯林使愛琴海成為海盜的邊界，以取代逐漸遭到蠶食的內陸邊界。接著當跨越愛琴海後，這個運動就比以往都更加快速。

在蒙古人的征服行動之後，曾經有些人努力恢復安那托利亞的塞爾柱勢力，但與其他地區的情形相同，蒙古人的直接統治也逐漸強加於此。然而，蒙古人在半島中心的統治，往往使朝向西方海岸邊界的戰士，能夠在蒙古人尚未穩固的主宰地位下，不受自己所屬的公國（amîrate）干預。在十三世紀的最後幾十年，這些公國從殘餘的拜占庭帝國（自西元1269年起在君士坦丁堡重建）基督教徒勢力手上，一個接著一個奪下城鎮。隨著蒙古勢力在阿布—薩伊德時期分裂，整個安那托利亞被幾個獨立的小公國瓜分，其中最強大的是繼承孔亞的嘎拉曼勒公國（Karamanlıs）。

絕大多數邊境信仰戰士國家拓展至海岸，因此除非成為海盜，否則再也不能奪取任何戰利品，此時，其中一個位於比提尼亞（Bithynia，色雷斯海峽〔Thracian Straits〕東南邊的山丘鄉間）最小的國家獨自面對經過重建卻也大幅衰弱的拜占庭帝國的核心地帶（這個帝國當時位於安那托利亞一側，佔據範圍不比君士坦丁堡最鄰近地區大上許多的土地）。這個信仰戰士國家由歐斯曼（Osmanlı）家族統治，而這個名稱通常英文化為「歐斯曼」（Ottoman）。

然而，這個小國所面對的拜占庭帝國仍然實質掌控著海峽朝向巴爾幹的那一側，而且強而有力地抵抗相當接近其首都的猛烈攻擊。因

此，任何渴望一場戰役的穆斯林志願者，必定都能在這個小小的歐斯曼公國得償所願。早在這個歐斯曼公國贏得美麗的布爾薩（Bursa）鎮（西元1326年）之前，這個小國就吸引著超越其自身規模的資源，同時也有幸具備良好的領導階層；布爾薩鎮成為他們第一個真正的首都。同時，他們足夠強大，可以為拜占庭的敵對派系提供重要的支持力量。他們首先作為派系鬥爭當中的輔助兵力而跨越海峽，並佔領那一側的拜占庭領土（西元1353年）；到了西元1372年，他們又拿下的更廣的區域，拜占庭皇帝淪落為附屬的盟友。在西元1366年之後，巴爾幹一側的新邊界所在的阿德里安堡（即埃迪爾內〔Edirne〕）幾乎等同於較早布爾薩的首都地位。

這個歐斯曼國家深受希臘文化影響，部分是因為眾首長中的希臘改信者。同時，該國是強硬地信奉伊斯蘭。畜牧者往往對信仰基督教的村民懷有偏見，卻寬容地對待穆斯林村民（這種作法可能會促使某些村民改信，以逃避帶有敵意的關注）；而畜牧者與信仰戰士皆共同尊崇流浪的托缽行者（darvîsh），這些托缽行者支持透過武力讓被征服者改信伊斯蘭（這與許多城市的蘇非行者更溫文儒雅的傳統相反）。但伊斯蘭的信仰氛圍（以及君士坦丁堡周圍的某些商業活動）促使更正式的伊斯蘭文化（Islamicate culture）核心穩定地注入，承擔著舊伊斯蘭地區的聲譽，特別也吸引了宗教學者。這些人逐漸讓這個國家脫離希臘的形式，同時也脫離信仰戰士使人改信的狂熱（因為基督教徒畢竟是在他們的宗教裡頭應當受到保護的人們）；他們的出現，往往在兩方面都加深了城鎮中既存的歐斯曼階級與基督教希臘農民之間的鴻溝。

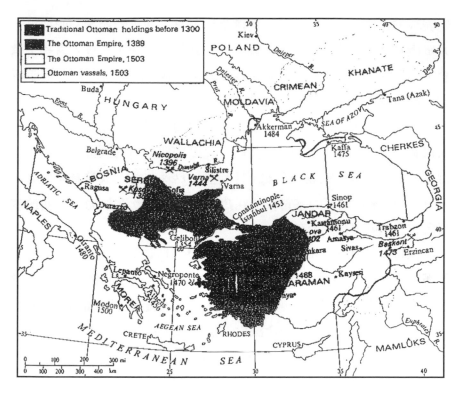

圖1－3：歐斯曼帝國的擴張，至西元1503年

　　特別在巴爾幹，這道鴻溝一直持續存在。在那裡，拜占庭勢力的崩潰使大量微不足道的統治者——希臘人、斯拉夫人還有拉丁人——甚至不受更強大的王國控制。但儘管中央官僚體系已然終結，對基督教統治階級（如果這種階級真的存在）的不滿仍然隨著時間增加。到了此時，許多特權階級其實是拉丁人，而其餘的則往往受到西方形式的吸引，而不再對東正教基督教徒農民與城鎮居民表現尊重，這些居民同時痛恨享有特權之義大利商人的宗教與競爭活動。對既定秩序不滿

的表現方法之一，是基督教修道院生活對官方教會階層體制的抵抗，大眾極其強烈地支持教會階層體制，因此最終得勝（也確實復興了教會）。或許這種盛行的立場部分導致了在多數的巴爾幹地區，征服行動透過軍隊間的重大戰役而迅速推展，根本沒有時間可以建立邊界。因此，信仰戰士們沒有太多接觸大眾的機會，國家行政官員也得以確保村莊社群的連續性，而事實證明，疏離宗教學者的政策相當具有可行性。這樣一來，相較於在安那托利亞（以及作為一股嶄新的宗教生命力），巴爾幹地區的基督教徒在政治上的抵抗軟弱無力，有助於基督教在巴爾幹更穩固地存續。

穆拉德（Murâd, 1360 — 1389 CE）似乎具有個人天份，也吸引了優秀的領導者前來參與他的事業。在他的統治下，歐斯曼政權不再那麼依賴志願的信仰戰士，而較仰賴受土地配給供養的常備騎兵（sipâhî）；這種騎兵原來是合法化的信仰戰士軍隊，而不作戰時就成為仕紳階級，補充軍隊的是未改信的基督教徒騎兵，這些騎兵可能從被征服的領土上紋風不動地被接管，或是由臣服的基督教統治者按需求而派遣。歐斯曼政權也從改信的俘虜與其他冒險者當中招募一支訓練有素的步兵，名為「新軍」，也就是蘇丹禁衛軍（yeñi cheri），英文化的名稱是「Janissary」。在原來是信仰戰士領導的舊家族之間，宮廷的主要職位或多或少是可以世襲的，而政策往往經由這些首領之間的諮詢成形。歐斯曼政權享有堅實的軍事紀律傳統，而事實證明在戰爭時，這樣的傳統具有實質的助益；至少在穆斯林領土上（在安那托利亞），軍隊不被允許掠奪，而是必須以公平價格購買補給品，而帶來的結果是人們易於將豐富的商品帶到市場上。歐斯曼政權控制下的城鎮似乎能夠享有高度的內在自主性；西元1354年後被佔據的安卡拉，

就由以兄弟會（akhi，或稱青年團〔futuwwah〕）的形式組織而成的富商來統治。無疑地，儘管對於早期的歐斯曼政體而言，蒙古人居於主宰地位，但建立在信仰戰士傳統而非草原傳統上的政體結構，與軍權贊助國家的傾向形成顯著的對比。不過，即使在這段期間，歐斯曼統治者也偶爾著手進行人口運輸，甚至每在需要提供新近征服的領土一些穆斯林骨幹時，就著手引入穆斯林人口。

到了西元 1372 年，歐斯曼勢力已經掌握安那托利亞西北部與色雷斯（Thrace，除了君士坦丁堡之外），並被安那托利亞西部那些最強大的穆斯林政權承認，而穆拉德已經與拜占庭及保加爾（Bulgar）的統治者建立姻親關係。從此刻開始，君士坦丁堡與其分散的愛琴海附庸國逐漸臣服於歐斯曼勢力，而歐斯曼政權（從西元 1390 年起）能夠自由地解決那裡的繼承爭議，並要求拜占庭軍隊為他們的戰役派出分遣隊，即使是在消滅一個自由的拜占庭城市的戰役中，也可以這麼做。在羅馬，有人嘗試鼓吹一支新十字軍隊，這一次是對抗歐斯曼政權，但拜占庭人拒絕了到達當地的西方戰士（儘管不是一貫地拒絕）。在西元 1386 年，在歐斯曼政權主要的敵對穆斯林政體（即孔亞的嘎拉曼朝）所支持的一場叛變中，歐斯曼與拜占庭權貴的某些年輕世代，在穆拉德之子與皇帝之子兩人的共同領導下，發起了類似的共同行動；在叛亂失敗後，穆拉德殺死自己的兒子，並堅持要求希臘貴族同樣也殺死他們自己反叛的兒子們。

從西元 1372 年開始，穆拉德已經開始派兵遠征巴爾幹半島各處的主要地區，既消滅獨立公國，也攻擊保加爾及塞爾維亞（Serbia）諸王國；後者早已成為半島上最重要的勢力（他們與保加爾人一起削弱拜占庭勢力）。此時歐斯曼人實際上取代了拜占庭人，成為復興的色雷

斯勢力，而在他們的安那托利亞內地的支持下，得以擊退塞爾維亞人。這場戰事的局面互有消長，但到了西元1389年，召集全軍的歐斯曼人得以在塞爾維亞中部的科索沃波爾耶（Kossovo Field），在阿爾巴尼亞人（Albanian）、保加爾人（Bulgarian）、波士尼亞人（Bosnian），甚至還有匈牙利盟友的協助下，打敗塞爾維亞軍隊。在這場戰役中，穆拉德被變裝的塞爾維亞人刺殺，但塞爾維亞國王被俘，為報復而遭處死；歐斯曼人各自的損失使他們受到刺激，並讓塞爾維亞人面臨窘境，而實際上，塞爾維亞的獨立地位也就此終止。此時，歐斯曼人已實質佔領多瑙河以南多數的半島地區，他們與多瑙河北邊匈牙利人的長期鬥爭也由此開始（匈牙利人直到西元1526年才遭到征服）。

不同於信仰東正教的塞爾維亞人，匈牙利人屬於西方的拉丁勢力，並且仰賴他們與西歐其餘地區的團結精神。到了西元1396年，有人再次鼓吹組織十字軍，大量的法蘭西與日耳曼軍隊也來到匈牙利。然而，法蘭西騎士拒絕服從匈牙利國王領導下的共同戰術命令，聯軍對多瑙河下游的尼科波利斯（Nicopolis）展開圍城。穆拉德的兒子巴耶濟德（Bâyezîd）前來解圍時，法蘭西人充滿了基督教與騎士精神的狂熱。不顧匈牙利國王的懇求，法蘭西騎士屠殺了自己手上的穆斯林囚犯，並宣稱在戰鬥中搶得首勝；他們的紀律不佳，導致他們陷入災難性的混亂，而這樣的混亂之後也反映到其餘的西方軍隊身上；在他們勝戰之後，歐斯曼政權派出分遣隊，最遠追擊到日耳曼高地。為了報復法蘭克人謀殺穆斯林囚犯，巴耶濟德下令處死大批基督教徒囚犯，而上千人遭到殺害，屠殺持續到他厭倦為止。

同時，對於增長在安那托利亞的勢力，歐斯曼政權也頗感興趣；這個新帝國所不可或缺的穆斯林幹部，絕大多數都是從此處招募而

來。穆拉德早已發現自己位居一個可以強取（以贈與或「買賣」的形式）公國大量土地的權位，特別在打敗試圖單獨抵抗的嘎拉曼朝之後更是如此。在「雷霆」巴耶濟德（Bâyezîd 'Yıldırım'）統治下（西元1389～1403年），在安那托利亞的擴張行動熱烈地推展著。巴耶濟德具有著相當的才能，雖然或許過於固執；信仰戰士的領導者團體、宗教學者，以及其他受歐斯曼理想吸引的首領們，在他統治下繼續成功地合作。很快地，歐斯曼政權已經吸納整個安那托利亞，包括南邊自傲的嘎拉曼公國，並罷黜當地的統領；但這個過程也引發不滿，而且，當來自撒馬爾干的征服者帖木兒僅以一場戰役征服整個帝國時（西元1402年），帝國便深受質疑。

帖木兒的生涯

在伊斯蘭世界裡，有兩名偉大的將軍恢復了蒙古傳統的威望，其中較偉大的那位是帖木兒，他甚至迫使德里與開羅在某種程度上歸順於他，原先的蒙古人曾在這些地區遭到公然反抗。兩名將軍中能力較弱的是吉雅蘇丁・脫脫迷失（Ghiyâsuddîn Toķtamısh），他是額爾齊斯河流域的白帳汗國領導人（自西元1376年起），而在他到來的十年前，（已經接納伊斯蘭的）白帳汗國就已經開始干預更南方的地區，可能也從歐亞非舊世界商業地區的緩慢擴張中獲利。脫脫迷失帶領大批白帳汗國軍隊前往窩瓦河地區，讓軍隊併入混亂的欽察汗國，而他因此取得欽察汗國的領導權（西元1378年，並在1380年之前消滅所有敵人）。他接著重新確立再次統一的蒙古勢力（現在主要都由突厥人組成），戰勝西邊俄羅斯基督教徒的勢力，並在西元1382年洗劫重

要性日益增加的莫斯科。一開始，他曾獲得帖木兒的支持，但這兩人發生爭執；脫脫迷失不只一次入侵帖木兒在烏滸河北邊的領土，直到最後，在西元 1395 年，帖木兒成功全面入侵欽察汗國的欽察地區土地，罷黜脫脫迷失，並支持他自己在當地喜愛的人選，但沒有破壞他的治理成果。

帖木兒（1336 — 1405 CE，嚴格來說他的名字是 Temür）本身不是蒙古人，而是突厥人；雖然他可能至少在母親家族一方擁有蒙古血統，甚至與成吉思汗有些親屬關係。因為早年一場小規模戰鬥所導致的跛行，人們稱他為跛腳的帖木兒（Timur Lang，英文的寫法是「Tamerlane」），但他似乎具有高超的本領，也確實能夠激發自己的軍隊的熱切忠誠。帖木耳在錫爾河谷生為穆斯林，他最初是為耶地蘇草原上異教蒙古人服役的一名首領，卻很快吸引到他的上司、甚至是他的敵人的注意，並在當時相互競爭的陣營中，晉升為在撒瑪爾干的穆斯林察合台權位繼承人的顧問。他與另一名統領結盟，反叛察合台汗國，並打敗那位繼承人；接著，他又與盟友發生爭執，背叛並囚禁他，最後在西元 1370 年，以多數舊察哈台領土的唯一統治者的身分，在巴爾赫（Balkh）嶄露頭角。他接著在多年征戰後，藉由在西元 1380 年征服呼羅珊，確立他在那塊領土上的權力。

帖木兒的生涯以一種誇大的形式，表現出盛行於這整個時代、某些行動與反抗的方式，即使這種盛行的方式通常是以為較不引人注目的形式呈現。我們可以將這種方式當成放大鏡，藉以觀看穆斯林生活的某個面向。無論是帖木兒對伊斯蘭的尊重、他看待伊斯蘭時那種著眼於社群自治又偏狹的眼光，或是他免受一般尊重伊斯蘭者似乎必須承擔的限制，不管是道德或是迷信的限制，這一切都沒有任何不尋常

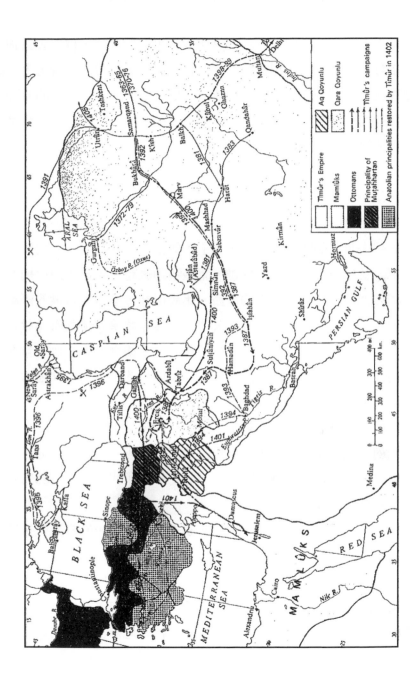

圖1－4：帖木兒的征服行動，西元1370～1405年

之處；而他對於偉大個人成就的渴望以及濺血的欲望，也只因為強烈的渴求程度才算反常。相較於任何與他同期晚近的穆斯林統治者，人們更廣泛且反覆地讚揚他，或在稱讚其他人時提及他；部分的原因在於，在如此漫長的時間、如此廣大的地區中，帖木兒與他的後裔是最富有的資助者，也因為他激起了如此豐富的想像。他的生涯帶給人們啟發，不只因為他的決策與開創精神本身，更因為這樣的精神就如同一種催化劑，在同時代的人們身上，釋放著動力與希望。

儘管推翻了蒙古統治者，帖木兒致力於發展蒙古人的理念。他扶植屬於另一世系的蒙古人作為名義上的統治者，在其手下，他應當只是將軍、統領或（後來的）蘇丹，而憑藉頌詞詩人相當迅速發掘的可疑族譜，他宣稱自己是蒙古的後裔。比起以往，蒙古人普世的優越地位這項觀念（總體而言，相對於突厥人，真正的蒙古部族團結精神在當時已經失去重要性）已經轉變為純粹的軍事概念；但在並不存在其他政治概念的地方，只要有能夠確保軍事成就的將軍，這種權力基礎就可以毫無限制地，像滾雪球般不斷擴大，成功會帶來更多的成功。無論如何，他剛在舊察合台領土上奠定穩固根基，就著手全面征服蒙古人先前統治的土地，其中主要是原來伊兒汗國的領土。在他的戰役中，他復興了蒙古威懾戰略的傳統，並主張他所代表的蒙古勢力有權享有至高無上的統治權。

然而，其他兩項理念與更純粹的蒙古觀念混合。帖木兒堅持忠於伊斯蘭；這有時（至少就公共目的而言）只是一種瑣碎、密契形式的民間預防措施，在這個層次上，他的伊斯蘭與盛行於士兵之間的多樣古老突厥及蒙古儀式（如登上山丘禮拜）並不相容；在托缽行者蘇非主義的偽裝之下，他也尊重衍生自薩滿傳統的思想。但（我認為）他

的伊斯蘭更為深遠，因為在他心裡，伊斯蘭與他據以為傲、並相信宗教學者們應該呈現的正義典章息息相關——儘管有時他似乎認為自己比他們更理解法典的原則。他樂於假定他的到來代表神聖的復仇，抵抗自封的穆斯林統領們的妥協與不公義，以及（實際上主要是）對抗那些服從統領者的陰謀。

那麼，帖木兒對伊斯蘭的忠誠就是第二種政治理念的基礎之一，這項理念是富有的資產階級與商人們會支持對抗地方上的動亂——無論是不負責任的統領或是暴動大眾的騷亂。他特別努力確保貿易的安全，而且藉由激烈地運用尋常的手段，例如要求特定地區為當地的任何盜賊行為負起責任等類似的方法，他在確保貿易安全方面相當成功。對於各式各樣的腐敗或不公平的貿易，他都毫無憐憫。地方的富人與權貴們似乎期待強大的蒙古中央勢力回歸，來取代自拉胥德丁那種大臣的時代就間歇發生的、地方性軍事專制統治。儘管他們對帖木兒的野蠻政策不甚滿意，富人階級人多能免受其害；而且，他們顯然喜愛野蠻政策，勝過其所壓制的盛行騷亂。（這些野蠻政策所採取的手段，有時是將所有下層階級的人口幾乎屠殺殆盡，只有富人的僕人免於倖難。）帖木兒對抗任何類型的反特權運動時都特別殘暴，包括具有平等主義氣息的什葉派運動（他認為這樣的敵意屬於順尼社群標準下對宗教異端的一般性仇恨）。結果，他獲得上層資產階級相當一貫的擁戴。而他似乎也受到許多流浪托缽行者支持，這些托缽行者們協助散佈他的名聲。[7]

7　Jean Aubin, 'Comment Tamertan prenait les villes', *Studia Islamica*, 19 (1963), 83 - 122 指出支持帖木兒的社會勢力來源，而我也將他的研究運用在探討帖木兒生涯的其

但在他的政治生涯當中，具有蒙古特色的全面恐怖治理最為明顯可見，甚至是最始終如一的元素。帖木兒本人似乎既殘酷又嗜血，儘管他也以施恩為樂，並在對待歸順者時，能夠將溫和治理當成一種體系化的外交手段，陪襯著他的恐怖行徑。有時，他的嗜血為富人帶來的災難與下層民眾所承受的一樣多，但他的野蠻絕非隨機而為。

正如在他所有的軍事與經濟措施，帖木兒的掠奪與屠殺具有強烈的計畫性——除了他對殘酷的愛好之外，他似乎喜歡條理（以及巨大的規模）。當他奪下一座城市，通常會標上贖金，金額是與城市裡的首領談判後決定的。他封閉城市以防止逃亡，也避免可能私自掠奪的士兵未經許可就擅自進入。接著，他就按照程序帶著記帳者，從商人與其他人那裡榨取金錢，並經常運用刑求來獲取隱藏店舖的資訊。偶有所見的情形是，如果沒有準備好贖金，城市就會遭受更徹底的掠奪，有時在劫掠工作完成之後，居民就會被剷除。如果居民未被殺害，就可能會被俘虜為囚犯；精選的工匠分配給宗室家族的王子與女士，供其各自的計畫運用。（根據蒙古舊法，被征服者都是囚犯，不管他們是否為穆斯林。）

然而，如果出了任何差錯（無論是民眾的行動或某位將領〔amîr〕的失策所致），他接下來的回應就會是屠殺——「普遍的殺戮」，誓言讓城市無人生還，至少殲滅所有成年男性。不過，即使是「普遍的殺戮」也有其嚴格執行的規則，他通常將贏得他認可的富人（或飽學之士），以及在這些人的宅邸中避難的人們排除在外。

從西元 1383 年開始，他屠殺的標準象徵就是頭顱塔。這種形式的

他方面。

羞辱過去偶爾用於伊朗，特別是針對被打敗的異教徒部族，至少可以追溯到西元1340年（針對伊斯瑪儀里派成員的實行，最遠更可回溯到大約西元1140年）。現在，帖木兒常態性地運用這種侮辱的方法，起初用來羞辱在戰場上殺害的敵人（包括抵抗他的畜牧部族），但後來也用來紀念冷血而系統性地執行的屠殺。

不過，帖木兒對血腥與痛苦的喜好透過許多形式表現。所有戰事都肆無忌憚，而伊斯蘭世界中期的戰事往往特別不受拘束，更具有毀滅性；但即使在那個時期，他的征戰也以肆無忌憚的殘酷聞名。當士兵一開始拿下某個地區時，強姦事件稀鬆平常，漂亮的年輕女人接連被當成奴隸帶走，她們被迫拋棄任何尚未斷奶的嬰孩，據說許多嬰兒因此死亡。丟下峭壁、活活燒死⋯⋯帖木兒處決敵人的慣用手法千變萬化。他對苦難的喜好也不僅限於人類，他屠宰大量的動物，甚至不將屍體收集起來作為食物，任由它們腐爛，並對這種遊獵感到自傲。（這種情形在當時的王室遊獵中並非前所未有，因為遊獵習慣上的作法就是在動物棲息的地區周邊圍一個大圈，並逐漸朝著牠們逼進，直到牠們慌張地擠在一起；在這個地區裡，以這種方式遭圍困的野獸沒有任何一隻能夠倖存逃脫。）由於帖木兒集結了龐大的軍隊，某些更為深重的苦難或許無可避免；士兵自己都難以取得糧草來餵飽同袍，囚犯往往活活餓死，而且在他規模更大的征戰中，鄰近的農民當然飽受饑荒。在帖木兒生命的尾聲，他的廷臣試著節制他的殘酷行徑，但徒勞無功。

當破壞行動似乎已經足夠時，帖木兒派出特殊的任務型兵力，前去重建城市並恢復農業；這些士兵的任務往往以新的計畫為基礎，以符合他所認知的商業需求，或為了該地區游牧者的方便，更總是特別

考量國庫的需求。在這樣的情形下,他可能會下令挖掘新運河,並在岸邊建立新的村莊。撒馬爾干是他的首都,雖然他甚少在當地出沒;他特別為了撒馬爾干,聚集他洗劫一切省份得來的工匠與藝術家,在那裡興建宏偉的建築與華麗的宮廷。

在伊斯蘭世界的多數地區,除了極西邊與極南邊以外,帖木兒的戰役有著決定性的政治效果。一旦在錫爾河與烏滸河流域穩固立足,他立刻進軍征服呼羅珊。在那裡(西元1381年),他制服赫拉特(Herat)的庫爾特朝統領;一開始,帖木兒還允許他享有他的祖先們在伊兒汗國統治下曾經享有的、不穩定的自主性,但三年之後,他再次起兵洗劫城市,而那裡的庫爾特朝代也就此終結。他一個接著一個擊潰呼羅珊的獨立駐軍部隊(包括薩爾巴達爾人)。在錫斯坦(Sîstân)的戰役中,帖木兒受激而執行特殊的暴行。被沙漠孤立於伊朗中央的錫斯坦城鎮享有長久獨立於外來者的傳統,以及(自從剎法爾朝〔Ṣaffârids〕時代開始)相對較受歡迎的政府,由民兵行動所支持。這些傳統展現於平民百姓對帖木兒的強烈抵抗,帖木兒深感厭惡,認為這些傳統與群眾的反抗都是對他本人的冒犯,他或許更認為,即使就單純的暴民而言,他們也不成體統。在那裡的一座城鎮,他將兩千個活人綑綁在一起,再用磚頭與灰泥建造成一座塔樓,改變了頭顱塔的概念,這種高塔想必會在短時間內發出聲音與光線。錫斯坦的主要城市遭到屠城(居民不分性別都遭屠殺),整個鄉間地區都有組織地受到蹂躪;即使是富人,儘管得以倖免,也都因此被迫流亡呼羅珊。仰賴灌溉而一度繁榮的錫斯坦,現在已經相對荒蕪,人們對錫斯坦的這種印象就源自於那個時代。

到了西元1387年,幾乎整個伊朗高地都已經臣服,包括裡海岸邊

馬贊德蘭（Mâzandarân）的古老統治家族，還有須拉子與伊朗西部的穆查法爾朝統治者以及阿赫瑪德‧賈剌儀爾（Aḥmad Jalâyir），後者是賈剌儀爾勢力在美索不達米亞平原的繼承者。帖木兒一開始允許其中絕大多數的統治者保有他們的職位，就像他對庫爾特朝的作法；不過，他留下可以提醒人們他狂怒的事物，特別是伊斯法罕（Iṣfahân）的一場屠殺，當地居民在贖金準備好之後，開始自發性地抵抗他的軍隊，帖木兒要求每一連的士兵上繳特定數量的成年男性頭顱，當頭顱塔完成時，頭顱總數將近七萬顆。幾年之後，帖木兒必須回到這些地方，將主要的朝代一併消滅。（當時，巴格達的商人促請他對抗干預商業的塔克里特〔Takrît〕的統領〔amîr〕，接著他得到好幾隊伊朗志願者的協助，這種情形並不罕見。）同時，他耗費數年，主要忙於北方的征戰，包括對抗他先前擊敗而未征服的、耶地蘇草原上的蒙古人，以及對抗脫脫迷失——這個人幾乎是他最強大的敵人。在西元1395年，隨著他打敗脫脫迷失與欽察汗國，並毀滅其主要城市，這些戰事達到高峰。帖木兒最遠將破壞行動帶到莫斯科，每當他到那附近時，他最喜愛的目標就是高加索的基督教喬治亞王國，他與他的士兵們熱愛在那裡掠劫殺戮。

在西元1398年，帖木兒出發前往印度，他遠征的理由是當地的穆斯林統治者（非陸茲‧圖魯各〔Fîrôz Tughluq〕的繼承人）對印度教徒臣民過於寬容，而且還出手干預貿易。在決定性的一場戰役之前，士兵們奉命屠殺上萬俘虜，部分目的在於節省糧草（拒絕殺害自己的俘虜的人將面臨死刑；俘虜本身是主要的戰利品。）在許多俘虜就是印度教徒的情形下，屠殺變成消滅不信者的機會，這使某些虔誠的穆斯林在參與這項工作時陷入格外兇殘的狂熱；一名有著宗教信仰而受

人尊敬的男性，原來個性溫和，甚至不願宰殺節慶儀式所用的羊隻，卻熱切地親手殺死十名（也有人說是十五名）印度教徒俘虜。當德里被佔領時，原先得以倖免，但這次士兵們自己失控了，他們動手掠劫並屠殺這個城市。首都德里的毀滅使任何企求強大穆斯林中央政權的希望完全破滅，甚至在印度北部也是如此。

在西邊，儘管起初並非如此，帖木兒的入侵最終沒有在政治上造成那麼嚴重的災難。安那托利亞的統領們被歐斯曼政權的巴耶濟德取代，於是他們逃向帖木兒求助。在西元1400年，帖木兒以歐斯曼政權與傭兵君主窩藏他的敵人為由，進攻他們的領土（雖然人們私下抱怨他對抗歐斯曼勢力，畢竟他們正在跟不信者法蘭克人作戰）。在錫瓦斯（Sıvas），帖木兒將受俘的歐斯曼軍隊當中（其中的四千人）的基督教徒軍團活活燒死，但赦免穆斯林。在大馬士革，權貴們沒有成功募集到約定好的贖金，因此即便投降，城市仍然遭到洗劫。經過好幾次偏離主要目的的行動（包括巴格達的一場「普遍屠殺」），帖木兒在西元1402年歸返，這次他在安卡拉碰上巴耶濟德手下的歐斯曼主力軍隊，並將之擊潰，更將巴耶濟德擄為戰俘。巴耶濟德被迫見證帖木兒掠奪布爾薩、伊茲米爾（Izmir，即士麥拿〔Smyrna〕）等地，布爾薩是他的祖先王座所在之處，而伊茲米爾則是十字軍時代留下的城市，帖木兒現在從拉丁騎士手上奪取了伊茲米爾。拜占庭皇帝早在這場遠征之前，就已經與帖木兒建立預防性的聯盟，他熱切地歸降，畏懼的傭兵君主們也一一降服，但帖木兒甚至用不著親自到訪埃及。他將自由歸還給安那托利亞公國，而有一度歐斯曼國家的剩餘部分似乎註定要被瓜分並消失。

在西元1404年，帖木兒再次短暫逗留撒瑪爾干之後（他在那裡斬

首收費過高的店主,監督正規的大花園的興建工程,親切地接待來自基督教西班牙的使節),開始著手征服中國,他宣稱要懲罰中國人趕走他們的蒙古統治者。(帖木兒有兩名妻子是中國人,而他可能確實有意將戰爭延伸得如此遙遠。)在路上,他赦免遭到放逐的脫脫迷失。但是在幾天之後,帖木兒就過世了(西元1405年)。儘管為求強大的中央政權而接受他的暴力的資產階級仍懷抱希望,帖木兒早已開始將他的王國省份分封給他的兒孫們。事實證明,他所指定的繼承人或任何其他的繼承人,都無法完整維持中央政權,雖然在數年的戰事之後,他一個相對愛好和平的兒子夏赫魯赫(Shâhrukh)得以控制他在錫爾河—烏滸河流域與伊朗的大半領地;帖木兒曾將呼羅珊分封給夏赫魯赫。

表 1－1　蒙古強權年代（西元 1258～1405 年）
以及帖木兒時期（西元 1405～1500 年）

The Ages of Mongol Prestige, 1258－1405, and of the Timurîs, 1405－1500

年分 （西元）	地區	歷史概況
1253～ 1324 年	印度北部	阿米爾·胡斯洛，印度—波斯詩歌的奠基者之一。
1256～ 1335 年	伊拉克、高加索、伊朗西部	蒙古伊兒汗國統治伊朗等地，1258 年毀壞巴格達，1295 年改信伊斯蘭。信仰異教（佛教與基督教）和伊斯蘭的蒙古人資助科學、史學及藝術，歐亞大陸各個地區的資金贊助都受到鼓舞。纖細畫受中國影響而風格轉變。
1257 年	伊拉克、高加索、伊朗西部	薩迪（Sa'dî）創作波斯格言詩《果園詩集》（Bûstân），1291 年逝世。
1258 年	埃及與敘利亞	蘇非道團創立者沙吉利（al-Shâdhilî）逝世。
1260～ 1277 年	埃及與敘利亞	傭兵蘇丹拜巴爾斯在艾恩賈魯特（'Ayn Jâlût）擊敗蒙古人（西元 1260 年），擊潰敘利亞海岸絕大多數的法蘭克勢力，但並未復興能夠對抗義大利人的阿拉伯海權。
1263～ 1328 年	埃及與敘利亞	漢巴里法學派學者（'âlim）伊本—泰米亞（Ibn-Taymiyyah），攻擊官方伊斯蘭的蘇非主義傾向。
1273 年	安那托利亞與巴爾幹	賈拉盧丁·陸彌（Jalâluddin Rûmî）逝世，他是安納托利亞的波斯人，創立毛拉維道團（Mevlevî），曾寫作神秘的瑪斯納維體詩（maṣnavî，史詩形式的詩歌）。

年分 （西元）	地區	歷史概況
1269～ 1470 年	北非（Maghrib） 與西班牙	馬林朝（Marînid）在摩洛哥取代穆瓦希朝（al-Muwaḥḥid, Almohads），並與提里姆桑（Tilimsân，位於現在的阿爾及利亞）的吉雅尼朝（Ziyânids，1235～1393 年）、突尼西亞富有文化教養的哈夫斯朝（Ḥafṣids，1228～1534 年）繼續保持敵對關係。
1274 年	伊拉克、高加索、伊朗西部	納席魯丁・圖西（Naṣîruddîn Tûsî）逝世，他是科學家兼哲學家、具有蒙古官員身分的十二伊瑪目什葉派保護者。
1280～ 1290 年	埃及與敘利亞	傭兵蘇丹嘎拉俄溫（Qalâ'ûn）完成肅清敘利亞法蘭克人的任務，其朝代延續至 1382 年。
1288～ 1922 年	安那托利亞 與巴爾幹	安那托利亞與巴爾幹的歐斯曼歷朝，擴張到希臘與斯拉夫領地。
1288～ 1326 年	安那托利亞 與巴爾幹	歐斯曼（'Uthmân），拜占庭邊境的信仰戰士，讓他位於安那托利亞塞爾柱國家的角落成為軍事中心，建立歐斯曼朝（或稱歐斯曼朝）。
1290～ 1320 年	印度北部	卡爾吉（Khaljî）在位，在 1320～1351 年間，圖魯各歷朝將德里勢力擴張到印度多數地區。
1293～ 1340 年	埃及與敘利亞	納席爾・穆罕默德，嘎俄拉溫之子，幾乎以單一朝代取代傭兵體制。

年分（西元）	地區	歷史概況
1295～1336 年	伊拉克、高加索、伊朗西部	伊斯蘭化的蒙古伊兒汗國繼續統治伊拉克與伊朗，他們最後的魁儡後裔臣服於賈剌儀爾蒙古部族首領。
1307～1332 年	黑色人種地區	貢噶·穆沙（Gonga Musa）在位，黑色人種地區西部滿丁果（Mandingo）王權的巔峰。
1318 年	伊拉克、高加索、伊朗西部	拉胥德丁逝世，他是大臣、世界史編纂者、神學家，反映出蒙古人的世界觀。
1322～1389 年	伊拉克、高加索、伊朗西部	薩俄杜丁·塔夫塔札尼（Sa'duddîn Taftâzânî），博學者兼文法學家。
1324 年	印度北部	尼查姆丁·奧里亞逝世，他是契斯提蘇非主義的創立者、仁慈的典範。
1325～1351 年	印度北部	穆罕默德·圖魯各，財政及政治的實驗者，過度擴張德里政權。
1326～1359 年	安那托利亞與巴爾幹	奧爾汗（Orkhan），歐斯曼之子，建立獨立國家，支配拜占庭帝國的殘餘勢力（以布爾薩為首都）。
1334～1353 年	北非（Maghrib）與西班牙	格拉納達（Granada）納斯里德朝（Naṣrid dynasty）的優素夫（Yûsuf）建造阿罕布拉宮（Alhambra），並由他的兒子完工（1353～1391 年）。
1336～1502 年		**吸收新近伊斯蘭化的地區和新文化元素。毫無節制的軍事統治最具破壞性的時期。關注宗教與科學上的正統傳統。**

年分 (西元)	地區	歷史概況
1336～ 1411 年	伊拉克、高加索、 伊朗西部	賈剌儀爾蒙古部族首領在伊拉克與亞塞拜然享有軍事霸權，在法爾斯（Fârs）與非阿拉伯的伊拉克地區（'Irâq 'Ajamî）的穆查法爾朝家族（Muẓaffarids，至 1393 年）等敵對。
1336～ 1576 年	印度北部	孟加拉諸王獨立。孟加拉東部許多地區改宗。
1337～ 1381 年	伊朗東部與河中區	薩爾巴達爾人源自呼羅珊西部流行的什葉派運動，即使在赫拉特的庫爾特朝支配了剩餘的呼羅珊地區之後，仍能自成一格。兩股勢力都被帖木兒推翻。
1347～ 1348 年		**黑死病流行各地**
1347～ 1527 年	印度南部與馬來西亞	巴赫曼朝（Bahmanids）在德干高原建立強大的穆斯林勢力，在遙遠的南方與印度教徒作戰。
1351～ 1413 年	印度北部	德里的圖魯各朝被限縮到印度北部（由賽伊朝〔Sayyids，1414～1452 年〕和洛迪朝〔Lôdîs，1451～1526 年〕繼承），於是使伊斯蘭得以適應多種民族的印度朝代倍增。
1364～ 1442 年	埃及與敘利亞	瑪各利基（al-Maqrîzî），埃及歷史學家兼百科全書編纂者。

年分 （西元）	地區	歷史概況
1359～ 1389 年	安那托利亞與巴爾幹	穆拉德一世（Murâd I）拿下成為歐斯曼首都的阿德里安堡（1362 年），並在科索沃打敗巴爾幹基督教徒（1389 年），他的政權支配著安那托利亞西部與巴爾幹半島的大多數地區。
1365～ 1428 年	阿拉伯半島與東非	阿布杜—凱瑞姆・吉里（'Abd-al-Karîm al-Jîlî），伊本—阿拉比（Ibn-al-'Arabî）式一元論的組織者。
1369～ 1405 年	伊朗東部與河中區	跛腳帖木兒復興撒馬爾干的察合台蒙古勢力，毀滅性地征服了中東與歐亞中央的許多地區（1308 年洗劫德里）。
1378～ 1502 年	伊拉克、高加索、 伊朗西部	黑羊汗國（Ḳara-ḳoyunlu）與白羊汗國（Aḳ-ḳoyunlu）的部族領導者，為了對美索不達米亞與亞塞拜然等地的控制權，而與賈剌儀爾朝（Jalâyirids）三方互相敵對。
1382～ 1517 年	埃及與敘利亞	布爾吉傭兵是前軍事奴隸建立的寡頭政體，每個世代都靠著新的奴隸，在埃及（與敘利亞）存續。埃及的繁榮逐漸衰退。
1389～ 1402 年	安那托利亞與巴爾幹	將歐斯曼勢力擴展到整個安那托利亞的巴耶濟德一世遭到帖木兒推翻。
1390 年	伊拉克、高加索、 伊朗西部	須拉子的密契、喜歡感官享受的抒情詩人哈非茲（Ḥâfiẓ）逝世。
1393～ 1449 年	伊朗東部與河中區	烏魯—貝克（Ulugh-beg），撒馬爾干的帖木兒朝統治者，曾贊助重要的天文學研究。

年分 （西元）	地區	歷史概況
1396～ 1572 年	印度北部	古嘉拉特邦（Gujrât）成為獨立穆斯林海上貿易強權的時期。
1403～ 1421 年	安那托利亞與巴爾幹	梅赫美德一世（Meḥmed I）逐漸重新統一破碎的歐斯曼帝國。
1404～ 1447 年	伊朗東部與河中區	夏赫魯赫溫和地掌握帖木兒朝的主要領土。
1405～ 1494 年	伊朗東部與河中區	呼羅珊與河中區的帖木兒朝（Timurids）時期，帖木兒戰役帶來功績成就，促進科學、突厥及波斯文學發展，波斯纖細畫高度發展。
1406 年	北非（Maghrib）與西班牙	伊本—哈勒敦（Ibn-Khaldûn）逝世，他是歷史與社會哲學家，其著作未經繼承者繼續發展。
1414～ 1492 年	伊朗東部與河中區	賈米（Jâmî），蘇非詩人，傳記作者。
1421～ 1451 年	安那托利亞與巴爾幹	穆拉德二世（Murâd II）確立歐斯曼勢力，以對抗匈牙利及西方箝制的企圖。
1445～ 1505 年	埃及與敘利亞	賈拉盧丁·蘇優提（Jalâl-al-dîn Suyûṭî），博學者兼百科全書編纂者。
1451～ 1481 年	安那托利亞與巴爾幹	歐斯曼蘇丹梅赫美德二世（Mehmed II）拿下後來成為首都的君士坦丁堡，鼓勵逐漸吸收拜占庭文化傳統、學問，他的兒子巴耶濟德二世也延續這樣的態度。

年分 （西元）	地區	歷史概況
1468～ 1492 年	黑色人種地區	頌尼‧阿里（Sonni Ali）建立桑海（Songhai）帝國，始自征服廷巴克圖（Timbuctu）。
1470～ 1550 年	北非（Maghrib） 與西班牙	瓦塔家族（Waṭṭâsid）持續虛弱地維繫馬林朝傳統。
1481～ 1512 年	安那托利亞與巴爾幹	巴耶濟德二世統治期間。
1492 年	北非（Maghrib） 與西班牙	西班牙的納斯里德政權被基督教徒征服。
1502～ 1524 年	伊拉克、高加索、 伊朗西部	伊斯瑪儀（Ismâ'îl），阿爾達比勒（Ardabîl）的薩法維朝（Ṣafavîs）導師後裔，身為沙王而著手將伊朗什葉派化，引發其他地方對什葉派的迫害。

表1－2 歐斯曼帝國的早期成長，西元1300～1453年
Early Growth of the Ottoman Empire, 1300－1453

年分 （西元）	事件
1290 年	信仰戰士首領歐斯曼（Osmân，在位於1290～1326年），掠劫拜占庭領土，並征服尼西亞（Nicaea，即伊茲尼克〔Iznik〕）南邊的卡拉謝（Kara Sie）河谷。
1299 至 1308 年	歐斯曼拿下布爾薩附近的耶尼謝希爾（Yenishehir），自立為地方統領，成為拜占庭的嚴重威脅。他拿下阿克希薩爾（Ak Hisar）並到達博斯普魯斯海峽（Bosporus）。
1326 年	歐斯曼勢力拿下布爾薩，並在那裡建立他們的第一個首都。
1329 年	奧爾汗（1326—1359 CE）佔領伊茲尼克與尼科米底亞（Nicomedia，即伊茲密特〔Izmit〕），並將控制擴張到接近君士坦丁堡的斯庫塔里（Scutari）。
1354 年	為回報拜占庭皇帝坎塔庫澤努斯（Cantacuzenos）的協助，歐斯曼人跨過博斯普魯斯海峽，進入歐洲，佔領蓋利伯里（Gallipoli）。
1358 年	佔領色雷斯。
1361 年	穆拉德一世（1359—1389 CE）拿下安哥拉（Angora，即安卡拉〔Ankara〕）與成為新首都的阿德里安堡。
1366 至 1372 年	歐斯曼政權進入保加利亞與馬其頓（Macedonia）。
1385 至 1389 年	拿下索菲亞（Sofia）與尼許（Nish）。塞爾維亞、保加利亞、阿爾巴尼亞組合軍隊在科索沃戰役中戰敗。

年分 （西元）	事件
1390 至 1399 年	巴耶濟德一世（1389 — 1403 CE）佔領門特許（Menteshe）與艾丁（Aydin）的公國，並前進到多瑙河，征服羅斯托盟（Rostomon）、薩姆松（Samsun）與錫瓦斯的公國。
1402 年	帖木兒在反叛的突厥附庸協助下，在安哥拉打敗巴耶濟德，安那托利亞的多數地區遭摧毀，公國再度出現。
1403 至 1413 年	巴耶濟德的兒子們為了繼承而發動內戰。
1413 至 1421 年	梅赫美德一世打敗敵人，並將帝國恢復為巴耶濟德統治下的原狀。
1416 年	土耳其艦隊在加里波利半島（Gallipoli）被威尼斯人打敗。
1425 至 1430 年	穆拉德二世（1421 — 1451 CE）在威尼斯戰爭中勝利，進入摩里亞島（Morea），拿下薩洛尼卡（Salonika）。
1444 年	與十字軍議和之後，穆拉德退位，但接著返回王位，並在他們突圍時打敗基督教徒軍隊，在瓦爾納（Varna）攻擊歐斯曼人。
1453 年	「征服者」梅赫美德（Meḥmed, 1451 — 1381 CE）拿下君士坦丁堡，並在動用超過十萬人的軍隊、海軍單位與砲兵、為時七週的圍城後，征服拜占庭帝國。

第二章

知識傳統中的保守與謙遜

c. 1258 − 1503 CE

在所有時期，人們都一直讚揚創造力；埃及學者蘇優提（al-Suyûṭî, 1445 — 1505 CE）就以自己曾處理過多少在他之前無人聞問的主題而相當自豪；在新發明的軍事引擎試運轉時，帖木兒朝的統治者夏赫魯赫（1405 — 1447 CE）邀請權貴們一同見證。不過，學者或發明家都不曾大膽超越預期典型的既定範圍；蘇優提藉由已經適用於更重大問題的方法，處理伊斯蘭律法或歷史的模糊細節；我不知道夏赫魯赫的發明家們是否曾製造出更強而有力的力矩機器或更進步的槍枝，但新發明的引擎用途仍是投擲石塊。人們可以輕易地下結論，斷定他們只是透過更細緻或更詳盡地闡述人們過去認為卓越的事物，並在其中找尋新的卓越創舉。即使在人們公認為發明的事物中，我們也能察覺（如果以它們保守的那一面來看）正在發揮作用的保守精神。

不過，即使沒有完全意識到改變的意義，重塑伊斯蘭（Islamicate）生活的嶄新力量也正在運作。事實上，到了夏赫魯赫統治末期，穆斯林君主們所資助的軍事發明中就包含槍枝改良，而火藥武器承擔著特有的、持續創新的壓力。這段期間主要就是詳盡闡述知識傳統的時期之一，而且往往基於蘇優提那百科全書般詳盡的精神來進行。不過，即使在這種闡述傳統的偽裝下，許多學者儘管不像蘇優提那樣自負狂妄，但實際上正在進行重要的全新工作，卻宣稱自己只是在補充細節。無論如何，有意識地保存過去的成就可能特別是經學院（madrasah）的特徵，而與地方分治、伊斯蘭律法導向的古老文化相關的圈子裡，或許也有這樣的特點。到了這個時期的尾聲，在日漸強大的軍事宮廷中，接受統治者贊助的學者與藝術家們正在激起令人振奮的文化刺激；按照蒙古傳統，統治者本身就是藝術家兼學者。這個時

代遍及全世界的視野可見於吸納中國藝術、印度虔信、甚至西方機件的能力，而正是在這些宮廷中，這樣的廣闊視野得以最自由地發揮。

教育作為維持現狀的手段

任何文化傳統的核心都蘊含著一套教育年輕人的方法，這種情形不僅限於保守主義的時代。當然，這種教育的傾向會傳達文化，但同時不僅強化文化，更具有一定程度的自主性，去決定最容易發生文化變遷的形式。

所有形式的伊斯蘭（Islamicate）教育的重要目的都在於將文化遺產從一個世代傳給下一個世代。在一種保守主義的氛圍下，人們最為認真嚴肅看待此一目的，他們預期後來的世代在道德或知識方面的水準都會低於先前的世代，這是一種舊世代的觀點，認定年輕的世代大不如前，同時附帶一種普遍的假設，認為文化上的變遷若非讓情形惡化，最多也只有次要的重要性。過往的經驗早已普遍地證實這個觀點。那麼，問題就只是如何推延或緩和不可避免的衰退。教育的次要目的是協助個別的年輕人做好準備，去扮演特定的社會角色，而這項目的並未牴觸教育的首要目的。無論是醫師、占星家或宗教學者，人們對於專業人士都期待他們只以一種方式來貢獻所學，那種方式就是單純運用前輩或先進交到他們手上的知識。大多數的學生自然而然地專注於實際的生涯中最常援用的學問；比起抽象的辯證神學（kalâm）原則，研究伊斯蘭法學（fiqh）中法律細節的人數更多。但無論如何，就任何特定領域而言，在完成特定工作的實用取向，與更具人文精神、促進對真理之廣泛意識的取向之間幾乎沒有衝突，至少在更博學

的層次上，這兩者合而為一。至於教育第三種可能的目的，則是提供年輕人工具與視野，讓他們能夠自行吸收前人的智慧並超越之，而一如所有現代以前的社會，就連哲學家與蘇非行者都不會懷抱這樣的期望。

　　兩項結果隨之而來，這些結果從現代觀點來看有些古怪。首先，一般人們理解的教育是教導固定且可供背誦的陳述與公式，不需要任何嚴格意義上的思考過程，就可以學得很好。陳述或真或假，而所有真實陳述的集合就是知識。人們可能會在傳統遺產中增添可供利用的真實陳述總和，但並不會預期以新穎的方式看待舊有的真實陳述，並動手修改它們，或認定它們已經過時而棄置。因此，相對於不識字的人也理所當然接受的「常識」，人們暗自認為有意義的知識（'ilm）就是這些陳述固定且有限的集合，儘管特定時代的任何人其實無法了解一切具有潛在價值的陳述。教育意謂著以盡可能穩固的形式，反覆灌輸最多的這類陳述。但最穩固的形式自然就是最博學的權威得以表達這些陳述的形式，雖然為了大眾使用可能會以更權宜的形式重新陳述。因此，知識不只是原則上的既定陳述全集，人們更認為其真實性應該取決於數量有限的偉人的言論，這些大人物的權威將不受質疑，至少不受學生質疑。

　　這種教育方法與後來的宗教學者們意氣相投，他們習慣引述法律甚或辯證神學領域偉大伊瑪目的言論，而最重要的是引述穆罕默德偉大的歷史啟示，並透過權威的聖訓（ḥadîth）傳述驗證引述的內容。這種方法也可能和哲學家與蘇非行者的精神格格不入，即使是和其中較無原創性者也不相容，因為哲學家和蘇非行者仍以不同的方式堅信每個世代都能夠重新發現真理。然而，因為這種方法極為便利又合乎慣

例，即使是哲學家與蘇非行者也往往都以這種方式教學，無論他們的學說帶有多麼濃厚的密傳色彩，情形都是如此。人們可以在主要的學術層次上感受到這種教育方法的影響，在那些重要的學術領域中，開始普遍以評論早期權威作品的形式，來撰寫具有相當原創性的專著。有時候，這些專著不只是解釋或詳述，而更像現代的書評文章——甚至採用駁斥與反駁斥的基調。

根據保守精神帶來的第二項結果，這種學習方法甚至愈來愈明顯地盛行於人們預期會與之為敵者之間；這項結果是教育就目的而言畢竟具有規範性。上層文化遺產尤其是行為的指引，可以告訴正直誠實的人他究竟為何存在，特別是告訴有閒暇的人，這樣的美好生活是為了什麼而存在，因為他們不必像農民一樣勞動。甚至在工匠傳統中，學徒身分也會指導人們應該做些什麼、又該如何做；應該流傳下來的是用以判定傑出與否的既定標準，儘管無疑更瑣碎的生存技巧也已留存下來。但人們幾乎按照定義而認為規範是從歷經好幾個世代檢驗的權威那裡接收而來，沒有任何個人可以因為自己一時興起就推翻規範。

在經學院裡，即使承認某些哲學的學科可能具有合法性，並未帶來任何更廣泛的、重視根據觀察所得之事實的教導推廣，宗教學者或哲學家都不認為累積觀察所得的自然事實是學者的目的。人們確實蒐集一些資訊是關於事物普遍運作的方式，以及在特定時刻所發生的情況等等，但這些資訊總是有明確界定的目的，若非有助於特定工藝的「技術性」目標（例如製革技術或航海技術，某些化學或地理知識是為了這些技術發展而來），就是有助於建立適用於整體人生、更加廣泛的「規範」。飽學之士所關切的是後者，通常在經學院教授的一切

學科都是規範性的——法律、文法與神學（人們「應該」相信什麼，才能得到拯救）顯然具有這種特徵；對這些主要學問領域而言，有關聖訓傳述或傳述鏈（isnâd）之傳遞者的描述性知識只是輔助性質。但即使是音樂、天文學與哲學，其調性主要也仍是規範性的；這些學科主要致力於描繪自然和諧的理想規則，也就是人類與整個宇宙應該遵循的運作方式。它們重視精確與演繹推理已經達到可能的最高程度，甚少考慮可以觀察之現實的變幻莫測。天體的運行不受塵世的物質性損害，並提供宇宙秩序的想像，而雲的移動似乎無法呈現這種想像，因此為人忽略。（正如我們已經看到，這樣的情況在具有階層體系秩序的西方同樣如此，儘管個別的研究領域各自延伸到不同的公共職涯。）在這樣的體制結構中，倫理與法律的研究輕易佔有核心的位置。

如果現代讀者仔細研究那個時代（不限於伊斯蘭世界，而是包括所有地方）公認最有價值的學術著作，可能在閱讀完畢時會有一種感受，似乎很少有著作能呈現出具體事物，很難讓他更加了解所有時代的所有人都必須生活其中的這個世界，反之，這些著作充滿資訊或爭議，只在讀者原本就是穆斯林（或基督教徒、印度教徒）的情形下，這些資訊或爭議才會具有重要性。所有伊斯蘭法學、文法及辯證神學的著作都必然沉浸在這種氣氛之中，但就算是更具哲學性質的著作也是如此。在論據能夠甦醒之前，讀者常常必須為這些著作找到廣泛的前提，因為作者的意圖畢竟是要制定建立正確、適當且應該存在的事物，而非去描述之。

考量來自當今教育的一種對比可能會對現代讀者有所幫助。現代有一種強烈的傾向是扭轉現代以前的模式，我們往往只教導真實、根

據觀察所得到的主題，而非規範性的主題。至少在美國，倫理學與邏輯學，甚至法律的課程都已經從世俗化的高中甚至大學的課程中消失。而哲學課程往往是哲學思想的歷史，宗教因具有爭議性而幾乎遭到禁止，甚至連文法學也往往轉變為描述性，而非規範性的學科；我們的標準字典小心翼翼地單純紀錄文人圈裡實際的言論或文字，而甚少膽敢主張某種特定用法儘管較不常見，但在功能上更為可取。

　　但是，這並非因為我們認定規範不具重要性。我們並不真正認為所有架構語言的方式都同樣令人滿意，我們知道某些文法結構容許更多彈性的空間，甚至比別種結構更有助於精確表達，也知道某些表達語意的慣用語（因此還有某些字的慣用法）比別的用語更不容易造成混淆。邏輯學、倫理學與哲學也是如此，我們知道這些學科能夠為某些研究提供重要的問題，而在這些研究中若無人引導，再如何仔細思考，也都可能會有所忽略，人們也因此認為這些學科值得教授。即使我們並非單純地因為害怕採取任何他人可能否定的立場，依照這種方針，我們似乎對正式的學校教育所具有的任何顯著效果感到絕望。或許著眼於更嚴肅的層次，現代的技術性專業與持續創新的需求使我們的方法更受到支持，幾乎使這種方式成為必需。無論如何，我們實際上讓關於規範的教導被心智健全的人們認定為理所當然；或者應該從一般的文學作品中吸收，特別是小說；或者由專家教導，這些專家預先致力於特定方針並在知識層面上不太令人尊重，如傳教士。而某些教師則會假裝教導事實，進而偷渡規範。

　　相應地，現代以前對規範的強調並不代表對觀察可得之事實的重要性一無所知，但考量到觀察可得之可靠事實是如此有限且矛盾，若要精確且毫無爭議地教導自然與歷史，學者們或許會感到失望。他們

多半留下任何人都能夠觀察的單純自然事實，讓人們靠著自己的健全心智來習得，或從一般的著作吸收這些事實，像是本非特殊學術教授主題的歷史，或者由在知識上毫無企圖的專家（如貿易商、船長或技師）教導恰巧需要事實的人們。而且既然在法律、權利或宇宙和諧原則的判斷上，這種觀察所得的事實仍具有重要性，就應該由更適任的教師以恰當的方式加以統整。

廣義的教育不以經學院為限。每種技藝（以及農業本身）都有獨特的學徒歷程，在較簡單或普遍的情形（像是農業），學徒歷程實際上等於兒子在父親指導下長大的過程，而在更複雜或更專業的情形（像是某些昂貴的產品），學徒的歷程可能往往更正式也更漫長。對絕大多數種類的教育而言，培養學徒模式都是常態——摔角選手與醫師、書籍裝訂商、畫家以及化學家同樣都藉由學徒身分習得專長。然而，絕大多數的公共行政工作主要並非透過個別的學徒身分來學習，而是透過「在職訓練」。軍事生活則盡可能地以在職訓練的方式來教導，儘管替專為職業挑選的年輕人之間的軍事操演與遊戲做準備時，弓弩的操作方法之類的專業技藝可能是由私人教師來教導。富裕家庭同樣也聘請私人家教，以教授更具人文主義的優雅風度，主要目的是灌輸良好的品味，諸如書法、繪畫、波斯詩歌等等。只在範圍有限的學究式研究，特別是具有伊斯蘭法主義（Sharî'ah-minded）的宗教研究中，如經學院那種較具有公共屬性的組織才會顯得合宜。

這是因為正是在經學院裡，日常生活的專門行業或身分以外、卻又類似於一般社會紀律的事物，才會繼續發展到書面學問的層次。經學院的研究核心是以「傳承」為基礎，因此也重視以運用阿拉伯語言為基礎的那些研究，也就是為了維持基本社會秩序的伊斯蘭法主義研

究。其他具有同等規範性，但對日常生活的社會秩序而言較不重要的研究，人們則認為它們僅具輔助性質（並就這些研究並不完全依賴阿拉伯語這一點，以各種方式稱之為「非阿拉伯」的研究，或就其並不依賴伊斯蘭啟示這一點，稱之為「古代」或「理性」的研究。）[1] 人們預期對於經學院裡教導的那種核心學問，從最卑微者到最偉大者的所有人至少都應該略知一二。他們至少應該充分瞭解禮拜（ṣalât）如何進行，而不需仰賴任何特殊學校教育。但是，廣大的人口確實能夠利用那種學校教育，每個略有虛榮心的村莊都擁有自己的古蘭經學校（maktab school），在學校裡，盡可能所有男孩都能夠放下田裡的手邊工作（人們希望每個不虞匱乏的家庭都至少有一個男孩能夠這麼做），透過阿拉伯語（不論他的母語為何，而甚至對於會說某種阿拉伯方言的男孩而言，《古蘭經》實質上還是一本外文著作）來熟記、學習背誦《古蘭經》或其中的某些章句；他們學習辨認並組織寫成《古蘭經》的字母，而有時也學習這些文字的意義。藉由這種方式，聰明的男孩可以在學校習得閱讀與寫作的基本能力，甚至略為知曉古典阿拉伯語言的概念。若有男孩能夠背下整部《古蘭經》，並贏得「ḥâfiz」的頭銜（即能背誦整本《古蘭經》者），他就能在這個過程中學到更多；那麼，如果他的家族還能夠負擔缺乏他勞力的生活，他就可以就讀最近的經學院。經學院由捐助所支持，所有男孩每天都能獲得足以維持生

1　「非阿拉伯的學科」（'ulûm al-'ajam）一詞曾經誤譯為「外國」學科，好像這些學科置身在伊斯蘭之外，甚至是伊斯蘭世界之外。不消說，精確地說，絕大多數的穆斯林都屬於非阿拉伯人（'Ajam）。需要考慮的並非是這些學科外國或外來的特性（除非從阿拉伯主義者的觀點來看），而只是它們與阿拉伯語言技能的關係。

活的麵包，在必要時，還能睡在經學院或清真寺中。

　　只有富裕的家族才能讓所有男孩上小學，也只在最為富有的家族中，才能同時也讓女孩學習《古蘭經》，雖然是在家中私下學習。不過，即使在中後期，早期穆斯林對女性公共角色的寬容早已不復存在，女性也可能擔任宗教學科的傑出教師。其中，狂熱的法學者伊本－泰米亞就在大馬士革向一名女性學習。

　　即使在經學院裡，學習的核心仍然是生硬地熟記標準教科書，而如果男孩認識字，就能試著理解這些教科書。誦記的學習方法特別適合保守社會，因為這種社會最大的期望就是減緩下一世代無可避免的墮落。在最具公共屬性的教育區塊中，最一般性的社會紀律將在其中永久存在，這樣的學習方式特別恰當，因為它普遍延續著一種紀律，正是社會秩序的基礎。

　　農業層次（agrarianate-level）社會中的所有訓練，從小孩子的家庭訓練開始，功能都不只是灌輸必要的技能，還有限制個人可能接受的觀念或影響的範圍，包括道德及知識層面上的觀念或影響；對於必須嚴格避免冒險的實驗，並訴諸團體內部的狹隘忠誠來保護有限資源的社群來說，太過好奇又太過足智多謀的心智、太敏感也太慷慨的個性都相當危險。非常聰明與品格相當高尚的人們實際上可能會重塑社群的生活，而使社會不再需要如此嚴格，但大多數的天才與聖人並不值得人們期待，而半調子的實驗可能會引發災難。因此，使人格顯得愚笨不只是社會的無知所造成結果之一，也有其功能。孩子對長者的服從不只是諂媚體能強壯者的自尊心，並反覆灌輸孩子對許可作法的服從，其作用更在於發展一種習慣性的畏懼，這種畏懼是知識或道德開放性最大的敵人，儘管人們並未意識到後者這項作用。性禁忌不只

是用來在個人最私密且激烈的自作主張上，維持必要的秩序與隱私，也能夠發展團體內部與團體之間的紀律所仰賴的、受壓抑的敵意。人們發現某些現代的埃及村落系統性地阻止孩子放任地想像，在農業（agrarianate）村莊中，這種模式必然相當普遍。用於訓練孩童的一切雖缺乏任何有意識的企圖（除了鼓勵男孩「剛強」並寬容他們「直截了當」之外），卻出於良善的實用性動機，其目的都是為了阻礙任何人成為蘇格拉底的對話或「登山寶訓」所預期的那種人。

透過背誦式學習，教導孩子避免嘗試自行思考，並透過經常使用棍子懲罰未能在所有細節上服從的任何男孩，這種紀律呈現在古蘭經學校中。到了男孩就讀經學院時，他便將背誦式學習視為理所當然；天賦異稟卻記性不好的少年可能深受阻撓，或許往往因此被排除在學習生涯之外。此時已經不再需要棍子，老師或同學們的冷潮熱諷就已經足夠。伊斯蘭法傳統本身並未特別隱晦，也不須如此。因此在高等文化的核心，口常文化的保護性防衛影響深厚。

這樣的準備工作便從學術研究的根基強化了保守的氛圍。各種教科書都以韻文書寫，以便於記憶，甚至成熟學者所能累積的最大讚譽就是能夠滔滔不絕默背的字數。但是人類的性格不只具有可塑性，更富有適應能力。即使在非密傳、開放學科的層次上，除了背誦公定教科書的學習方式之外，還有另一種教學與學習的形式，對於沒有因為早年的訓練而完全麻木的那些人而言，這種形式可以激起智慧的火花。最常見的教學形式就是逐行解釋重要的書籍；所有書籍都是手抄本，而且通常充滿抄寫者犯下的錯誤——阿拉伯文在書寫時通常省略某些短母音與次要子音結構，而即使將因此產生、模稜兩可的情形略而不計，也仍有錯誤——因此如果必須精確地瞭解書籍的文字，就必

須伴隨口述的傳統；熟稔書籍內容的教師們所能提供的就這麼多了，而他也會利用機會評論並詮釋某個主題，有時則詳細討論。學生在遭遇難處時詢問老師，有時詢問可能會演變成爭論，甚或升高成激烈的詰問，這種情況就需要敏捷的思考，雖然老師可能會把太棘手的學生趕走了事。

當學生跟著老師讀完一本書，曉得正確的讀法、理解書的內容，老師也感到滿意後，就會頒發授業證書（ijâzah），表彰學生對這本書的通曉，並授權他向其他學生教授那本書。人們認定這種認證形成某種連結鏈（如聖訓傳述的傳述鏈，或蘇非道團的傳承系譜〔silsilah〕），可以追溯到這本書的第一位教師，也就是書的作者本人。然而，有時教師給予授業證書，只是承認某個學生擁有一般的才智與能力，儘管他尚未真的跟著他讀完那本書籍；藉由這種方式，擁有傑出心智的學生不需要在必然只是文本枝微末節之處耗盡心力，就能得到傳統體面的標誌。就像任何頭銜，有時授業證書也會貶值。某些學者宣稱自己在夢中從死去許久的作者那裡獲頒授業證書，而人們可能會容忍這樣的主張；其他的授業證書可能純粹屬於榮譽性質，這類情形就譬如學者授予某個朋友的年幼兒子證書，以討好那位友人。

學生們與學者們都前往許多地方旅行，尋找可供探索的新知識環境，或是能夠以他們的學問去征服的新領域。經學院之間並沒有組成任何階層體系，但在特定區域裡，某些研究中心佔有特殊的重要地位從遠處吸引學生與訪客到來。至少在較晚期的時代，布哈拉（Bukhârâ）就是伊斯蘭法偉大的研究中心，它聲譽卓著，足可吸引學生從北方所有的突厥領土及其他地區到此造訪；對在阿拉伯人為主體之地區的東部與南部的許多穆斯林領土而言，坐落著愛智哈爾

（Azhar）清真寺的開羅也是偉大的研究中心（阿拉伯主義〔Arab-minded〕的學者們有時讚譽愛智哈爾，宣稱它佔據總體的首要地位，但它其實未曾享有這種地位）。在什葉十二伊瑪目派的群體中，伊拉克的納賈夫（Najaf）連同當地眾多的小型機構，在近幾世紀享有毫無疑問的名聲，而更早之前的希拉（Hillah，鄰近納賈夫）至少同等重要。但即使是這樣的研究中心，就名聲而言也從未享有獨佔的優先地位，多半也終究被同一地區與之競爭的研究中心取代。尋求學問的人們幾乎也總是造訪次要的研究中心。

特別在穆斯林中央領土，很難避免幾個相互牴觸的傳統之間彼此對峙；這些領土不只因為人們在這些土地之間的循環往返而得利，也得利於來自更外圍地區人們的造訪；稍有警覺性的學生們會強調要聆聽同一件事情的多方說法。傑出學者之間會安排公開的辯論，最先無法回應對造所提論據的那位學者，人們就會認為他被打敗了，即使是仍然支持他的立場、也相信更有能力者可能會獲勝的那些人也會如此認為。在這種論辯上可見保守精神的痕跡：這個程序是以一個前提假定來進行，也就是預設任何兩個特定的立場，其中一個必定正確，另一個必定錯誤。就像現代議會程序，原則上沒有人會期待以兩位學者的不同洞見建立起意料之外的綜合立場；改變立場頂多也只是因為考量到特定反對意見，而修正兩種立場中的一種，或以將要挑戰贏家的另一位學者所代表的第三種立場取代。無論如何，即席辯論極度重視儲備充足且迅捷的記憶力；不過，這種論辯會淘汰除了好記性以外別無長處，僅得利於背誦式學習體制的那些人。這樣的辯論生動地聚焦在交換意見與對話的過程上，而這種過程能使任何傳統保持活力。

針對引起爭論的書籍，最為能言善道的學者們擁有其他較不造成

個人困擾的管道，能夠接觸聽眾。書商在經學院附近開設商店，販賣一切能夠吸引買家的著作——不論是多麼異端的書籍。原稿一旦編寫完成，接著就由幾位抄寫員複製，他們一起聆聽同一個人口頭朗讀那本書後再抄寫。抄寫員可能是作者的學生，也可能是書商的職員或奴僕。為求合乎高於口頭聽寫文本更嚴格的標準，有錢人如果找得到品質較好的舊副本，最好是作者的真跡，就可能會僱用學者直接從較舊的副本抄寫稿件。學者也可能會親自製作一件副本，供自己個人使用，這種副本經過簽名且為人珍視。統治者、富人以及掌握慈善基金的清真寺與經學院，喜愛累積重要著作經妥善鑑定的複本，也往往不以宗教學者認可的著作為限。在寫作書籍時，可能必須小心翼翼地避免激起伊斯蘭法主義者的懷疑或掌權者的敏感神經，但是只要適當地謹慎留意，這些書籍便可以成為乘載大膽創新的載體，人們也將逐漸普遍地接受這些創新；因此，舉例來說，在中後期末葉的統治圈裡，哲學的概念便逐漸獲得社會高度的尊敬。

順尼派與什葉派對伊斯蘭歷史的想像

經學院的教育有助於促使所有穆斯林普遍接受關於整體世界的一般學說，其目的也在確保這一點。在保守精神的保障下，至少在某些領域可以達成此一目的。

到了中前期的尾聲時，可見於哈里發盛期穆斯林之間、虔信類型與學派的多樣性，在龐大的社群當中已經具體化為三支主流，也就是伊斯蘭虔信的三大傳統，各自有主要倡議者，但在數量日增的穆斯林多數群體的虔誠生活裡，在某種程度上，三支主流各自都與其他兩者

同時出現。「伊斯蘭法主義」無論在形式上屬於什葉派或順尼派，人們都普遍視之為大眾化伊斯蘭信仰的骨幹，但按照隨個人或有時隨團體而異的比例，伊斯蘭法主義最常與第二種主流結合，那就是「蘇非主義」，至少是蘇非主義已經被大眾採納、或多或少具體化的形式。最後，第三種主流是「效忠阿里家族的意識」（'Alid loyalism），這樣的意識不只瀰漫於多種顯然屬於什葉陣營的派別，還感染許多屬於順尼社群主義的教派，因為隨著中前期的城市人口廣泛採納順尼主義，某種什葉派遺產也得以保留。

這種效忠阿里家族的意識表現在所有法蒂瑪家族（Fâṭimid）的阿里後裔所得到的特殊尊榮上，特別是賈俄法支系（Ja'farî）的重要人物，另外也有一些更微妙的表現方式。順尼理論家認可一種「好的什葉派」，認為不應該反對它們，這種什葉派可以用這項命題闡述：在穆罕默德歸真後，最良善之人並非阿布—巴克爾（Abû-Bakr）（這是一般順尼派的觀念，承認穆斯林群體〔jamâ'ah〕的選擇），而是阿里，但也不應譴責阿布—巴克爾與歐瑪爾（'Umar）。不過，什葉派的傳統不應僅止於此，而該傳統最重要的表現方式是人們普遍期待末世引導者（Mahdî）來臨，而引導者是穆罕默德的一位後裔，更承載著他與他父親的名字（穆罕默德‧賓‧阿布杜拉〔Muḥammad b. 'Abd Allâh〕），他將在這世界的時間終結之際，為穆斯林社群與整個世界恢復正義；另一種傳統的表現方式或多或少與此相關，那就是人們特別尊敬穆罕默德的身體，他的身體（大多透過蘇非思想家的媒介）被賦予了形上學的地位，作為宇宙性的「穆罕默德之光」（Light of

Muḥammad）的表現。[2] 伴隨著這三種具個人傾向且特別屬於伊斯蘭的傳統，則有所謂的「哲學觀」（Falsafism），即認為世界的結構是理性的總體，而人類生命的意義則是實現這個總體的和諧；這樣的哲學主義傾向不以嚴格意義上的哲學家為限，卻往往結合某種相當特定的伊斯蘭虔信，特別是與蘇非主義或效忠阿里的意識，或同時與兩者結合。

伊斯蘭法主義的虔信潮流是由其他主張修正而來，是其中唯一一種人們普遍認為具有權威性的構想，其他潮流的典型也必須與之調和。伊斯蘭法主義代表了社群的合法性，而且只有這股潮流完全且自由地開放；在執行體現伊斯蘭法的信條的過程中，保守精神可能大獲全勝。宗教學者樂於假定真正的穆斯林一直留存著這些原則，一開始是含蓄地保持，接著在異端出現而有必要時，就轉為外顯。從日後伊斯蘭法主義順尼派的觀點來看，早期眾多受人尊敬的人物，如巴斯拉的哈珊（Ḥasan of Baṣrah）與阿布—哈尼法（Abû-Ḥanîfah），事實上似乎不屬於「正統」，這樣的觀點得以透過解釋而獲辯解：早期的「異端」總是指涉其他人，這些偉大的人物們能夠免於受到這些被宗教學者斥為因為忌妒所致的誹謗所擾。

對某些傑出的學者來說，所有的文化現象或至少所有「真實」的現象都是某種文化整體的展現；在這種整體中，某個特定細節起初是在何時闡述清楚的並不重要，因為該細節的意義僅僅衍生自它在整合

---

2 Tor Andrae 曾 經 在 *Die Person Muhammeds in Lehre und Glauben seiner Gemeinde* (Upsala, 1917) 一書（特別是篇幅很長的第六章）中，追溯關於穆罕默德的觀念如何演進，尤其是在蘇非主義支持下的演進。

的總體中佔有的位置。特定傳統或各個傳統複合體的所有文獻應該被視為單一文集來閱讀，透過所有其他著作的觀點來理解每本特定的著述。文化整體總是被理解為種族、宗教、部族或國家的總體，無論如何，文化生活是那個整體所特有，而非個體專有，個體只是文化的載具，或更準確地說是文化的產物。所有具體的現實不過是傳統、遠古原型的變異轉化，如原型的傳說、觀念或制度。如果有人找到顯然前後矛盾或個別的偏離，而無法將之詮釋為偶然的變異，人們就會將之歸因於墮落的混合，也是外來影響或冒險「借用」外來事物的結果；但即使是「借用」往往也只是表象，因為外來素材只有在實現或發展成固有模式時才會被吸收。

　　這種看待文化現實的方式會導致問題產生（例如，這些看似不屬於特定時空的文化實體在什麼時間點誕生，而透過何種方式，每項事物才如胚胎般地存在於那個不斷遠去的時刻？）。然而，我認為至少在某個層次上，這種觀點與另一種（我更加認同的）觀點同樣有效，後者認為去尋找哪個個人在何時又為何做每件事是有意義的。將特定傳統視為不可或缺的核心，傳統的每一部分在某方面都以每個其他部分為前提，或者將傳統視為特定時間內的發展，是個別人類對總是最為新穎但也總是立基於過去的事物所做出的回應，而這兩種看法未必相互牴觸。無論如何（正如在第一冊的〈總序言〉所提及），即使是伊斯蘭文明（Islamicate civilization）也能按其一貫性來想像假設。人們可能逐漸會在任何特定時刻回溯，並認為所謂伊斯蘭（Islamicate）遺緒的元素會構成單一明瞭、主題與反主題的結構，因為實際上，所有相異的次傳統之間在任何時刻都存在互動關係。但是，人們應該留意任何經由回顧而產生的總結，及其理由與觀點。我們在此所要考量

的是針對這套遺產的某些方面做出的總結，這個總結並非出於學者的觀點，而是基於黨派性相當強烈的觀點。

喚醒先前世代的問題日漸安頓解決之後，早期詮釋的分歧隨著敏銳且活躍的歷史觀念，逐漸被以伊斯蘭法主義詮釋穆斯林歷史重大事件的標準版本取代，也就是伊斯蘭正統的標準版本。在十四世紀，這個歷史想像確立其不受更動的樣貌。在順尼派成員之間，隨著整體社群的觀點逐漸為人接受，人們引用公議（ijmâ‘）原則來證實這個歷史想像；這對後來的時期而言具有約束力，即使備受尊崇的各個早期學者對具體論點可能仍有疑問。而即使在某些什葉派成員當中，也往往會有相應的原則變得普遍。

在順尼派成員當中，較晚近的伊斯蘭法主義是藉由無所不包的因循原則的因循原則（taqlîd）來實踐，因循原則也就是接受權威。因循原則原來的意思是學問較差者個別接受某位飽學者的權威。正如我們所見，人們自然而然地認為在宗教法問題上，一般的穆斯林應該遵從他所能信賴的宗教學者提出的觀點，而面對某個狀況時，不應該憑藉自己對所有相關文本帶有缺陷的認知，嘗試提出特定的法律論據。這樣的觀念也很早就拓展適用到成熟的學者身上，人們通常期待學者們遵守其所屬法學派的權威做出的決定，而不是自行提出嶄新的論據。到了十一世紀，許多人認為即使是最偉大的學者也受到這樣的拘束。儘管像是嘎扎里那樣的人物攻擊此一概念，認為這樣的觀念毫無依據地限制了合格學者的個人責任，但為求法律標準的安定，人們仍普遍接受之。在中後期，即使在法學派當中，這種因循原則的延伸解釋也因為在形式上更嚴格地遵守標準的彙編而得到確認。

一旦順尼穆斯林同意「理性思考判斷（ijtihâd）探究之門已經關

上」，伊斯蘭律法思想就能自立適應。到了中後期，既存的順尼法學派數量減少為四個，每位學者都必須遵從其中之一——除了夏菲儀（Shafi'is）法學派以外，還有哈那菲學派（Hanafis）、瑪立基學派（Malikis）與漢巴里學派（Hanbalis），儘管漢巴里學派人數較少，四個法學派皆獲得同等的認可。（每個穆斯林都必須宣告自己所屬的法學派，並受其選擇限制，變更學派的行徑無法令人苟同。）當在法學派內部發生爭議，學者們應該遵守學派內的多數見解（而不是一般穆斯林之間的主流意見）。在每個世代，只要特定法學派中的多數學者們看似同意特定立場，該立場將會對接下來的世代產生約束力。人們同時期待屬於某一法學派的學者對其他既存的順尼法學派也略有涉獵；而藉由對彼此傳統的覺察，不同的法學派漸漸對於大多數的法律議題抱持類似的立場。（無可否認，剩下相異的次要論點有時可能會引起騷亂。）由於所有重大議題（大體上）在很早期就已經底定，原則上每個新世代都只剩下日益瑣碎且次要的議題尚待解決。當然，我們必須記住在實踐上，大量的飭令（fatwà）使法律比外表看起來更加多變。

人們可能認為，確認伊斯蘭法，就是在伊斯蘭法最顯著表現形式的文化區塊中劃定路線的典型過程。某種程度上，相似的原則拓展到所有伊斯蘭法主義的宗教思想，甚至延伸到某些蘇非主義的理念與實踐上，例如入會儀式、對傳承系譜的主張以及精神狀態階段的學說等等，這些事物或多或少都已經標準化。在辯證神學領域中，阿胥阿里派（Ash'arîs）與瑪圖立迪學派（Mâturîdîs）曾經支持某些立場普遍為人接受。特別是理性主義學派（Mu'tazilism）最終在順尼穆斯林間逐漸消失（其對手則在什葉穆斯林間消亡）。藉由這種方式，在宗教研

究的領域中，保守精神在宗教教義上逐漸具體化，而蘇非行者很容易將伊斯蘭法宗教學者認為重要並宣告的一切事物視為外部論據而接受。

當然，這樣的共識並不只限於法律與神學議題，最重要的是也表現在宇宙論和史學的觀點中，儘管在這些領域中，教義沒有過於嚴格地執行。地球是眾多存有界中的一個，除此之外，還有許多地獄與天堂；而如同基督教徒的想法，當前的那些天堂往往就像是那座極樂天堂，在最後的審判後才能找到適合的居民。至少，就像在一般印象中，天堂裡住著天使，也就是神的僕人，也住著（位居最高天堂的）神，祂坐在比所有天堂與世界的總和都更為巨大的王座上。天使陪伴著每個人類，記錄他的善行與惡行，並激勵他施行最善之事。地獄則由惡魔看守，他們的任務是引誘人類墮入罪惡之中。

地球上有兩種理性的存有物——人類與精靈（jinn）。精靈通常是無形的，但會干預人類事務（某些伊斯蘭法學書籍的作者非常認真看待人類與精靈精神契合之類的議題）。它們等同於充斥在每個民族的民間故事中的精靈，每一種信仰也都能列舉它們的善行或（更常見的）惡行。（另一方面，在基督教歐洲中仍然扮演比喻性角色的、亞伯拉罕時代以前的自然神已經在伊朗—閃族領土上徹底消失，而無法在文學層次上永久留下自然神話的普遍文集。）人類住在地球的第七層，學者們認為地球等於從赤道與極圈的各個地帶，但在大眾與文學的想像中，地球等同於居住在以麥加為中心的圈子裡的不同人類種族。在圓圈周圍有海洋環繞，而在海洋之外、地球的外緣，則有高山卡夫（Kâf），最為神奇的事物都可能在那裡發生。

歷史從亞當開始，他是第一個人，也是第一位先知，他也等同於

舊伊朗傳統的「始祖」。一連串的伊朗君主（「第一人」也就是指其中的第一個）在位統治，直到伊斯蘭出現在地表核心地帶為止，並且只和貝都因阿拉伯人及他們的前人（部分人物和《聖經》的系譜相同）在阿拉伯半島共享那塊核心地區。《聖經》傳統與伊朗傳統融合，《聖經》裡的族長與伊朗諸王並肩而立，人們進一步將他們詮釋為各自將真正的伊斯蘭帶給自己所屬世代的先知。伊斯蘭實際上是每個新生孩子與生俱來的信仰，但父母以人造的信仰來腐化孩子，因此，先知必須恢復信仰。一般的先知（阿拉伯文為「nabî」）隨時都可能會來臨，而且地球上的每個民族中都散佈著上千名這樣的先知，但其中有位偉大的先知是一名「使者」（rasûl），只有偶爾才會到來，帶來新的伊斯蘭法，並建立新的社群，而當中最偉大的就是亞當、諾亞、亞伯拉罕、摩西與耶穌。

正是在這些早期的時代中，帶有魔力的科學與正統的科學（透過天使、惡魔與先知）傳授給人類；這些時代見證了眾多偉大的事蹟，包括阿拉伯人、波斯人與其他民族的事蹟，特別是希臘人與印度人，他們均以哲學著稱（而中國人則因為他們的手工技術以及優良的政府而為人尊敬）。但隨著穆罕默德的時代接近，當時主要由摩西與耶穌的追隨者所支撐的真正伊斯蘭已經遭到竄改，只剩下一些學識淵博或虔誠的人群有意期待著先知的到來，這些人盼望新的先知帶來最後與最完整的啟示，先知的社群也將充滿整個世界，絕不使人們喪失真實的信仰。

穆罕默德之前的那些世代是黑暗無知且毫無道德的時代，整個世界均是如此，特別是阿拉伯半島，這個時代被稱作「蒙昧時期」（Jâhjliyyah）。波斯政府應受尊重，而實際上，許多人的確認為薩珊君

主努胥爾凡（Nûshîrvân）是統治的模範（但就這點而言，並沒有適當的公議支持），但他接下來的幾個繼承者（也就是最後幾位薩珊君王）都是不好的統治者。儘管基督教是到這個時代為止最好的宗教，它的經典跟猶太人的經典一樣，已經嚴重腐敗，特別是基督教的經典將耶穌神格化，更隱藏提及穆罕默德的段落，基督教的羅馬皇帝則是自負的暴君。在阿拉伯半島，儘管阿拉伯人是最尊貴的種族，偶像崇拜與不義之事仍然橫行，但孤立的個人（ḥanîfs）支持真理並預見穆罕默德的來到。接著，穆罕默德的到來改變了一切。在他出生之際，一道光向外閃現，即使在努胥爾凡的宮廷也能看到。

穆罕默德的主要任務是將永恆的《古蘭經》帶給人類，其他先知僅僅預見這部經典其中的片段。最初天使加百利（Gabriel）一次啟示了整部《古蘭經》，之後便只有在適當的時機，才再次零碎地宣告啟示。《古蘭經》包含了一整套伊斯蘭律法，而儘管《古蘭經》必須藉由聖訓（ḥadîth）加以詮釋，它仍記錄下神對穆罕默德持續、直接的啟發。如此一來，伊斯蘭法便會指引人類回歸正途。

不過，穆罕默德不只是神傳達啟示的工具。他是神的最愛，也是神藉以施恩及祝福人類的主要管道。由於蘇非行者的教導，包括什葉派在內，幾乎所有人都同意穆罕默德本質的那道神聖之光是神所創造的第一件事物，其他一切事物都是著眼於穆罕默德的榮耀而創造出來的。所有的先知都榮耀穆罕默德，並預告他的到來。他的生命就是一連串的奇蹟；例如，在他孩提時，他的出現為他養母的部族帶來繁榮（當時他按照麥加習俗而託付給貝都因的奶媽）。年輕時，他避免從事任何不當行為，因此受到高度的尊敬，使得麥加人挑選他來進行夢寐以求的任務——在卡巴聖殿（Ka'bah）重建時，將牆上的神聖黑石放回

原處。在一場前往敘利亞的商隊之旅中，他不可思議地得到使他免受熱陽曝曬的涼蔭，還有個僧侶憑藉他兩肩之間的先知印記而認出他來。當他以先知的身分現身，奇事更是倍增。他最為人稱道的奇蹟是將天空中的月亮分開，讓人們可以看到兩半之間的星星閃耀——這個故事有《古蘭經》的一節作為模糊的依據，而這一節經文對後來歐斯曼帝國時期穆斯林的象徵也提出令人存疑的說明；該象徵就是一彎新月，並在新月的兩個尖端之間有顆星星。在他遷徙（hijrah）時，麥加人等著要殺害先知，於是阿里代替先知待在他的床上，穆罕默德因此能夠通過他的敵人之間，而沒有人看見他。當穆罕默德沿途與阿布—巴克爾躲在洞穴裡，一隻蜘蛛快速地在洞口織網，而使追趕的人走錯了路。他倚靠講道的木樁在他離開之後開始啜泣，他將要吃下的羊肉開口警告他有人下了毒。在他出現時，少量食物增加到足以餵飽大批的群眾。

人們宏偉壯大地闡述穆罕默德所看見的、夜訪耶路撒冷的異象。加百利在瞬間把穆罕默德從麥加帶到錫安的岩石上，那塊岩石現在仍矗立著岩石圓頂清真寺（Dome of the Rock），他在那裡登上飛馬——布拉克（Burâq），那匹馬帶他穿越七重天。沿路與偉大先知們對話之後，穆罕默德在高處與神對話，即使是加百利也不敢靠近那裡。因為他的求情，神減少禮拜的次數為一天五次，讓穆罕默德的人民可以輕鬆達成。人們普遍同意藉由穆罕默德在末日的說情而神允許後，就得以確保所有真正的穆斯林的最終救贖，即使是那些曾有重大罪孽的人們也能夠得到救贖。

對穆罕默德的崇敬展現出一種強化的地方自治主義，這種主張沒有那麼倚賴可能如《古蘭經》所示、會出現在任何社群裡的永恆伊斯

蘭，卻更仰賴伊斯蘭能夠在其中臻於完美的歷史社群。到了中期，人們認為其他社群不過是過去的遺物，無論如何與真實生活都沒有太大的關係。然而，一直到十三世紀，最優秀的順尼神學家才終於承認，正如什葉派長期的主張，穆罕默德完全沒有罪孽，甚至未曾犯下小奸小惡。在《古蘭經》裡，某些段落暗示他作為人類所具有的弱點，但在詮釋上，應該認定這些敘述只屬示範性質，用來告訴穆斯林該如何為自己的罪惡懺悔。長久以來，侮辱穆罕默德的行為都被視為最嚴重的犯行，甚至非穆斯林的受保護者也會因此遭到殺害（他們不完全受伊斯蘭法限制）。在他墳墓所在的的麥地那，穆罕默德的確存在且為人察覺：人們廣傳一個故事，描述他如何從墳墓伸出他的手，讓一位偉大的聖徒親吻。人們認為前往麥地那拜訪他，幾乎與前往麥加朝聖（ḥajj）一樣重要，也經常同時造訪兩個城市。同時，穆罕默德也可能在夢中拜訪虔誠者，而撒旦不能模仿他拜訪的行為。到了這個時代，人們認為穆罕默德生活場景的整個麥加與麥地那地區都是神聖的領土，就如同《古蘭經》，不該受到不信者的汙損；然而，在早年的伊斯蘭，（舉例來說）基督教徒可以自由地造訪麥加，現在則不再允許他們這麼做。

順尼群體關於穆罕默德以降歷史的觀點為大多數人所接受，即使是什葉派成員也會隱藏信仰（taqiyyah）來偽裝，配合這個觀點虛應故事。即使對順尼社群成員而言，穆罕默德的家人在某種程度上共享他的神聖性，特別是法蒂瑪（Fatimah）與阿里以降的後裔。阿里本人就是偉大的英雄，這與瑪爾萬朝（Marwânî）時代的官方伊斯蘭態度產生鮮明的對比，當時阿里遭到詛咒，甚至也和阿巴斯朝早期不同，當時非什葉派的穆斯林也甚少認同他與阿布—巴克爾、歐瑪爾的地位平

等。但在什葉派與順尼派之間正式分裂之後，絕大多數順尼社群的成員堅持在先知以後的卓越人物的地位，應按照哈里發們在歷史上出現的先後排序——阿布—巴克爾是眾人中最為卓越者，歐瑪爾其次，歐斯曼第三，阿里第四（不過，認為阿里甚至高過阿布—巴克爾的看法被視為「好的」什葉派而受到寬容）。所有這些人的後裔都得到某種榮譽性的認可；事實上，所有能夠宣稱自己屬於古萊須部族（Quraysh），甚至（在某些地區）宣稱自己是阿拉伯後裔者，人們都會認為他與先知的關係特別接近。但穆罕默德女兒的法蒂瑪為阿里生下的後裔（阿里的其他後裔則否），能夠得到「sayyid」或「sharif」的特殊頭銜以及非凡的特權，他們有權得到信仰者的救助，其過錯也將為人忽視，民眾認為他們的出現帶來了特殊的神聖祝福。

即使在順尼派的思想中，效忠阿里後裔的意識對於穆罕默德的人身與家族所抱持的情感，也能佔有重要的地位，而與其相反的信條是認為穆罕默德的所有門徒在宗教上之可靠地位更值得推崇，順尼派的公議更完整地尊崇此一信條，這樣的信條特別認定，應該以最初的四大哈里發統治期間——包括與其他三位哈里發任期相似的阿里統治期間——作為伊斯蘭政府的典型。（出於對什葉派情感的讓步，穆阿維亞〔Mu'âwiyah〕雖然也是穆罕默德的門徒，但不被承認是第五位哈里發。）人們不該評判先知門徒之間的戰事，特別是駱駝之戰（Battle of the Camel）中的阿里與古萊須族反對者雙方陣營，好的穆斯林不該譴責任何一方，因為就其個人而言，雙方的主要人物都受到神的許可；所有人都立意良善，儘管至少某些人曾犯下錯誤。而凡有差錯之處均應譴責阿布杜拉・賓・薩巴（'Abd-Allâh b. Saba'）那種製造麻煩的人物，順尼派的歷史學者認為他是什葉派的發起人（什葉派成員則通

常認為，任何形式的什葉派只要他們認定過於極端並進而反對的都是由他所發起）。應在末日蒙受穆罕默德保護的人，除了穆罕默德的所有門徒外，更包括所有的穆斯林（對什葉派而言則只限於什葉派的穆斯林），他們都應該得到最低限度的信任。

整體來說，第一個世代以降的每個世代的穆斯林，都沒有先前的世代那麼美好。然而，即使是順尼派成員也認為伍麥雅朝哈里發是特別邪惡的統治者，他們使伊斯蘭從原初的純潔瞬間腐化，並因而受到譴責。對順尼派成員而言，阿巴斯朝的統治者的確是真正的哈里發；儘管原則上，古萊須家族的任何成員都可以獲選擔任哈里發，但實際上，只要阿巴斯家族存在，這項尊榮就專為他們保留。但在巴格達陷落之後，伊斯蘭的正當性更進一步地降低，歷史意義與伊斯蘭法意義上的哈里發政體已經消失（因為一般而言，在開羅的魁儡阿巴斯世系多會遭到忽略）；由於缺乏受到公認的主張者，哈里發這個頭銜進而（在哲學家的倡議下）應用於當時地方上的任何統者，只要人們認為這名統治者維護了伊斯蘭律法，就可以稱之為哈里發。

對第一個世代而言，穆罕默德的事蹟典範如此接近，而他們也如此虔誠，因此不需要富於成熟學識的伊斯蘭法學。但隨著記憶與道德的腐化，便需要更多的法學。除了布哈里（al-Bukhârî）與姆斯林（Muslim）的聖訓集，順尼派還承認其他四本權威的聖訓集，儘管它們沒有經過同等妥善的證實；什葉派承認稍晚編成的另外四本聖訓集。（這兩個派別也仍然研讀其他聖訓集。）有四位偉大的順尼伊瑪目更詳盡地提出伊斯蘭法學；後來的世代腐敗更深，而必須毫無例外地遵守這四位當中的任何一位——阿布—哈尼法（Abû-Ḥanîfah）、瑪立克（Mâlik）、夏菲儀（al-Shafi'i）或伊本—漢巴勒（Ibn-Ḥanbal）；理性思

考判斷之門正是隨著他們法學派的創建而關上的。實際上，每位伊瑪目的主要門徒的意見都被視為伊瑪目自己的意見。什葉十二伊瑪目派（Twelver）則往往相對應地遵從圖西（Shaykh Tûsî）的教誨，但顯然並未賦予他相同的決定性地位。

穆罕默德的特別殊榮之一是在他之後將不會再出現其他使者，不只是沒有建立新社群的使者，更不會有一般的先知（如同特別在摩西的社群中大量出現的那種先知）。相反地，現在則有近神者（walî）：在什葉派當中，他們就是伊瑪目（他們的後裔當中較受尊崇的那些人是天生的伊瑪目〔imâmzâdah〕，則為人賦予幾乎同等偉大的光榮）；在順尼派當中，他們就是蘇非聖人。神的朋友們與古代的先知們扮演非常相似的角色，他們接受神的啟發，維持信仰的活力，並為給予信仰者的神佑（barakah）扮演載體。

就連異端也已經標準化，或更精確地說，是多數人對待異端的態度已經統一。人們同意謬誤的穆斯林派別種類只有七十二種，而這個數字（由不同作家以不同方式）分配給已經出現在瑪爾萬朝或古典阿巴斯時代的眾多運動或思想學派。後來的異議者被吸收到早期發展的某些類別之中：如果異議者接受什葉派就會被視為拉菲迪派（Râfiḍî），如果是「極端」的什葉派就被歸為極端分子（Ghulât），如果承認神秘的內在意義高於外在啟示的優先性，則屬於內隱學派（Bâṭinî），而最糟糕的是偽信者（zindîq），用來指涉實際上不信神卻融合假造的伊斯蘭的異議者。如果一個人拒絕順尼公議的某些論點，他就是異端；但大多數人同意，如果他在外在要素上順從，就法律意義而言，無論如何他就應該算得上是穆斯林，除非事實證明他是偽信者。什葉派也同樣譴責七十二種教派，並同樣允許順尼派之類的異端

持有「穆斯林」的頭銜（儘管不是「信仰者」〔Mu'min〕這個頭銜，意指有信仰的人）。至於不信者，也就是伊斯蘭境域內部的受保護者們，則成為遭受鄙視的少數，而在伊斯蘭境域外的不信者則被視為遠離歷史主要道路的化外之民；正常的世界全都屬於穆斯林。

儘管在順尼派成員之間，理性思考判斷之門已經關上，人們（包括順尼派與什葉派成員）相信在每個世紀開始時，神會挑選一個人（稱為復興者〔mujaddid〕）來復興伊斯蘭信仰；復興者的教誨會修正可能在穆斯林之間蔓延、任何實際存在的錯誤。在這種信仰復興者當中，最值得一提的的例子是嘎扎里（al-Ghazâlî，甚至某些什葉派成員也景仰他）。此外，最後當人類陷入最低潮，正義無處可見，真正的信仰幾乎為人遺忘，他們當中最偉大的復興者，也就是末世引導者將會到來，而且會是穆罕默德的一名後裔。他會征服地球，恢復伊斯蘭，最終更以正義統治人類。反基督分子（Dajjâl）則會反對這位引導者，但耶穌會從天堂下降，殺死反基督分子，並在引導者身後進行禮拜。接著，隨著「最後時刻的徵兆」（像是太陽從西邊出來），歷史將會終結，最後的審判將會到來。

來世（after-life）的大眾化形象還沒有完全合理化。人們只有模糊的想像，沉睡的鬼魂可能會隨時不詳地清醒過來，一神論傳統在這樣的想像上同時加諸一種肉體最終將甦醒的末世論期待，以及一種道德上的澄清，且以鬼魂可預期的愉悅與痛苦的形式呈現。這一切元素都永久存在於穆斯林當中，但其餘的元素就從屬於末世論的期待。

地獄是給予不信者的永恆報應，以及對邪惡穆斯林暫時施以懲罰之處，人們則將地獄理解為火與熱的多重折磨。天堂是給予真正的穆斯林，或許還有神所憐憫的其他人的終極報償，天堂會是一座花園

（而非鋪上閃耀石材的城市）；那裡有果樹與四條大河，充滿水、蜜、奶與樂園裡不醉人的酒。受祝福者會住在豪華的帳篷中，由天使般的存有服侍；更受福報者則居住在天堂更高且更不可思議的區域。如果恰當的話，男人與妻子會在天堂重聚，但每個人都會處於年輕全盛的狀態，而且男人還得以享用天女（ḥûrîs），也就是天堂裡有著明亮黑眸的少女。然而，天堂最大的樂趣是定期受到神的接見，去見祂是至高的極樂。

什葉派的各種派別如同順尼派的情形，在其中同樣的總體想像廣泛地為人接受，但仍做了必要的修正，修正之處有時相當重要。什葉派比順尼派更加重視一切涉及穆罕默德的事項，還有關於穆罕默德家人以及末世引導者的至高地位；因此，為了頌揚阿里獨有的德性，他們排斥前三位哈里發以及穆罕默德絕大多數的門徒。在世界上佔有優勢的順尼伊斯蘭似乎因此不是真正的伊斯蘭，在怎麼墮落的的伊斯蘭也不應如此；順尼派是背教者，只有像穆罕默德的家人一樣遭受迫害並承受苦難、忠實的什葉少數派才能代表真理。因此，這些外界穆斯林的共識絕對無法定義真理。即使是什葉派所接受的學者們的公議，事實上也扮演次要的角色，且在十二伊瑪目派中，理性思考判斷之門仍對有學識的什葉派成員開放，等待作為末世引導者的伊瑪目到來。不過，在許多細節上，什葉派的想像幾乎可以逐一對應順尼派，而且似乎在十四與十五世紀時，絕大多數伊斯蘭法主義的什葉派信條也按照慣例建立起來，就如同伊斯蘭法主義的順尼派信條。

蘇非主義的腐化與在地化

　　不過，儘管人們對於世界及其歷史的標準原則表現出熱烈的因襲盲從態度，仍然能夠找到方法來探索他們自己的個人現實感。有時候，由於缺乏憑藉公共認可所生的秩序，這種方法的效力相當可議，至少在人們運用這些方法，來更加完整地理解現實時如此；有時候，這些方法開啟了真理的重要追尋。在中前期尾聲受過教育的人們當中，宗教觀點的和諧具有優勢，但這種和諧從來就不完整，即使在狹義的定義上，基本的伊斯蘭法主義也需要藉由普遍接受某種形式的道團蘇非主義來補充。在中後期，這種過去存在的和諧已經開始消失，儘管通常並不會造成相互排斥與迫害的痛苦，且一般而言，這種情況也不會挑戰我們先前描繪的歷史想像。我們已經提及的蘇非主義擁有自由放任的開放性，並且會隨著地方風俗習慣適應調整，這些特徵都特別在中後期開花結果。

　　絕大多數最重要的宗教議題已經不再透過法學派或辯證神學派之間的爭論來解決，而是藉由不同蘇非道團之間的爭論來處理。這種現象在伊斯蘭法制度無論屬於哈里發政體或地方自治層次，都不再為嶄新的政治創造力提供起始點的時代裡，部分呈現了利益的轉移。但爭論所在往往是常在且相同的人類議題，只是現在套用了蘇非主義的辭彙。蘇非主義傳統的範圍擴張到足可容納特性多變的內涵，還有諸多迥然不同的洞見隨之而來，這些洞見一度表現在蘇非主義與其他虔信之間的對比。

　　我們已經看到，印度契斯提道團成員如何禁止擔任腐敗的公職，甚至也願意親自對印度教徒傳教。這是契斯提道團典型的態度，而這

個時期印度的另一個大道團是蘇赫拉瓦爾迪道團（可以追溯到雅赫亞・蘇赫拉瓦爾迪〔Yaḥyà Suhravardî〕，他是哈里發納席爾〔al-Nâṣir〕的朋友），這個道團沒有那麼強烈的禁慾苦修傾向，而（特別是）鼓勵人們接受政府的職位，並同時更加傾向伊斯蘭法主義，但較排斥浮夸的推測，也對印度教徒更不寬容。人們可以想像，如果瑪蒙（al-Ma'mun）理性主義學派的朋友們必須在這種新的狀況下，在這兩個道團中挑選一個，他們會偏好蘇赫拉瓦爾迪道團，因為該道團處理蘇非主義概念的方式相對合乎常識也合乎「理性」，也因為這個道團在法律上的嚴格態度，以及更加強烈的、承擔宗教價值的政治社群感。道團之間在個人戒律上的許多差異也具有更深遠的意涵。是否建議採行獨身生活，全職虔信者是否多應成為流浪托缽行者或者應該聚集在蘇非中心裡‧對於這些問題，當道團意見相左時，對於神秘生活與大眾的宗教生活之間的關係，道團間的差異隱含了相互對比的看法：虔信者到什麼程度才能成為「宗教專家」，人們又應期待多少人成為這種專家，大眾與虔信者的特殊之道的自由程度為何？

在這個時期的順尼派的蘇非主義中，我們至少可以分辨出三波重要的潮流。專注於神祕經驗的宗教結構，其通俗化與具體化都以激發奇蹟及崇拜聖人為導向，而至少從純粹密契主義的觀點來看，這種情形必然會被稱作墮落行為；而當所有得到優勢的傳統都帶來墮落腐敗時，蘇非主義的腐敗可能會帶來特別微妙的後果。那麼，將純理論的宇宙論當成蘇非主義生活不可或缺的一環而廣泛接納，這種作法似乎與強調狂喜狀態的視野相關，甚至是對靈性成長而言佔有核心地位的、夢想生活的視野。最後，大眾化與對視野想像的強調都鼓勵人們專注於相對迅速達成忘我狀態的手段，有時包括出神幻物（mood drug）。（這些趨勢都可以稱為衰退，雖然是在不同意義上的衰落。腐敗確實意謂著在腐敗者之中，傳統原本享有的創造力已經失去活力，但無論在推廣者之間發生什麼事〔在其他的圈子裡，推廣者或許與那個時代的古老蘇非行者一樣為數眾多〕，這項傳統的生命力或許一如以往。至於日漸為人重視的視野與想像則可能侵犯了巴斯拉的哈珊甚至是朱內德〔Junayd〕的道德意識〔moralism〕，但可能會使現代的榮格派精神分析學者認為：這就是傳統一旦全面探索原初問題意識後所發生、有益的焦點移轉。）

　　至少在社會方面同等重要的現象是什葉版本蘇非主義興起，挑戰了許多自滿的順尼社群成員，甚至還有主流宗教學者的什葉意識形態，以及統領們的不義行為；針對這一點，稍後我將談到更多。另外，就伊斯蘭法主義的學科而言，最重要的發展與對蘇非主義的攻擊有關。

　　隨著人們進而理解構成這個時代的蘇非主義的幾股勢力，以及在某些議題上共通地切入每股勢力的、真實的靈性關懷，在大眾之中顯而易見的蘇非主義腐敗就變得更加難以切割。任何宗教思想最初的構成要素無疑是一廂情願的想法，這樣的想法隨著該傳統成為整體社會生活的功能之一，在宗教傳統中成為比起以往都更為強大的組成元素。對大多數的人類而言，製造出來保證能暫離佔據人生的苦難而喘息的方法，輕而易舉地成為任何宗教實踐裡主要的成分。不過，很難明確判斷哪些論點只不過是一廂情願的想法。（而且，是否所有事物只要看似一廂情願的想法，都能冠上腐敗之名呢？）但我們至少確實能在一處看見得以辨認的「腐敗」過程，那就是貶低術語的現象。「fanâ’」是自我意識的「無我狀態」，「baqâ’」則是「fanâ’」的互補，

也就是神意識的「剩餘」，這些都是一度具有根本意涵的辭彙，人們有時認為應該將這些詞彙運用在靈性成長相對早期的階段。最終，人們得以談論眾多的至上者（quṭb），也就是宇宙的眾多標竿——在擴張的宇宙階層體系中，這些至上者本來就是相對少見的人物。然而，所謂蘇非主義的腐敗顯現於我們將要簡略提及的、絕大多數其他的發展過程。

到了中後期，一種在實踐上顯著的對比早已盛行，似乎意謂著早期傳統的腐敗，這種對比正是蘇非導師（shaykh al-tasawwuf）與流浪托缽行者（darvîsh）之間相當明顯的區分。蘇非導師大概身處蘇非中心，維持著古典的養生法，且通常居住在誠鎮中；而托缽行者則通常是獨立作業的乞丐與探險者，他們多半往往淪為騙子或小偷。腐敗皆可見於這兩者；即使在主觀上誠實，許多托缽行者把宗教當成愛好流浪與不負責任的藉口，而定居的導師們也太常反芻出一套準則，由既定的基調與充滿偏見的用語組成。但這兩者都並非唯一墮落的傳統；更嚴肅的人們正透過能與這套傳統的巔峰狀態全然匹配的方式，發展出新的起始點。

特別是，流浪托缽行者往往在宗教實踐的層面上表現跳脫蘇非主義傳統的蘇非企圖。帶有冒險或批判精神的人們認為蘇非之道已經發展出自己的慣例與準則，與陸彌（Rumî）透過蘇非主義的形式諄諄教誨的自由理念恰好相反。這種態度幾乎與組織化的蘇非主義一樣古老，但隨著蘇非主義更加穩固，人們也以此大聲疾呼。舉例來說，復興的瑪拉瑪提道團（Malâmatiyyah）因此而起，甚至興起於定居的導師之間，這些導師們藉由拒絕蘇非主義慣有的虔信印記，而獻身於自我禁慾。其中有些人認為，必須藉由無法在世人面前表現出超凡脫俗

的恥辱來追求聖潔，於是一起加入隱匿虔信這項正規的傳統，即使人們在表現出不顧蘇非主義、追求世俗事物的模樣時，也必須實踐這項傳統。透拓將自身從所有外在形式拘束解放、更極端的手段，有一群人總是堅持蘇非主義應將誠懇且成熟的密契主義者（理解者〔'ârif〕，意即理解者或諾斯底主義者〔gnostic〕）置於法律之上，此時他們在更傾向伊斯蘭法主義的傳統之外，建立起並行的一般道團傳統，也就是帶有拒絕遵守伊斯蘭律法傳統的一般道團。這種人往往重視流浪托缽行者的生活，但也不會離其他道團太遠；事實上，無論立場為何，所有新的道團往往都是舊道團的獨立分支，而不是全新建立的。此外，遵守伊斯蘭法的導師，其門徒可能會採取非伊斯蘭法的立場，反之亦然。不屬於伊斯蘭法主義的道團中，嘎蘭達里道團（Qalandariyyah）最為知名，他們是卓越的流浪托缽行者。這個道團以共同的服裝與刮鬍鬚的方式聞名，但在其他層面則相當消極，於是道團似乎很快地成為全然私人特有的（或許還是不負責任的）虔信風格的一項藉口，而非形塑有組織的運動，即使要形成這種運動，成員之間最起碼需要某種程度的關聯。

有些道團興起的主要目的似乎就是逃避日常生活的現實，未必是要進入更敏銳的終極覺知，而可能是要進入多種形式的自我暗示與狂喜的愉悅，這些事項本身就被視為目標。（他們不是不打算探索神性，但這個範圍中的區分總是難以釐清。）在這種道團裡，他們相當自覺地使用藥物，以追求藥物帶來的直接心理效果（雖然或許某些更嚴肅的蘇非行者將藥物當成通往某種心理狀態的捷徑，而基於這種心理狀態又能建立另一種基礎。）調息練習——例如以規定的方式說出阿拉之名（Allâh），並伴隨深呼吸——以及其他的催眠機制能用來達到立即的

心理效果，這種心理效果本身就已經足夠令人欣喜。那麼，人們就（往往很真誠地）將經常令人相當驚訝的結果視為神性祝福的證據。在自我催眠下，虔信者可以忍受強烈的痛楚，如燒鐵的穿刺或馬蹄的踩踏。這種英勇行為的作用是提升道團的聲譽，並鼓勵人們為了求得額外祝福而捐獻財物。某些道團特別迎合大眾對這種表演的需求，像是埃及的薩俄迪道團（Sa'diyyah）。（然而我們必須牢記，在任何時刻，更負責任的蘇非行者與托缽行者應當繼續履行他們的任務，教導人們懺悔、給予人們指引。）

在這種氛圍下，負責任的導師無法公開討論信仰深奧難懂的真理，他們自己可能會相信聖人那富有教化意義的故事以及他們的神奇力量，與宗教學者們艱澀的守法主義具有同等效力，且無論如何都願意鼓勵人們接受之；在任何情況下都無法期待廣大群眾提升到真理層次的那些人們，認可了大眾對魔術與奇蹟的普遍期待。人們總是期待，經由權威定為神聖的事物顯露奇蹟，不論是神聖的地點或圖像；此時，這項期待的焦點所在從來就不以死去的聖人與其墳墓為限，甚至還及於活著的專業行家，而即使是頭腦清楚的知識份子也能對於這些行家之前輩，講出許多的華麗又俗氣的故事。很遺憾，這種作法有了意料之外的後果；江湖郎中總是找得到現成的聽眾，現在他們似乎受到伊斯蘭的信仰所認可。魔法變成奇蹟，而魔術則成為節慾苦行的優渥成果。儘管在發展上，受人尊敬的道團其實並不將這種表演當成主要目的，卻也可能將他們對社會大眾的吸引力建立在其專業行家富有魅力的才能上，而這樣的才能又呈現在古怪的心理學或精神物理學（psychophysical）技能上。這種道團的領導者可能承認這些技能的極限，而沒受過教育的社會大眾幾乎無法區別他們與不受拘束的托缽行

者（darvîsh 或 faqîr）；托缽行者的主要功績大概是苦行所帶來的污穢，並寫符咒給女人，保證她們能生出男孩。

即使在學術的經學院層次上，魔法的領域也日益受到尊敬。嘎扎里已經提及多種符咒的用處，但並沒有主張自己知曉眾多物品如何恰好具有所宣稱的效力。占卜與驅邪魔法也就是夢境與徵兆的詮釋、算命的方式與符咒的領域（從沙圖、手相與魔術數字，到零碎的煉金術與占星術知識），其運用的構成是高度的象徵主義、心理洞察力以及某些超越科學解釋範疇的事物（例如利用接近青春期的孩子來找出遺失或被偷走的財產），最後還有單純的猜測。人們最愛的藥物（尤其在具體的藥品失效時）就是《古蘭經》的經文，他們會將適當的章節寫在紙上，接著將墨汁浸泡到水中再喝下。這是穆斯林所熟知的作法，其傳統可以回溯到比伊斯蘭出現還要古老許多的時期，但隨著民眾轉變為穆斯林，伊斯蘭全面吸收這些知識。魔法領域特別依附於蘇非主義，但至少到了中後期，就連相對較傾向伊斯蘭法主義的宗教學者們在某種程度上也會學習魔法。人們生產出大量相關知識的文獻，但在當代則幾乎無人聞問，我們無從得知能否在其中找到何種具有價值的洞見。

我們絕對不能誇大早期與中後期之間的差別。很早之前就有人引進魔法；人們也發現至少在宏觀層次來看，在任何時代的定居導師若要贏得人們的歡迎（並擴大他們可以派遣代理人〔khalîfah〕進入的地區），（除了講道以外）有兩種最明顯的方法，那就是將委託給他的捐獻以組織化的方式有效率地分配出去，以及優美甚至壯觀的安排聆聽活動（samâ‘），聆聽就是聆聽能夠刺激人們進入更虔誠的唸記（dhikr）階段的音樂。某些蘇非行者仍然拒絕聆聽，但社會大眾多半期待蘇非

行者運用之；最顯著例子是持續反對蘇非主義的宗教學者們對聆聽提出一致的指控，而在某些地區，仍有許多宗教學者不懷好意；最晚到十四世紀早期，宗教學者的攻擊依舊使更傑出的蘇非行者無法在德里安頓定居。

隨著蘇非主義的普及，地方的環境與宗教傳統就吸收了蘇非主義，但無法以同樣的方式吸收宗教學者的伊斯蘭法主義（Shar'ism）。某些道團主要活動於鄉村地區，人們崇拜其聖人位於村莊的墳墓聖壇，而道團的節日也會遷就村莊的社會需求。這種道團可能沒有更具都市性格的道團那麼世故，也更關切村民的日常需求；例如，在安那托利亞與巴爾幹的西部突厥人當中，貝克塔什道團（Bektashî）在鄉間的環境中發展出蘇非中心的網絡，而道團的虔信者朗誦、在人群中傳布詩歌，這些詩歌反映出更具獨立傾向的村民們講究實際的觀念（以及對既定權威的懷疑立場）。同時，貝克塔什道團也迎合當地的基督教徒，或許還配合仍然殘存於改信者之間的異教習俗，甚至使用對應於基督教聖餐禮的儀式。在其他地區，其餘的道團扮演類似的角色。到了十四世紀，以印度語（恆河平原上蘇非行者的語言）寫作的詩歌，與印度教密契主義者的詩歌沒有太大不同，這是因為使用了類似的文學形象──儘管穆斯林當然不完全承認印度神人。

在這種脈絡中，最受歡迎的蘇非主義人物之一是希德爾（Khiḍr，確切而言是哈迪爾〔al-Khaḍir〕），為「綠衣人」之意，這個名字被用來指稱《古蘭經》中提及擔任摩西教師的一位神秘的「神的僕人」（但經文中沒有提到他的名字）。《古蘭經》裡有好幾則故事適合當作神秘異象的起點，這個故事是其中之一。不同於書中的許多故事只是反覆描述歷史上或據說是歷史上的先知與其桀傲不遜的人民，這個故事以

更個人化、同時也更具象徵性的方式講述；就像《古蘭經》的其他故事，它隱晦且簡單到令人迷惑（《古蘭經》第十八章）。「而當摩西對（服侍他的）年輕人說：『直至到達兩洋相遇之處，我將不會歇息，儘管我已經持續行進了好幾年。』接著，當他們抵達那裡，他們忘了他們的魚，而牠游入海中，扭動著身體。」換句話說，魚活過來了；得知這件事情時，摩西知道他已經達到目的。他在那裡見到神的神祕僕人，也就是摩西所要追隨並且向其學習的希德爾，但希德爾警告摩西將不會了解他，也將無法忍受他。摩西保證自己會有耐性，並且絕不質疑，但是當希德爾在船身敲出一個洞，又殺死一名青年時，摩西再也無法忍受，追問他為什麼這麼做，於是遭到駁斥並面臨可能與希德爾分離的痛苦，摩西保證再也不問任何問題。而當卡迪爾無來由地興建一道搖搖欲墜的牆，摩西又再次抗議，因此他必須付出代價。但在離開之前，希德爾對他的每個行為提出合理的解釋，進而指出摩西的不耐多麼不合理。

　　《古蘭經》裡的這個故事，最淺顯的意義就在於說明了即使是偉大的先知也會對自己的判斷懷抱過度的自信而悔悟，藉此預想神之審判的公正性。但在《古蘭經》中，這個故事必定已經令人想起深深根植於閃族傳說故事的人物與情境。組成這個故事的元素，可以追溯到巴比倫的吉爾伽美什（Gilgamesh）史詩，以及馬其頓的亞歷山大大帝傳說，在這些故事中，主要人物都是隱秘的聖人，他們絕對不會死去，而是祕密地漫遊在人類之間。這個故事大部分內容的直接前身是猶太人的故事；在猶太人中，這個人物以曾在在世時被帶上天堂的以利亞（Elijah）的形象出現。兩洋相遇之處——在世界的盡頭——存在著將帶來永生的生命泉水，而摩西正是在尋覓著這眼泉水；《古蘭經》

指出，任何探尋之物都將能在人類幾乎僅能略為瞥見的智慧之中覓得。這個故事的象徵與在《古蘭經》中的寓意必然同時吸引了蘇非行者；希德爾成為模範的蘇非行者，長生不死，人們還可能在罕見的地方發現希德爾準備幫助陷於危難的托缽行者（他有時甚至會被視為與以利亞同一人物）。希德爾特別願意幫助沙漠中的流浪者；在荒漠中，水（與草木）最適切地象徵著救援，而人們總是把希德爾與水聯想在一起。在蘇非主義中，卡迪爾因此扮演普世性的角色，但他也成為無數地方性聖壇的庇護者，在那些地區，他得到符合當地色彩的特徵。在敘利亞的山丘上，人們會在碰到危險時向他求助，在那裡為他設立多處聖壇；既然《古蘭經》已經指出他相當古老，那麼他的聖壇建立的日期可以追溯到伊斯蘭以前的時代，有時聖壇更與基督教徒共用（他與廣受歡迎的弒龍者聖人喬治〔Saint George〕也有許多共通之處），這些情形就不足為奇了。在印度北部，人們同樣把他和河水（特別是印度河）連結在一起，似乎還會召喚他取代原本的印度教神靈。

《古蘭經》的同一章恰如其分地講述以弗所（Ephesus）的七聖童（Seven Sleepers）的故事，七聖童就是「洞穴人」，他們是早期的基督教徒，在洞穴中躲避迫害並在那裡沉睡好幾年，接著當基督教在那塊土地佔有優勢後，七聖童才在迷惑中甦醒，親身證明了預期中的復活（在《古蘭經》的版本裡，這件事也證明最後的審判就人的心理層面而言具有急切性）。在伊斯蘭世界中（基督教世界也是如此），出現愈來愈多洞穴被視為故事的發生地點而受人崇敬；在這類聖壇當中，某些似乎可以追溯到巨石陣建造的時代，它們在新的外衣下，保存著不朽的古老象徵。

不只是特定的蘇非人物，蘇非主義整體的性格也都可能具有地方

色彩。在北非（Maghrib）與蘇丹西部地區，當地絕大多數道團從屬於沙吉利道團（Shâdhiliyyah）。沙吉利（西元1258年逝世）以及與他親近的追隨者都教導一種宗教生活，並且與任何其他地方的許多蘇非主義都不容易區分；他們嚴格遵守伊斯蘭律法，不信任公職人員，並強烈敦促人們保有個人生活中經久不衰的高貴品格。在北非（Maghrib），這種沙吉利傳統從未失去影響力。不過在那裡，蘇非主義傳統會與對聖人家族的迷信崇拜結合；聖人家族也就是「sharîf」，即阿里與法蒂瑪的後裔，另外還有道堂者（murâbiṭ，法文稱為「marabout」），他們是源自於武裝驛站（ribâṭ，蘇非中心）中的虔信者家族，往往在鄉村部族與城市中扮演世襲仲裁者的角色。沒有任何其他地方如此熱烈地崇拜著還在世的聖人，人們崇拜著世襲道堂者、嶄新的虔信者或因普遍的名聲而成為聖人的狂人。這些模式無論是否像它有時宣稱的那麼古老，都和一整套特殊地域性的社會結構交織在一起。同樣在印度，契斯提道團與蘇赫拉瓦爾迪道團整體而言，都接近典型的蘇非主義。但在數世紀之間，殘餘在穆斯林當中的舊有種姓群體與（親近舊印度教傳統）古老的朝聖信仰，都逐漸憑藉蘇非聖人與他們受人崇敬的墳墓庇蔭，而持續存在。

存在論（Wujûdism）與異象經驗

在信仰與虔信方法的實踐領域以及為人們驅邪的任務中，蘇非主義允許自由（或說放任），而與之互補的是思索推測的自由（或說放任），就連人們高度尊敬的導師也允許這樣的自由。在蘇非主義的外衣下，最具密傳性質、且嘗試闡明自然宇宙象徵主義的什葉派成員找

到合法性的基礎。一般而言，在中前期只是知識潮流之一的統一形上學幾乎受所有蘇非行者捍衛。禮節被保存在經常充滿關於奇蹟與道德說教內容的通俗著作裡，與此同時，在更私人的教導中，似乎愈來愈多擁護形上學的蘇非導師容許最大限度的自由空間，去透過詮釋排除《古蘭經》與聖訓的表面意義。蘇非行者往往會更進一步，可能認為統一的形上學最為原始重要，無論人們選擇任何一種生活方式，形上學都有其重要性；事實上，對形上學提出完整評價可能被視為密契學科的目標。

　　儘管各道團對形上學的接受程度各有不同，在蘇非行者的生活中，如此理解的獨一性思索成為主要的構成力量，而蘇非行者最普遍爭論的議題通常採取此一形式：哪種獨一性宇宙論與伊斯蘭的一位論教義（unitarian doctrine，即神的獨一性〔tawḥîd〕）最為一致。早期有一群相對不具形上學傾向的學者們，像是古薛里（Qushayrî）或阿布杜—嘎迪爾・吉蘭尼（'Abdulqâdir Gîlânî），而儘管他們的著作仍然具有權威性，但為了更深入清晰地思索，蘇非行者進而研究伊本—阿拉比，甚至偶爾研究雅赫亞・蘇赫拉瓦爾迪的思想。阿布杜—凱瑞姆・吉里（'Abdulkarîm Jîlî，西元1428 年過世）出身裡海岸的吉蘭（Gîlân），他是伊本—阿拉比的詮釋最有力的推廣者，他將這位偉人的觀點系統化，而為了尋求引導性的主軸，他更專注於能夠透過神祕經驗實現、作為理想小宇宙的「至上者」。但伊本—阿拉比思想的代表性主旨是衍生自他的獨一性形上學；人們將伊本—阿拉比當成關於「存在獨一論」（waḥdat al-wujûd）方面的大師，而以他採行的整體方法看到這項獨一性的那些人，則被稱為存在論者（Wujûdî）。

　　即使是那些拒絕接受更極端獨一性理論的蘇非主義思想家，此時

也提供了他們自己的形上學詮釋。存在論立場的反對者中，以阿勞德道拉・希姆納尼（Alâuddawlah Simnânî, 1261 — 1336 CE）最著名，他在蒙古人的統治下以廷臣的身分開始職業生涯，並在蒙古領土接觸佛教僧侶、基督教徒以及各種類型的穆斯林。當他目睹異象，看見自己在戰場上戰鬥，他就決定拋棄自己的生涯，著手追求宗教生活，當時他已經位居王權體制的高階職位。他很快便退休並返回他的出生地，也就是伊朗北部的希姆南（Simnân），他在那裡成為備受尊敬的導師，甚至被召喚來調解政治爭議，人們將他當成庫布拉維道團（Kubrawiyyah，這個道團可追溯到傾向沉思的、布哈拉的納吉姆丁・庫布拉〔Najmuddîn Kubrà〕）的支柱而仰賴他。

整體而言，希姆納尼的教導相當和平；例如，他明確反對什葉派，但坦率承認他們是好的穆斯林，只不過他們的觀點不像他稱之為順尼派成員的那些人那麼平衡（順尼派穆斯林抱持中道的立場，不只立於什葉派與出走派〔Khârijîs〕之間，也立於所有其他極端信條之間）；他（正確地）指出什葉派成員讚美他們的十二名伊瑪目，而不是一開始的四大哈里發，這種做法與始於阿巴斯朝、讚美祝福四大哈里發的作法相比，並未更加標新立異。他的平和性情甚至向外延伸到其他宗教信仰，他熱烈捍衛伊斯蘭的優越地位，但也願意在密契之道上引領非穆斯林──他認定信徒前進到某個程度後就會發現，如果不超越他先前依附的先知，就再也不能往前精進，於是就會接受穆罕默德；他甚至也向某個在精進過程中受到隱晦異象阻撓、探求真理的禁慾者，引介某位佛教僧侶，因為那位僧侶道行崇高，能夠解決那項特定問題。

如果真正的「順尼派成員」就教義而言抱持中庸的立場，真正的

蘇非行者就是採取「順尼派成員」中的中間立場；希姆納尼說，這是因為他們都接受法學上四位既定的伊瑪目，而不偏愛其中任何一位；事實上，希姆納尼帶有這個時代蘇非主義典型的效忠阿里後裔意識的色彩，似乎認為阿里是自己的法學導師，或許將某種穩妥論（tutiorist）的立場歸諸於阿里，並且採取任何一個四大法學派中最為嚴格的立場。最後，這種立場在蘇非主義本身也同樣變得平和；凡是據稱聖人的言論，希姆納尼都同意其正當性，接著他會為該言論辯解，直到似乎牴觸他的立場為止。（相當典型的情形是，他通常會同意人們傳述的任何奇蹟或特殊異象的真實性；有些人會以這些奇蹟或異象為基礎替某個特定的立場辯護，並將某些意義加諸於那些異象之上，而希姆納尼會接著否認這樣的意義。）

　　不過，希姆納尼仍有堅定的立場。他發展出密契主義者藉以感知內在真理的七種「次級感官」（inferior senses）的概要理論，並將七種感知各自配屬於七位偉大的先知（亞當、諾亞、亞伯拉罕、摩西、大衛、耶穌與穆罕默德；穆斯林一向認為大衛的《詩篇》〔Psalms〕是特殊的聖典）。而希姆納尼教導他獨有的關於存在之獨一性的學說，這可能合乎他對中間立場的偏好，但確實也出於一種關切，他對於認定穆斯林一神論立場優於印度觀念的這種想法感到不安，抱持這種想法的人認為印度觀念似乎不需要任何超驗的神性；伊本—阿拉比那類密契主義者所談到的獨一性並不完全是本體論的存在之同一性，而是見證者（shuhûd）的同一性，因為這是密契主義者感知自己與其他一切事物的方式所發揮的作用。這是一種確立一神教先知本質（prophethood）所扮演的核心角色的方式。而希姆納尼藉由與他先知導向態度一貫的方式（甚至有時透過明顯且可能是蓄意的謬論），仔

細詮釋伊本—阿拉比在形上學或其他爭議性議題上的任何論據，像是聖人本質（sainthood）相對於先知本質的優越性。希姆納尼所代表的立場與存在論的立場對立，而稱為見證學派（Shuhûdî），較傾向伊斯蘭法主義的學者廣泛接納之；在十四世紀的印度，我們發現有人試圖接納這種立場，不過是從更具存在論色彩的方向著手。

其他較不關切伊斯蘭先知層面的蘇非行者們，以某種方式推論出存在論立場的實際結果，伊本—阿拉比也會同意這種方式的確源自於他的思想，但這種方式卻也更加極端。朝著這個方向發展的道團中，最具影響力的是夏塔里道團（Shaṭṭâriyyah，在某些地方名為易斯哈奇道團〔Isḥâqiyyah〕或比斯塔米道團〔Bisṭâmiyyah〕），他們宣稱自己已經發現在密契之道上精進的方法，比傳統道團謹慎的導師們所教導的方式更加迅速。既然（就像在神的「存在獨一論」這項存在論原則似乎所隱含的）絕大多數的蘇非行者努力抵制、在神之外所有利害相關的其他客體根本無足輕重，耗時駁斥之就是一種浪費。勇敢且堅定的「密契真理的追求者」（sâlik）只應想到神的正面真理，並意識到在自己的內在，除了神以外實際上別無他物（在此，他們會重新提及像是哈拉吉〔Ḥallâj〕與巴雅濟德・比斯塔米〔Bâyazîd al-Bisṭâmî〕那樣的人物，非常認真地看待他們關於「與神同一」的狂喜措詞）。因此追求者能夠迅速變成「理解者」，也就是通曉神的人。從朱內德到希姆納尼的主流傳統認為，狂喜時刻的神秘「忘我狀態」的最終效力仍舊低於隨著追求者的道德水準而來、也轉化其道德水準的神祕「清醒狀態」，而與這種主流傳統相對，夏塔里道團更高度重視「忘我狀態」。儘管常見於歐洲東羅馬地區（Rûm）到伊朗之間的伊斯蘭世界波斯（Persianate）地帶，夏塔里道團終究在印度特別盛行，在那裡，他

們的一位導師在十四世紀晚期一場勝利的行軍中，最遠將道團的教義帶到孟加拉，而且他的門徒們很快就對瑜珈與印度教傳統中的一元論形上學（人們認為它與存在論形上學十分相似）以及印地詩歌大感興趣。這個道團從印度傳播，在馬來西亞群島也變得相當顯著。

人們普遍同意獨一性的形上學，特別是存在論立場，是蘇非之道不可或缺的一部分（甚至認定形上學是目標所在），而這種態度令人聯想到其他好幾種觀點，那些觀點即使沒有獲得全體蘇非行者的明確接納，卻也愈來愈受到寬容。我們已經看見，儘管某種反律法主義者（antinomian）立場受到許多人強烈反對，卻也如此自由地被提出，並成為一種正當的替代選項，而不只讓非伊斯蘭法主義的道團得到公開的認可，個別的導師可能也認為他們能夠自由地在這兩種立場之間做出選擇，而無須改變他們所屬的道團。[3]每個受造物都在獨一性形上學中形成和諧整體的一部分，因此形上學不得不將在人與人之間、以及行為與行為之間的界線軟化，以強化任何反律法主義者的傾向。特別是存在論立場似乎暗示著，現實生活中的任何差異其實都不過是幻象，而認為伊斯蘭法不適用於理解者菁英階級的人們，似乎已經接受這種立場。同樣地，存在論立場，或更精確地說，任何承認獨一性形上學為蘇非主義不可或缺的一部分的看法，與一種相關的觀點一致，這種觀點認為所有宗教社群中的密契主義知識學門在本質上都必須相同。當蘇非行者的生活幾乎能夠被視為某種獨一性形上學必然的結

3　在 *Encyclopaedia of Islam*, 2nd ed. 關於「ibâḥa」的條目中，我已經試著指出反律法主義者之吸引力的某些面向，還有反律法主義者為何至少在某種意義上幾乎無可避免。

果，在各自擁有相異輔助學科的、其他種類的獨一性形上學中，所能發現且無法避免的相似性有助於形成跨越社群界線的認同。類似的考量也導向作為蘇非主義主要理念的「普世之諧和」（ṣulḥ-e kull）概念，也就是教派與觀點、人群與派系之間的普遍調解。

　　或許在實際的密契實踐上，全面接受獨一性形上學最重要的附帶結果是一種較不明顯的發展，那就是日益依賴異象經驗，甚至是夢的異象，來作為蘇非生活上一切事務的指引。我必須補充指出，比起絕大多數類似的普遍性判斷，我在提出這項論據時更是猶豫不決；但是對資料的膚淺認知似乎會使人認為比起哈里發盛期的蘇非主義，在中期（特別是中後期），很容易被視為夢境的清晰異象在更多變的情形下也更受人重視。當蘇姆納米（Sumnânî）如同他之前的伊本—阿拉比那樣解釋道，歷史以及形上學的眾多資訊經由夢境與異象（也就是阿維森納〔Avicenna〕證實的、靈魂接觸意識的非感官層次的情形）從「看不見的事物」（ghayb）來到他面前時，還算不上真正的創新。但他對七種次級感知的分析的主要功能是提出一套方法，來規範對這種異象的詮釋；我們可以猜想，（舉例來說）比起在其他方面與他略有相似的朱內德，他對異象更加全神貫注。相較於稍早之前曾經扮演重大角色的禁慾經驗，在普遍關於這個時代的聖人的記述中，聖人們的狂喜忘我經驗似乎更加重要，甚至當時就算利用藥物為捷徑方法，也不會受到質疑。或許即使是西突厥人當中顯著的哈勒瓦提道團（Khalwatiyyah）所要求虔信者的一年一次在獨居房中的長期隱居，主要也仍然是引發狂喜狀態與異象的手段，而不是單純禁慾的訓練。

　　大概伴隨著強調密契主義狂喜面向的作法，對於這種異象的依賴變得比密契主義的日常虔信面向更加重要。不過，隨著人們逐漸認為

形上學是探索過程中不可或缺的一環，對於異象的依賴也會有助於誘發並促進形上學的深刻理解。對個人密契層面的養成而言，清醒時與睡夢中的異象都能夠成為成果十分豐碩的資源；而密契層面形構的過程和那個時代的形上學關係相當緊密（或許與所有時期的形上學都有這樣的關聯）。這種建構虛構事物的過程未必只是有助於自由幻想的快樂。我們開始知道有些特別急切的夢可能是一種指示，指出人格成長的過程中具有關鍵重要性的領域，而且是在成長過程的所有層次上提供指示，不僅限於矯治初期的神經官能症。就夢的象徵與格式而言，夢的色彩容易來自於做夢者身旁圍繞的社會期待，但夢境會讓那些社會期待變得更深刻地與個人情況相關，相關程度或許比在清醒意識下輕易建立的關聯性更高。如果同時在我們個人的回應和外在的自然世界中，事實上存在著任何相互共鳴的象徵，能夠將人類經驗的要素有效地連結在一起，我們就可以推定在夢境中最能自由地表達這些象徵。[4]

最後，我們必須提到與非伊斯蘭法主義的蘇非主義相關的另一個現象。在一切使中後期的蘇非主義傳統活躍的實驗、探索與爭議中，我們可以隱約看見一種大眾的自由思想傳統的輪廓，特別是在波斯地帶（Persianate zone），我們在相當晚期才能毫無疑問地辨認這個傳統，但它確實至少能夠追溯到這個時代，儘管我們可能無法記錄大多

4　在 Gustave von Grunebaum and Roger Caillois, ed. *The Dream and Human Societies* (University of California Press, 1966) 中，我們可以看到，某些榮格派與非榮格派學者如何同樣更認真看待作夢在人類有機平衡過程中的角色。這部書也包含了伊斯蘭（Islamicate）解夢研究的開端，但關於導師們如何將夢的解析實際運用在分析他們門徒的進展上，我們仍然需要一套精確的研究。

經由口傳保存的傳統。在針對偽信者那類人們的刻板指控背後，我們已經可以看見在十九世紀的伊朗明確記錄的傳統中，所具有的不同元素：伊斯蘭哲學、存在論蘇非主義以及智性的反肖像運動（intellectual iconoclasm）三者的多變混合；後者毫無禁忌，且在中後期，顯然已經染上激進效忠阿里後裔意識之自由訴求的色彩。這種傳統在流浪的自學托缽行者、或許還有都市邊緣人口中廣為流傳，卻也（在隱藏信仰的掩飾下）被上流階級裡更具冒險性格的人們採納，這種傳統的氛圍可能不拘一格，更違抗所有既定權威，在知識上也自然未必總是非常始終如一或堅實。正是在這種氛圍下才有可能想像那名托缽行者的故事；在故事裡，那位托缽行者塑造了阿里、穆罕默德與神的三座小泥像，接著他搗碎代表阿里的那個小雕像，因為阿里允許自已身為哈里發的地位為人篡奪，而容許不公不義進入世界；接著又搗碎穆罕默德的泥像，因為穆罕默德在起初沒能弄清繼承關係；最後他粉碎神的雕像，因為縱然神掌有大能，祂卻讓過錯橫行。這種懷疑論傳統，或至少說是蔑視任何既定答案的傳統，作為經學院所教導的標準世界與歷史想像的補充，總是存在於未曾明言的背景中，而為人牢記在心；因為對於傑出者的少數群體而言，包含多種路線的自由思考傳統的影響力絲毫未減，而這些卓越人士得以透過積極主動的想像，在危機狀態下支配眾多決定。[5]

5　Edward G. Browne, *A Year amongst the Persians* (London, 1893) 中，收錄這則托缽行者軼聞的另一種版本，讓讀者多次感受到這種氛圍，而 Gobineau 在他「中亞」的哲學化研究 *Nouvelhs Asialiques* (Paris, 1963) 中，也以帶有優越感的方式分析這種氛圍。

脫離一般社會期待、越軌者的世界出現（無論是因為高度虔信或敏感神經，就算是最敏銳的人也未必總是能夠分辨），並在蘇非主義的名義下，贏得大眾的尊敬之際，中後期的另一種宗教傾向卻可能出現，這種傾向就是反蘇非主義的伊斯蘭法主義。

伊斯蘭法與哲學的闡述

即使到了中後期，闡述伊斯蘭法主義學科的詳細工作也尚未全部完成。不管是否存在蘇非主義，聖訓、法學、辯證神學、阿拉伯詞彙、當然還有史學等領域的研究，特別是宗教學者的傳記研究，也仍有待完成。嘎勒嘎珊迪（al-Qalqashandî，西元1418年逝世）為行政書記（kâtib）編纂了一套廣為使用的百科全書，不只包含那個時代的埃及行政概要，還有優美的法院文書典範，並指示幹練的官員不可或缺的整套宗教、歷史與其他儀禮文化（adab）的學問；其中，在他推薦的兩百一十三本教科書中（包括不少來自希臘的著作），約有一百本是由曾經親眼見證蒙古征服、甚至更晚近的人們所寫的；這一百位作者中，絕大多數似乎都生活在十四世紀。[6] 換句話說，中後期的人們儘管崇敬古老的大師，通常卻也認為最方便取得也最權威的著作就是約略在他們的時代所編纂的書籍。

在這個時期，某些學問關注的事可能顯得微不足道或牽強，例如補充關於精靈與人類之間精神契合的細節。但事實往往證明，探索這

6　這項說法的依據，相關統計資料出自 G. Makdisi 的文章 'Ash'ari and the Ash'arites in Islamic Religious History', *Studia Islamica*, 17 (1962), 37—80; 18 (1963), 19—39.

類議題有其意義。好幾位學者以罕見的聖訓傳述為基礎，持續強調人類的孩子長期受胎的可能性，期間甚至長達四年。從生物學觀點來看，將法律奠基在這種可疑的傳述上似乎毫無保障，但實際的效果之一是保障孩子的權利，如果沒有這種規定，有些孩子就會被宣告為非婚生子女，甚至對於可能面臨通姦指控的母親，這種規定也能保障她們的人身安全。

但是，某些學者找到特殊的動機，去將伊斯蘭法主義的研究推得比以往更遠。隨著伊斯蘭傳統的發展，大多數的伊斯蘭法宗教學者都承認需要以蘇非主義甚至是哲學的多種觀點，去補充伊斯蘭法及其相關學科。這些宗教學者想要保留以伊斯蘭法形式表現的、伊斯蘭挑戰的獨有地位，他們可能必須日益徒勞地堅持不妥協，或者必須擴充伊斯蘭法主義途徑的資源，讓這個途徑更能自給自足，因此可以在更有效的層次上，重新確認伊斯蘭法傳統的反對派特徵。某些投入這種用途的資源已經表現在伊斯蘭法架構的邏輯上。

絕大多數法學家使用系統性的原則來引導類推適用（qiyâs），以避免類比原則單純淪為一種武斷的藉口，來推導出任何便宜行事的任意類比。哈那菲法學派使用他們所謂的「擇優原則」（istiḥsân），這項原則指出他們正在擴張適用範圍的那項判斷中隱含的理論基礎，瑪立基法學派則使用他們所謂的「擇善原則」（istiṣlâh），也就是要在某些案例中找出「社會福利」（maṣlaḥah），這種特性等同於《古蘭經》或聖訓上特定裁決背後的理由，並能夠引導任何根據那項裁定而做成的類推適用。某些宗教學者既承認聖訓裁定背後的某些理由足以稱為社會福利，又否認其中包含任何特殊的邏輯推導過程，而他們主張，社會福利的作法只是嚴格的類推適用規則在詳細闡述下的特殊適用方

式。（例如，為了因應指示相互衝突的情形，應定下五種主要人類利益的優先性，依序為：生命、宗教、家庭、理性、財產，或許還會加上名譽。）

　　某些漢巴里派的法學者會拒絕單純的不妥協政策，而他們在社會福利這項概念中發現一種方法，能夠擴大伊斯蘭法傳統在社會上的影響範圍，比起人們認為伊斯蘭法僅在細節上適用於有限範圍時的影響力更加廣大，無論是對於具有普世合法性的哈里發政權，或作為替代品而為人接受的軍事統領，都是如此。大馬士革的阿赫瑪德‧伊本—泰米亞（Aḥmad Ibn-Taymiyyah, 1263 — 1328 CE）出身於古老的漢巴里法學派學者家族，他開始在多方戰役中採用這種理念，去對抗佔有優勢的超越伊斯蘭法性質（extra-Shar'î）的傾向。

　　他一面透過理據充足的譴責，一面以自己的論點取代其中的關鍵論點，去對超越伊斯蘭法的傳統展開攻擊。因此，他反對效忠阿里後裔意識的絕大多數主張（並激烈地攻擊如此愛搞分裂的什葉派，就像在敘利亞的什葉派）。他攻擊蘇非主義絕大多數的主張（特別是伊本—阿拉比的理論），強烈地反對崇拜聖人墳墓之類的事物，而這類事物正是構成整套大眾蘇非虔信體系的焦點所在。他確實接受將某些人指涉為聖人的作法，但他堅持靈性發展前進的方向並不是理解神，而是要更完善地服侍祂；虔信者必須學著去愛的不是神（不可知的）本質，而是祂的命令——實際上，這些命令就是伊斯蘭法。不過，伊斯蘭法也不是一系列任意多變的規則，而是與簡單明瞭的人類目標緊緊相繫。因為伊本—泰米亞接受哲學家賦予先知作為立法者的社會角色（他將自己大部分的先知理論都建立在納席魯丁‧圖西的一個什葉派門徒關於伊瑪目的學說上，而這個學說又反過來立基於哲學），他還

系統地以社會效用的觀點為基礎來詮釋伊斯蘭法。然而，他採納嘎扎里對哲學的攻擊，並延伸之（例如，他不像嘎扎里，允許哲學學科與啟示之間具有任何關聯）。

　　同時，伊本—泰米亞也提出一套積極的計畫，著手使伊斯蘭法學科更合乎現實人生的多種狀態。身為漢巴里派法學者，他（相當自由地）立足於晚近的一種法學傳統，這種傳統堅持引述實際的聖訓傳述，並將公議的效力侷限在第一代穆斯林的少數案例上，而得以在這個傳統自己的時代裡，相對不受瑪爾萬朝（Marwânî）時代的細節拘束，並保持彈性。特別是他對社會福利原則下了一個定義，在邏輯上更加精確，也沒有某位熱心的漢巴里派前輩的定義那麼極端，但仍然相當自由開放，因此藉由在邏輯上緊密地依賴聖訓方法，他得以發展這項原則的廣泛用途。藉由這種方式，他得以為一種作法辯護，這種作法主張在運用類推原則時，不能夠僅僅依賴字面上明確的類比，因為這種類比奠基於與造就出最原始範例之背景的關係；在每個時代，都必須重新衡量穆斯林在實際處境下的福祉。藉由這項社會福利的學說，他能夠主張伊斯蘭法絕對包含一切事物，而且關於伊斯蘭法的問題總是存在著單一正確解答，必須透過所有可以運用的邏輯方法去努力探尋。在嚴格的伊斯蘭法意義上，這項論點同時證立他對靈性生活的詮釋，以及他堅持宗教學者肩負使伊斯蘭法適應所屬時代的義務，因為這個觀念必然的推論就是，在特定時刻下的正確解答必然因情況而異。（基於這項論點，他提到同一種宗教的延續性是由數名先知以不同形式為各自不同的時代教導而成。）

　　只要法律學者不認為因循信條與「理性思考判斷之門已經關閉」的觀念仍然具有太大的拘束力，這種社會福利概念更廣泛的運用能夠

讓法律學者享有很大的彈性空間。後來在埃及，特別還有北非（Maghrib）的瑪立基派法律學者廣泛運用某種可以相提並論的概念。但伊本—泰米亞本人視之為據以尖銳攻擊既存道團的基礎。

　　伊本—泰米亞大受大馬士革人愛戴，他們當中絕大多數不屬於漢巴里派（漢巴里法學派在任何地方都愈來愈少見），但他們的傳統是近乎狂熱地忠於與一切與什葉派對立的順尼派立場，他們往往也傾向結合順尼派立場與強烈的伊斯蘭法主義。（在大馬士革周圍，有許多受人崇敬、也使大馬士革因此聞名的墳墓，其中有許多不是蘇非行者的墳墓，而是所謂古代先知的墳墓，而敘利亞則以「先知之地」為人所知。）但對已經確立的權威而言，伊本—泰米亞的計畫太過激進。他攻擊傭兵政府視為理所當然的、反對伊斯蘭法與超越伊斯蘭法的實踐，而且他大受民眾歡迎，讓他看似相當危險的人物。他還攻擊其他宗教學者，因為在他眼中，那些宗教學者願意同時與不具伊斯蘭法主義傾向的信仰和政府妥協。他特別就因循信條譴責他們，這項信條證實了他們的妥協，他還堅持只要有能力追本溯源，並自己推敲出法律的意旨，任何像他那樣稱職的法律學者，都有權利訴諸普遍的理性思考判斷。（然而，他為了在技術上仍滿足保守精神的立場而提出這項要求：身為漢巴里派的法學者，他只是遵守法學派所批准的立場，這個學派確實已獲認可，而且屬於四個正當的順尼法學派之一。）伊本—泰米亞不只一次遭到監禁；最後，他們不只囚禁他，還拒絕提供他筆、墨水與紙張，他因此悲痛而亡。所有發現他在大馬士革的送葬隊伍的虔誠者都理所當然地跟隨在後；正如常見於穆斯林群體的情形，民眾在這個場合大肆讚美他、為他喝采，據說（無疑帶有編年史學家

常見的誇大）共有二十萬名男子與一萬五千名女子參與。[7]

　　幾乎沒有追隨者能夠延續伊本—泰米亞的工作。在接下來的幾個世紀，更有影響力的是一個哲學暨神學學派，其中學者的著作既屬於哲學，也屬於辯證神學，但他們基於保守精神而稱之為辯證神學。塔夫塔贊尼（Taftâzânî, 1322 — 1389 CE）是這個學派最受尊敬的權威之一，儘管他是順尼派成員，卻也是什葉派納席魯丁‧圖西之立場的捍衛者。塔夫塔贊尼生於呼羅珊的大村莊，他（一如典型的學者）遊學到任何贊助學問的地方——曾旅行到花刺子模（Khwârazm），甚至前往西北邊更遠的欽察汗國。堅持要他造訪撒馬爾干的帖木兒，因為他的名聲而給予他高度評價。他著作廣泛，包括文法學、修辭學與法學，還有邏輯學與形上學著作的評論，他著述的形式往往是對標準著作的註釋，有時則是對他自己著作的註釋；即使在大馬士革，他的著作似乎也比伊本—泰米亞的著作更廣為人們閱讀。在一份關於他學說觀點的摘要中，他力圖嚴格堅守納薩菲（al-Nasafî）所規定的立場；納薩菲是中前期以來最受歡迎的阿胥阿里派作者，習慣以問答方式講解教義。不過，他似乎不認為自己隸屬於阿胥阿里派，還曾經評論偉大理性主義學派學者扎瑪赫夏里（Zamakhsharî）的著作，特別是他對《古蘭經》的評論（塔夫塔贊尼自己另外以波斯文寫了一篇《古蘭經》

7　Henri Laoust, *Essai sur les doctrines sociales et politiques de Taḳî-d-dîn Aḥmad b. Taimîya (1262—1328)*, (Cairo, 1939) 是 Laoust 關於伊本—泰米亞的著作中最重要的一本，包含了豐富的史料；儘管我認為 Laoust 沒有 Massignon 那麼深刻，但這本書還是可以與 Louis Massignon 的 *La Passion d'al-Ḥallâj* 相提並論，這兩本著作都為穆斯林宗教生活的整體領域提供了寬廣且具有洞見的觀點；如果同時閱讀這兩本書，就能在相當程度上了解伊斯蘭裡爭論的議題。

註釋）。他具有充分的獨立性，而得以同時寫作關於漢巴里派與夏菲儀派的法律著作，這兩個法學派也同時主張自己是塔夫塔贊尼所屬的學派。但他只在邏輯學與形上學的領域，才真正著手研究有趣的重要問題，這些問題使他成為追隨他的哲學家們最強大（且具爭議）的啟發者。

須拉子的賈拉盧丁・達瓦尼（Jalâluddîn Davânî, 1427 — 1502 CE）是塔夫塔贊尼的註釋者之一，他將納席魯丁主要的亞里斯多德倫理學著作，重新改寫為對政治思想具有長久影響的形式，同時也確立一項觀點，主張任何在哲學上具有正當性（若是穆斯林則進而適用伊斯蘭法）的實質統治者，在他自己的王國裡就是真正的哈里發；這樣的觀點對立於認定哈里發是穆罕默德的單一直接繼承者的舊伊斯蘭法觀點，也相對於伊本—阿拉比無形的蘇非至上者觀點。但是，儘管這種看待哈里發權位的立場成為穆斯林政府的標準觀點，學者們最看重達瓦尼之處，是他的邏輯學與形上學論點；據說他透過先於羅素（Russell）的邏輯分層（logical classes）理論的方法，也就是「關於命題的命題不能包含在它自己的對象之內」，解決了說謊者的悖論（「所有陳述都是謊言，包括這個陳述」，如果此陳述為真，它就為假，如果為假，它就為真）。

同時在實證自然科學中，也有數量充足的專家能夠將這個領域的探索往前推進。已經有人指出，在任何複雜的實證研究領域（如實證科學）裡，在研究進展到某種程度後，將會高度仰賴時間急速加速的投入，因此只有在特殊條件下，研究在持續進展的過程中所能達成的步調才能與早前的時期相當。隨著所知更多，任何個人就得耗費愈來愈多時間來吸收已知之事，並前進到探索的前線；這意謂著這些領域

的學者如果要在研究上大有斬獲，就必須成為愈加專精的專家；這也意謂著專業性必然與日俱增，每種專業都正在被細分為更精細的專業。包含眾多迥異事實之新綜合體的樹立也只能賦予這種過程部分必要的元素。但既然嚴肅的知識都是一體的，這些專業必然相互依賴；如果不同時從事所有學科，其中的任何一種都難有長足進步。在這種情形下，更深入的研究確實逐漸有賴精細的專業化，人們對於投入自然科學研究的專家們的需求將逐日倍增。

在中後期緊縮的都市經濟中，這種學者專家數量倍增的情形不太可能發生。我們已經知道，在伊斯蘭中前期（在這個時期，歐洲人已經能夠與他們的穆斯林良師益友的成就匹敵），西歐的自然科學研究大有可為的綻放之後，這種研究的進展在伊斯蘭中後期確實減緩；這或許不只是因為這個時代的經濟蕭條，也因為沒有足夠的人力資源。當科學研究終於在十六世紀末進入現代階段時，這些研究領域確實以定期倍增且能夠以指數曲線測量的速度，得到新的專業與專家。然而，不清楚的是我們所要探究的時代的科學研究是不是真的已經達成如此高度的專業化。無論如何，在中後期的伊斯蘭世界，對於自然科學研究的狀況，我們所知不足，而無法確知在伊斯蘭世界的速度是否也有所減緩。絕大多數當時產出的科學書籍尚未被讀過。

對於認為中後期的自然科學有所衰退的想法，Willy Hartner 提出截至目前為止最好的推論，[8]但他具以斷定衰退存在的理由並不成立。

8　Willy Hartner, 'Quand et comment s'est arrêté l'essor de la culture scientifique dans l'lslam?' in *Classicisme et déclin culturel dans I'histoire de'Islam*, ed. R. Brunschvig and G. E. von Grunebaum (Paris, 1957), pp. 319－38，利用 Heinrich Suter, *Die Mathematiker*

他主要並非認為最佳科學著作的水準在那時衰退了（他將十四世紀屬於烏魯—別克圈子的卡胥〔al-Kâshî〕與阿基米德、比魯尼〔al-Bîrûnî〕列為同樣的層級，他還認為十六世紀一位摩洛哥天文學家應該也是最頂尖的學者），而是認定斷定這類著作的數量減少；而且，自西元1500年以降，面世的一、兩本手冊確實顯現出品質衰退的情形，特別是一本來自歐斯曼帝國的著作。

然而，這項資料或許可能以不同的方式解釋。他的量化推測大半有賴於Heinrich Suter的觀點，但Suter顯少能夠提供好的樣本。透過Storey的波斯文參考文獻，我們才知道較晚時期的大量波斯文科學著作，更別提阿拉伯文的著作了；但Suter對西元1400年以後的著作知之甚少，對西元1500年後的著作幾乎一無所知，而他已經列出的書籍中也帶有地理性的偏見——那些書幾乎全都來自地中海地區，沒有一本來自稍晚的伊朗，實際上也沒有任何一本來自任何時期的印度。（即使如此，他仍然忽略了Hartner所引用的重要的摩洛哥人物。）不過，在後來的時期，如同先前的時期，其他知識活動中最重要者（特別是哲學形上學領域的知識活動）似乎在地中海以東為人忽略的地區進行著（稍後在印度也展開知識活動）。我們可能可以推測那裡或許也是自然科學的研究中心。

Suter資料中的偏見似乎有兩個方面。當然，他從著作已經翻譯為

---

und Astronomen der Araber und ihre Werke (Leipzig, 1900) 一書。Aldo Mieli, *La science arabe* (Leiden, 1938) 的最後一部分似乎也同樣指出衰退的存在，但他顯然只關注阿拉伯文的著作，而且也主要只在這些著作在西方已經有或可能會有一席之地的程度上，對它們感興趣；因此，他所談到的衰退表面上看來是在西方的影響力衰退，而這不能完全等同於科學中的衰退。

拉丁文的作者，也就是從較早期的大師著手。對於這些大師，他必須用穆斯林的資料來源加以補充。但首先，Suter 只懂得地中海地區的傳統，這套傳統一向較為次要，而且（假定這套傳統在十七或十八世紀真的崩壞了）當地在這套傳統停止成長之前，來自核心地區的晚近著作尚未為人熟知。其次，這套傳統在十七或十八世紀崩潰之後，其晚期較差的實踐者對於晚近的時代（以及地中海地區以外的地區）可能會是糟糕的指引，因為他們必須獨立地判斷這份晚期的資料；反之，早就完全站穩腳跟的那些名字（特別是已經由拉丁文而為人所知的那些人物）則會繼續聞名，就算在模仿者之間也是如此。因此，在沒有任何人從現代觀點看過所有素材的情形下，沒有任何明確的方法能夠藉以找到後來的時代裡最好的資料。西方常見的世界想像及其歷史想像所呈現、關於伊斯蘭世界與「東方世界」的假設，確保了解釋資料時會選擇最不利於伊斯蘭（Islamicate）文化蓬勃活力的詮釋方法。

伊斯蘭（Islamicate）的衰退是否真的存在，這個問題與自然科學的情況特別相關。除了經濟衰退本身，也就是資源的削減可能可以確認的狀況（儘管這可能會、也可能不會帶來經濟活動量化水準的削減），只有在自然科學的領域，我們才或許掌握相當客觀的因素，能夠據以判斷衰退或腐化。Brunschvig 與 von Grunebaum 所編輯的、收錄 Hartner 論文的那本著作，也試著在阿拉伯與波斯文學、視覺藝術，以及在宗教與哲學思想層面上追溯衰退的過程。一如典型的情形，這本書未能認真評價後來更傑出人物的著作，例如在討論哲學的簡要論文中，甚至完全沒有提到其中任何一號人物。不過，若認為先前的時代是較好的時代，充其量也只是非常主觀的判斷。如果這種判斷能在其他領域採用自然科學領域的資料來證實，其主觀性似乎就沒有那麼

重要，因為在科學領域較能應用量化的方法。然而，我們必須牢記，即使能對伊斯蘭（Islamicate）自然科學做出這種判斷，也不等於我們能夠藉此判斷文明的整體成就，因為自然科學無法成為文明進步或後退的尺度，而我們甚至不能認定科學普遍而言算得上良好創造力的指標。

關於科學研究工作，我們確實知道一些例子。什葉派哲學家納席魯丁・圖西是自然科學兼哲學中的倫理學、形上學、政治思想的積極倡議者。他說服蒙古人在亞塞拜然高地上的馬拉加興建一座天文台。他自己的某些實驗似乎沒有太大的進展，例如預知士兵對於突發噪音的反應所產生的效果（或許與早期使用火藥武器以求突襲效果的作法相關？），但他會鼓勵聰穎的學生。他最傑出的學生之一是古特卜丁・胥拉吉（Quṭbuddîn Shîrâzî，西元1311年過世），他高度地呈現了中期的知識綜合體。古特卜丁喜歡有趣的人，據說他會與愛好嘲弄的人同坐飲酒。他有一本著作的書名顯示出他的幽默感：「我寫的書，別批評，論天文學」。他在自然科學領域中有重要貢獻，在許多細節上也有比圖西更進一步的發展。同時，他過著蘇非行者的生活；他是伊本—阿拉比的大弟子孔亞維（Konyavî）的門徒，還曾寫出對雅赫亞・蘇赫拉瓦爾迪最重要的註釋之一。最後，他的傳記作者指出他會與一般民眾一起進行禮拜。

卡瑪魯丁・法爾西（Kamâluddîn Fârsî，約西元1320年過世）是古特卜丁・胥拉吉的一名門徒，他為伊本—海沙姆（Ibn-al-Haytham）的光學研究寫了一份註釋，而有位現代讀者認為這本著作與伊本—海沙姆（長久以來在西方為人讚譽）的著作同樣重要，或許還更具原創

性。[9]他的貢獻解釋了枝微末節的瑣事，但其中某些解釋帶來重大的潛在影響。例如，他分析在球狀雨滴中需要何種光的折射才能製造出雙重彩虹，研究遠距離的雲霧效果，還大幅改進伊本—海沙姆使用暗箱的方法，他說明只要有非常小的開口，開口越小，所得到的顛倒影像就越精確，而在說明光束如何將完整影像傳遞到任一處時，這項觀察具有決定性。因此，進步仍然是從細節進展到細節——令人痛苦地緩慢進行著。

但有時結果可能會令人興奮。有位醫師幾乎要發現血液循環，雖然沒有人察覺到這件事的徵兆。不過，在天文學方面，科學已充分發展出可以立即辨認的重要創新。納席魯丁・圖西發明一種方法，至少可以排除托勒密體系所假設的、行星在某些方面的異常軌跡，因此得以判定行星是以更接近圓形的軌道運行著。他指出，如果認定追溯軌道時所需要的較小圓圈之一以固定速率旋轉，就能在幾何學上建構一套圓圈系統，以說明其異常之處。這激勵了他在馬拉加天文台的繼承人，嘗試為所有星球找出如亞里斯多德所設想的理想圓形運動。特別是月球與水星的軌道仍不受這項技術規範，大馬士革的伊本—夏第爾（Ibn-al-Shâṭir）同時處理這兩個問題，最後至少針對月球軌道提出令他滿意的解答。人們後來發現，這項解答與一個多世紀以後哥白尼所提出的解答基本上是相同的。[10]（此外，有趣的是，晚近的學者認為

9　E. Wiedemann 已在一系列文章（部分摘要於 *Encyclopaedia of Islam* 第一版的條目）中，仔細列舉卡瑪魯丁與別人的所作所為，並拿他們的著作與可相提並論的西方著作比較。

10　E. S. Kennedy、Victor Roberts 等人在一系列散見各處、雖簡要但非常有啟發性的

在哥白尼討論星球軌道的著作中，對月球軌道的解答是最合理紮實的部分，或許還是嚴格來說最為重要的元素，因為他所提出的日心說體系包含了許多完美的圓，當然在科學上是謬誤不全的。）

北非（Maghrib）的孤立

在絕大多數哲學（當然也包括伊斯蘭法）的闡述者所居住的地區裡，波斯文正在成為偉大的文化語言。在使用阿拉伯方言、（除了伊拉克以外）幾乎無人通曉波斯語的地區，這些學科的催化因素幾乎沒有起任何作用，或者只是隨著如塔夫塔贊尼那類大師的名聲從外而來。不過，這個時代最偉大的歷史思想家或許還是任一領域中最偉大的頭腦，不僅來自阿拉伯地區，更來自波斯傳統（Persianate tradition）最慢滲透的北非（Maghrib），他就是伊本—哈勒敦。伊本—哈勒敦確實也閱讀新近的作品，但他是哲學的西班牙清淨主義（purist）傳統的繼承人，而他的研究成果較能夠被視為傳統的高峰，而非波斯傳統（Persianate tradition）的區域變異。（然而，相當明顯地，他絕大多數的讀者都位於波斯地區〔Persianate zone〕。）[11]對伊本—哈勒敦的著

文章中，逐漸拼湊出這些科學家們的工作成果，請見 Victor Roberts, 'The Solar and Lunar Theory of Ibn-al-Shâṭir', *Isis*, 48 (1957), 428－32。我必須表達我對 David Pingree 的感激，他提醒我注意科學史近期的著作，但他不需為我對未來研究潛力的評估承擔責任。

11　由於甚少有人用阿拉伯文評論伊本—哈勒敦，有人認為他遭到忽視，而如果追溯他在整體伊斯蘭世界中的命運，這種說法似乎並不成立。不過，深受眾多伊斯蘭

作而言，或許更遙遠東方的新催化因素形成重要的刺激，但是更根本的是這些著作回應了從精緻文化的西班牙傳統最繁盛的日子以來，北非（Maghrib）所經歷的變遷。至少在北非（Maghrib），我們看到繁榮、權力與文化品味明顯衰退，而伊本—哈勒敦是衰微過程的偉大分析者，透過這套分析，他提出人類科學研究的重大嶄新起始點。

在中後期，穆瓦希德國（Muwaḥḥid realm）大多分裂成遠西、中部與北非（Maghrib）東邊的繼承國，每個國家都以城市為中心，與內陸的柏柏部族關係緊張，國與國之間也持續爾虞我詐；穆斯林西班牙則被削弱為遙遠南方的山區小國，向基督教徒納貢，基督教徒已經將主要西班牙城市中金碧輝煌的清真寺改建為教堂及主教座堂。在西班牙格拉納達的朝代，仍因其高度品味、甚至是奢侈而為人所知，以阿罕布拉宮（Alhambra）的精緻建築為象徵。穆斯林的勤奮使那個小巧的山岳地區成為富有的農業省份，但仍無法彌補西班牙廣大肥沃河谷的損失。同時，北非（Maghrib）本土諸國尚未從中前期貝都因畜牧生活到來時所造成的影響中恢復原狀。儘管一開始的掠奪所帶來的毀滅性效果不會重複發生，但從來沒有人奪回當時遭到蹂躪的某些領土；因為隨著人們引進在經濟上有效率且高度機動的新型態畜牧生活，並與既存的柏柏人游牧生活同時存在，政治權力的平衡關係已經有所變動，城市及其農業和貿易持續處於守勢。

穆瓦希朝的遺緒在大陸上絕大多數繼承之的朝代中留下印記，儘管就宗教忠誠而言，曾經遭受起初幾位穆瓦希朝君主攻擊的瑪立基法

學者固執的阿拉伯主義偏見所害的人們，就引用人們對他的「忽視」作為伊斯蘭文化（Islamicate）「衰微」的證據。

學派教義無疑佔據優勢地位。（部族意識增長的分量並未朝著在中央土地上萌生的那種軍權贊助國家的方向發展。）馬林朝（Marînid）從獨立的柏柏部族興起，但在它還只是摩洛哥的新興勢力時，早就已經被吸收到區域性的國家體系之中（西元1216～1269年），當馬林朝在非斯（Fez）奪取權力，便企圖重建穆瓦希朝曾在北非（Maghrib）各處、甚至在西班牙享有的地位。但馬林朝從未征服所有的敵人；在西元1340年之後，這個朝代拋棄了深入西班牙的希望；而到了西元1415年，信仰基督教的西班牙人（在這個例子裡是葡萄牙國）成功在休達（Ceuta）跨過水域進入北非（Maghrib）本土。馬林朝的勢力在西元1420年崩解之後，與其有關的另一支世系（瓦塔斯家族〔Waṭṭâsids〕）從西元1428年起，部分回復了這個國家的財富。

馬林朝的主要對手是突尼斯的哈夫斯朝（Ḥafṣid），哈夫斯家族原本是穆瓦希德運動及其朝代的支柱家族；在西元1237年，身為家族代表的突尼斯統治者以穆瓦希德的宗教純粹性之名，背棄在位的穆瓦希德君主的權威，但這位代表與他的兒子（在阿巴斯朝垮台後，他讓統治麥加的阿里後裔任命他為哈里發），未能實現他們在整個北非（Maghrib）復興穆瓦希朝政權的主張。後來的哈夫斯朝有時統治整個北非（Maghrib）東部，有時則必須容忍獨立總督或部族勢力，而且，同一朝代的敵對成員有時也掌握不同地區。

儘管許多哈夫斯朝統治者十分軟弱，突尼斯以及北非（Maghrib）東部可能是北非（Maghrib）最重要的知識中心，因為位於格拉納達的小型宮廷無法供養太多學者。非斯、摩洛哥與突尼斯內都存在因逃避基督教徒的征服而前來、具有影響力的西班牙人社群。但人們在北非（Maghrib）西部特別可以感受到領土被區分為兩個部分；一是緊鄰城

市而相對較受侷限的地區，在其中，人們確實感受得到都市政府的控制；二是更廣大的山區內陸，在其中，無論這些地區與城市朝代名義上的連結為何，部族都以獨有的方式自主統治，甚至沒有扮演都市前哨站的小鎮，只有湊合使用的移動市集。在具有富裕潛力的地區，城市幾乎都是孤立的。同時，儘管比起西部，突尼斯的未開發農業內陸地區更為狹窄，突尼斯正在轉變為地中海東部與西部地區之間的貨物集散地，地中海西部地區因為信仰基督教的西歐增長的財富而日漸重要；這是因為，儘管義大利城市及加泰羅尼亞（Catalan）城市與黎凡特地區（Levant）之間存在直接的貿易關係，從這個時代起，穆斯林與猶太商人也得以藉由他們與開羅、突尼斯之間的傳統關係，自成長中的西方貿易獲利。與黑色人種地區（Sûdânic lands）之間的貿易無論是從北非（Maghrib）東部或西部出發，必定也只具有相對較低的重要性。

比起印度或東羅馬地區（Rûm，歐洲西南部），整個北非（Maghrib）地區相對較孤立於核心的伊斯蘭地區（Islamicate land）之外。但此時正是蓬勃發展的時代。正是在哈夫斯朝統治下，經學院教育體系在北非（Maghrib）完整地建立起來，而且許多瑪立基派法學者富有創造性的著作運用社會福利的概念，來開展法學資源，並透過這項方法承認地方習慣是法學不可或缺且合乎秩序的一部分。正是在這段時期，北非（Maghrib）的大眾蘇非主義確立，在鄉間為伊斯蘭的未來徹底紮根，並略為強化這塊領土與城市之間在文化上的連結，雖然並非政治上的連結。也正是在這段期間，北非（Maghrib）建築的獨特傳統臻於成熟。在這一切的活動當中，伊本—哈勒敦看見文明化的過程正在發揮作用，並研究這些發展對城市裡的強大政府的依賴；同時，他也明瞭相較於更遙遠的過去（還有伊斯蘭世界的其他地方），

經濟與文化上的弱點何在，並在以畜牧勢力為基礎的朝代統治時代出現於北非（Maghrib）時，將這點與之聯結。[12]

歷史哲學家：伊本—哈勒敦

伊本—哈勒敦（1332 — 1406 CE）是西班牙嚴謹的傳統中最後一位偉大的哲學家。他出生在哈夫斯朝統治下的突尼西亞，但屬於源自西班牙的家族。他註釋伊本—魯胥德（Ibn-Rushd）的著作，並以伊斯蘭大法官的身分結束一生。不過，他起初懷抱某種程度的反叛精神，後來甚至大受塔夫塔贊尼影響，他有注意到什葉派哲學家納席魯丁·圖西的著作，而可能還對伊斯蘭世界中部更大膽的哲學更感興趣。無論如何，他年輕時似乎希望哲學家不該以孤立者的身分活在不屬於他的社會裡；他或許期待在他著手進行後，就能創造出哲學家的統治者，把事情做得更好。藉由他的哲學家朋友，也就是著名的大臣伊本—哈第卜（Ibn-al-Khaṭîb）的贊助，伊本—哈勒敦成為格拉納達政體法定繼承人的家庭教師；格拉納達政體是穆斯林西班牙的殘餘勢力。他似乎著手教導他的受監護人哲學，或較精確地說是哲學家的學說，因為這位年輕人很快就顯得不適合真正的哲學。大臣比伊本—哈勒敦這位年輕的理想主義者更快看出這點，於是他開除伊本—哈勒敦，以免

12　伊本—哈勒敦的北非（Maghrib）焦點為他帶來豐碩的成果。但是，如果像某些現代學者那樣，從北非（Maghrib）推論出普遍的情形就會造成嚴重的誤導，特別是儘管最偉大的文化生命力位於波斯地帶（Persianate zone）（包括什葉派阿拉伯人），這些現代學者對另外半個世界——「東方」的理解，卻幾乎侷限於那個時期的順尼派阿拉伯人。

年輕的繼承人非但沒有變得更聰明，卻因為他的一知半解與任性而變得傲慢且不願服從，但這兩位哲學家的友誼則持續著。

伊本—哈勒敦接著流浪於北非（Maghrib）的各個朝廷，以政治才能服務朝廷的黨派。伊本—哈勒敦似乎希望有機會能將自己的想法或統治方法引介到其中任何一個朝廷，但他只因為傑出的政治天分而為人重視，其中最重要的知識就是熟知游牧部族以及對待他們的技巧。

最終，他似乎理想破滅了。他承認伊本—魯胥德終究是對的——人無法任意改革社會。但他也相信若要解釋何以如此，他自有一套新的洞見，那就是社會有自己的發展規則。改善社會條件的過程中，什麼能做、什麼不能做，不只受限於恆常的人性本質，還受制於特定發展期間獨有的社會環境情勢，而這些形勢又反過來遵從能夠被分析的歷史規則。

他費了一番功夫才說服當時的贊助者允許他暫離政治，退休並返回鄉間，撰寫鉅作的第一份草稿——一份史學研究。這本著作在形式上屬於伊斯蘭之前與伊斯蘭時代的編年通史（後者主要限定在伊斯蘭社會〔Islamicate society〕，而且特別關注於北非〔Maghrib〕），在正文前有一本長篇的序言，也就是《歷史導論》（*Muqaddimah*），分析歷史研究與歷史進程的本質。這套史書是足以塞滿整座書架的鉅著之一，而《歷史導論》本身就非常厚。最後他退休了，並在傭兵統治下的埃及完成這套著作的定稿，在埃及，每在當權者想要證明自己正直且誠實，就會任命他為瑪立基派的大法官。

身為哲學家，伊本—哈勒敦打算闡提出一門「科學」，這套科學是一個首尾一貫的總體，由可資證明的、歷史變遷的普遍原則構成，而這樣的普遍原則是接續立基於「更高等」也就是更抽象的科學中的

假設──在這個例子裡，這些科學主要是生物學、心理學與地理學。在哲學領域中，這當然是十分恰當的方法，得以確保新學科的觀察所得並非偶然出現且僅以「經驗」為依據，而必須在每一部分都廣泛且全面，（原則上）涵蓋所有可能的情形。但從一般哲學家的觀點來看，引入歷史科學可說是根本性的轉變，他們原先認為歷史現象是證明「形成」（becoming）世界變幻無常最明顯的例子；「形成」是指事物所發生的事情。本質上，人們無法藉由理性證明而理解這種「偶然」事件，理性證明是瞭解不變的「存有」（being）世界的方式；「存有」是指事情「是什麼」。歷史研究頂多只是一種慎思明辨的準備工作，為政治學上低度實踐性的技術作準備，史學並不是適合抽象思考的學科。伊本─哈勒敦清楚地指出，他正在引進一門新的科學，但他接受對於材料的一般性哲學評估。而無論他認為這門新科學多麼重要，他並未主張這門學科享有高度尊榮。

不過在某方面，他的知識學門是哲學家的西班牙學派對於辯證神學的最終答案。原則上，對於伊斯蘭當中的整體伊斯蘭法主義陣營而言，歷史是終極的真實，而辯證神學家已耗費許多心力，將聖訓在歷史上的有效性當成法律及學說判斷的可靠基礎，進而加以申辯，以求證立他們的方法；現在，則要為了哲學去通曉史學領域。即使在史學技巧的層次上，伊本─哈勒敦也能有所進攻。對於傳述鏈的批判在伊斯蘭法主義者眼中雖然是高度發展的歷史驗證工具，本質上仍是對歷史文件的外在批判，也就是評論其可靠性。伊本─哈勒敦盡力指出，光有外在批判是不夠的。要避免明顯的無意義言論，就必須訴諸對論述的內在批判，這是以持久且普世的自然規則為基礎的批判，因此他基於後勤學與生物學，指出摩西的軍隊不可能如流傳的高達六十萬

人。（他實際使用的內在批判方法仍然相當初階；比起自然主義的原則，他比較不關切具體資料的建立。）如同伊本—魯胥德，他讓自己對伊斯蘭法主義學科之抽象面向的不信任，演變成幾乎在實質上否定辯證神學，儘管在他的時代，辯證神學已經過於根深蒂固，而無法直接了當地禁絕之。伊本—哈勒敦願意承認，在嘎扎里的時代，辯證神學或許具有嘎扎里為其保留的正當目的。但在十三、十四世紀（我們必須補充，在那個時代蘇非主義幾乎為每一種觀點都披上正當性的外衣）的北非（Maghrib）與開羅，那種教義上的異端不再是問題，而辯證神學無論多麼盛行都已經無關緊要。

相反地，伊本—哈勒敦發展出一種具有歷史傾向的新政治科學。他拒絕採用較古老的哲學家們對「城市」的分類，認為這種分類並不恰當：他們所訂定的幾種類型都抽象且不現實，最好與最糟的形式都是如此。一個政權的形式較應根據它在歷史過程的自然順序中的位置來衡量。這一切都根植於我們所謂的人類生態學（hominid ecology）。

自然且必然形成的人類社會單元生活於農村，而且缺乏文化教養。這種群體的團結精神或內聚意識（ʿaṣabiyyah）正好就是農村團體的生存條件；在有利的狀況下，這種團結精神會使某個強大團體能夠支配許多群體，或者在已經發展出都市生活之處，支配都市社會。這種支配地位意謂著許多群體的資源會集中到佔優勢的團體手上，也會因此造成經濟專業化，並帶來城市生活的所有其他特徵。新近建立的中央政權的力量使既定的技術得以發展，或在已有所發展之處興盛。但政權依賴著統治團體的團結，而隨著那個團體嚐到奢侈的滋味，團結精神就會改變。支配群體學會以金錢而非個人活力的力量來統治，而在社會繁榮時，群體的成員會變得彼此猜忌，而不會因為對手無寸

鐵的臣民們警覺而互相約束。統治團體的單一領導者成為國王，他最終發現自己必須依賴傭兵，而不是現已沉溺享樂奢侈的團體成員。到這個階段，就會出現財政困難；當稅賦增加大幅破壞了既存的技藝，稅賦的基礎就跟著衰退。隨著原始的團結精神衰退，社會經濟基礎的限制因而集中；自此，由內而外的改革在本質上已經不可能發生，這些國家因此成為下一個具有強大團結精神的農村團體唾手可得的獵物，特別是畜牧群體。同時，文化的技藝可能了無生氣。（然而，伊本—哈勒敦指出這種循環的效果，比起在長久以來具有深厚文化的土地，如埃及，在北非〔Maghrib〕這類的地區情況遠遠更加嚴苛。）

在我的摘要裡大幅簡化的這套分析過程中，伊本—哈勒敦有必要發展出經濟學的要點與貨幣理論。他有力地指出，在某些社會條件下，政府廣大的稅收為何絕對不會阻礙整體經濟狀況，而在其他條件下，看似稅收更少的政府，其開銷卻會毀掉經濟。（這些想法並非完全毫無先例，卻已經遠遠超越一般穆斯林的經濟學論述——寫給統治者的財政手冊強調保障農業的必要性，寫給商人的手冊衡量多種投資，甚至還有寫給市場監督者的指南。）更概括來說，伊本—哈勒敦研究製作必需品與奢侈品的多種技藝在政治與社會秩序中的角色。事實上，他呈現眾多技藝的方式如此詳盡且廣博，他的著作因此成為伊斯蘭文化（Islamicate culture）的偉大入門。[13]

13　很遺憾，Franz Rosenthal 的英文譯本 *The Maqaddimah: An Introduction to History*, 3 vols. (New York, 1958)，雖然有關藝術與工藝的段落品質沒有那麼差，但關於伊本—哈勒敦某些較為一般性的觀點幾乎無法採用，屢次嚴重錯誤地呈現這些觀點。術語幾乎均有誤譯，像是「ghayb」應為「看不到的事物」（例如子宮裡胎兒的性別），他譯為「超自然事物」，背離了伊本—哈勒敦最基本的立場。而

就像哲學家們的早期政治科學，伊本—哈勒敦所呈現的觀點特別著重在分析先知建立的國家在這個體系中的地位。當然，在這裡，他小心翼翼避免公開違反伊斯蘭法的原則；但心思細膩的讀者很明顯可以看出，對於先知的想像（在伊本—西那〔Ibn-Sînâ〕的思想中先知的想像被賦予偉大實踐智慧的地位）儘管能帶來政治上的傑出成果，卻只在群體團結精神的整體架構中才能如此；先知帶來的動力附屬於政體成形的自然過程，為某個群體的力量補充想像上的吸引力，而且只有在蓬勃發展的初期，先知的統治才能純潔無瑕地運作。除了哲學的改革者外，潛在的伊斯蘭法改革者也必須等候時機，並等待有利的生態和歷史條件來助他一臂之力。確實，就像伊斯蘭法主義者所堅持的，神啟成為一種歷史現象，但是在歷史本身就是自然法產物的脈絡下才得以如此。

伊本—哈勒敦曾被譽為「社會學之父」，現代西方社會學思想也吸收他的思想。很遺憾，在穆斯林當中，雖然有人注意伊本—哈勒敦的這個面向，但為數甚少，甚至因此直到十九世紀末期，他在西方世

「'arab」這個生態學用語，指稱騎駱駝的游牧者，則被當成當代意義上的語言學、民族學用語，而譯為「Arab」（這導致文中伊本—哈勒敦自我矛盾地詆毀「阿拉伯人」）。但更難以輕易矯正，也遠遠更糟的是因為無法理解而逐句漸漸造成的意義扭曲，可以參見 H. A. R. Gibb in *Speculum*, 35 (1960), 139－42 的評論。Duncan MacDonald 在 *The Religious Attitude and Life in Islam* (University of California Press, 1909) 一書中的英文翻譯會是較好的樣本。然而很遺憾，另一本 Charles Issawi 的摘譯也將文句混在一起（順序和脈絡都相當混亂），而使伊本—哈勒敦看起來像是十九世紀歐洲社會學的先聲（而且還是不太優秀的那種）。Slane 的舊法文譯本也未能表現出伊本—哈勒敦在哲學上的嚴謹，只比 Rosenthal 的英文譯本好一些，因為沒有那麼系統性地造成誤導。

界尚未為人所知，所以他在現代社會研究史的地位其實非常邊緣。不過，舉例來說，在歐斯曼社會的波斯（Persianate）環境當中，他的著作廣為人們閱讀，還翻譯成歐斯曼文。伊本—哈勒敦最偉大的成就不是預見後來西方的眾多社會理論，而是在他自己的伊斯蘭（Islamicate）脈絡中，將史學附加到哲學上。[14]這一點在他的著作整體，也就是實際的歷史敘事中，變得特別清晰。

在原則與實踐上，伊本—哈勒敦的著作都可以和塔巴里（Ṭabarî）的著作形成對比；他們代表相反的兩極，一方是哲學家與聖訓的支持者，另一方則是普世真理的讚揚者與具體事實的蒐集者。正如對塔巴里而言，哈里發歐斯曼遭到殺害以及黨派分歧的開端都是歷史上的關鍵時刻，而對於伊本—哈勒敦的歷史環境而言，穆瓦希朝的建立幾乎是同等重要的時刻。當伊本—哈勒敦處理穆瓦希德勢力的起源與發展時，每一步都展現出他對正在顯露的普遍現象的關切。[15]

14　Muhsin Mahdi 在他劃時代的 *Ibn Kaldûn's Philosophy of History: A Study in the Philosophic Foundation of the Science of Culture* (London, 1957) 一書中，超越了所有關於伊本—哈勒敦的研究。另外也要補充 Mahdi 的文章，'Die Kritik der islamischen politischen Philosophie bei Ibn Khaldûn'. in *Wissenschaftliche Politik, eine Einführung in Grundfragen ihrer Tradition und Theorie*, ed. D, OberndSrfer (Frieburg im Breisgau, 1962)。

15　很遺憾，*Histoire des Berberes* (Algiers, 1849－51, 1852－66) 的法文譯者 Wm. MacGulkin de Siane 似乎無法理解超過「誰殺了誰」這種程度的阿拉伯文段落，或許他認為重要的就只有編年史。無論如何，他就是忽略了某些更複雜的段落，而伊本—哈勒敦的社會分析就顯現在那些段落之中。這本書可能造成偶爾可見的錯誤印象，也就是伊本—哈勒敦實際上的歷史敘事並沒有認真運用他的原則。

在伊本—圖瑪特（Ibn-Tûmart）的性格以及他的生涯發展中，他巧妙帶出對如此重要的政治運動而言真正有意義的元素。在伊本—圖瑪特對最強大的柏柏部族的認同之後，我們所得到的第一個重點是他富有野心的個性，這一點可以很快地顯現在兩個細節上。而第二個細節讓我們聯想到第二個重點——時代的成熟。「他親自保證國家將屬於他統治下的人民，根據占卜者與預言家的預測，在那個時代的北非（Maghrib）將有國家興起。如同他們所主張的，他遇見阿布—哈密德・嘎扎里（Abû-Ḥamîd al-Ghazâlî），並對他吐露自己內心對這件事情的看法。嘎扎里基於伊斯蘭在這個時代、在北非（Maghrib）諸多地區的情況而鼓勵他，當時的情況是國家處於衰弱狀態，而且使拉姆圖納（Lamtûnah，支持穆拉比特〔Murâbiṭ〕統治勢力的部族）統一的權威支柱正在動搖……。」換句話說，預言者透過想像的能力感知的事物，賢人能夠以理性的能力推論得出。伊本—圖瑪特因為他寬廣的宗教與知識視野（這是將嘎扎里的教導恢復的結果），以及他在反對穆拉比特朝之奢華城鎮人民而享有名聲，因此得到由狂熱分子組成的核心。這一切都是必然的，但這個運動在政治上變得重要，而只在他為自己的想法爭取而來的追隨者成為以他所認同的部族為基礎所建立的權力組織核心時，宗教改革才會有效。接著，這些想法儘管遭受挫敗，仍然在部族人民取得獨立地位的過程中支持著他們，但得以帶領他們獲得勝利的正是部族的團結精神。在伊本—哈勒敦的敘事中，接續在後的故事讓這件事情顯得一清二楚：以城市為基礎的反改革者激起了強烈的熱忱，卻因為缺乏部族穩固的支持而輕易遭到鎮壓。

這一切在形式上都是流暢的敘事，沒有傳述鏈也沒有重複，這是在編年史家當中已經相當常見的形式。但他與塔巴里之間，更細緻或

許也更令人感動的對比在於他們各自採用可疑傳述的方法。塔巴里互相比對這些傳述，來強調更可靠的史料所呈現的問題（但運用會引發敏銳讀者注意的文獻紀錄），但伊本—哈勒敦有時似乎相當不在意事實精確性的問題。伊本—圖瑪特的與嘎扎里的政治訪談或許就是偽造的，伊本—哈勒敦使用的動詞也暗示這點——「據他們聲稱」；伊本—哈勒敦感興趣的是這種使用方式所能帶來的哲學啟發。同樣地，伊本—圖瑪特幾乎確定是屬於某個古老的柏柏家族——仔細閱讀伊本—哈勒敦的敘述後也能發現這一點，不過伊本—哈勒敦將主張他是阿里後裔的奉承說法放到最前面，似乎只是要強調部族的團結精神；儘管部族忠誠是以血統家系的形式呈現，但其實不是以血液裡某種無法解釋的情感為基礎，而是奠基於一項非常容易理解的事實，那就是共同的社會利益。因此，即使伊本—圖瑪特的祖先源自阿里，他的團結精神仍然與柏柏部族同在，因為「他的牲口與他們的混合……也接受了他們的親屬關係連結。接納了他們的譜系之後，他成為他們當中的一員」。

波斯（Persianate）文學傳統中的修辭學與精緻性

對絕大多數的文雅人士（包括朝臣，也就是仍在官僚體制任職的那些人，還有更富有的商人或地主）來說，知識生活最有趣的面向（如同對哈里發盛期的風雅人士〔adîb〕而言）就是表現在多種形式的人文文獻中的那些面向。不過，即使在波斯地帶（Persianate zone），那些體現出關於世界與人類在其中應負責任的標準伊斯蘭信條的最受尊敬著作，主要仍以阿拉伯文寫成，甚至最重要的哲學與自然科學著

作也是如此，而在文學領域最受歡迎的語言是波斯文，這種語言的使用更為廣泛，而且一般受過教育的人即使並未成為學者，也都更能輕易理解。在此，文雅的受眾之間有一種不同於宗教學者的公共秩序，而儘管佔有優勢的精神也同樣是保守精神，所寫成的許多著作卻也富有高度的創造性。

伊本—哈勒敦不是唯一一位認為歷史研究適合用來表達洞見的嚴肅思想家。伊斯蘭伴隨著某種相對較大的自由，而免受某種建立在宇宙循環論上、戲劇性的總體框架拘束；這種自由與先知傳統中認為每起事件都僅只一次的強烈歷史感結合，助長一種著重事實的史料編纂法。中後期出現了各式各樣的史學興趣。宗教歷史學術研究的舊傳統以阿拉伯文維持著（可能特別在使用阿拉伯文的地區如此）；新世代接續舊世代，學問以及先知所建立的社群之重要承載者都被記錄下來。凡在伊斯蘭流傳之處，這項傳統就隨之前往，因此在許多地區，以往的史學只停留在傳說甚至神話的層次上，對於這種地區而言，伊斯蘭的到來意謂著一種意識的引進，也就是關於客觀歷史資料之關聯性的意識。當然，不只宗教學者被持續記錄下來，還有統治者與聖人。在黑色人種地區的土地、印度的許多地區以及其他地方，從這個時期開始，透過經常相當仔細記錄日期的編年史，我們才能夠追溯公共事件在細節上的連續性。但在某些使用阿拉伯文的主要地區，特別是在埃及，出現了一個歷史學家流派，超越這種史學興趣，並努力記錄許多地方上的細節，或為之提供書面文件。他們當中最傑出者的是瑪各利基（al-Maqrîzî），他蒐集了他能夠找到的、所有關於埃及的重要地點與地方傳統的資訊；這在伊斯蘭世界並不是新的嘗試，但很少有如此持續到底的例子。

但至少歷史寫作中的啟發性發展也來到波斯（Persianate）領域，而作為突厥眾統領與蘇丹榮耀的一部分，在這裡，歷史被認可為純文學的重要成分。穆斯林觀看世界的洞察力已經相當寬廣，更隨著蒙古政權的到來而更加遼闊。伊兒汗國大臣拉胥德丁・法茲勒拉（Rashîduddîn Fażlullâh）在知識上興趣廣泛——我們先前提到他時，他是供應醫院資源並建立村莊、活力充沛的行政官員；拉胥德丁原本的專業就是醫師，他的寫作主題相當多樣，包括神學，特別值得一提的還有歷史。他是許多歷史學者的贊助者，但他自己編纂了那個時代內容最豐富的史學著作。他的《史集》（*Collection of Histories*）可說是第一本被某些人稱為「世界史」的著作，而由於這本著作的涵蓋範圍確實相當廣博，這種主張確實有其正當性。利用與蒙古朝廷官方的廣泛接觸，還有在首都馬拉加與塔布里茲（Tabrîz）匯合的長途貿易，拉胥德丁從所有地區招募飽學之士們來為他服務，甚至從像是西方或喀什米爾（Kashmîr）與圖博這種相對偏遠的地區招募（不過，圖博的使節在當時就涉足甚廣）。他顯然按照可靠性來選擇資訊提供者，而將他們所生產或回收的記錄轉譯為波斯文，無疑通常也經過節錄，並以精確且就事論事的方式編輯。其成果就是一組體系性的敘述，記載著歐亞非舊世界大半部分的城市定居社會民族。這一整套敘述比起先前所寫的任何伊斯蘭歷史（Islamicate history）——或更精確地說是比起到那個時代為止所寫的任何其他歷史——在涵蓋範圍上也更為均衡，素材也更加豐富，不只是關於穆斯林的材料，還有非穆斯林族群的史料。而且，儘管在後來的波斯史學傳統中，人們在某種程度上遵循他的先例，但與直到二十世紀為止、任何宣稱為世界史的著作相比，拉胥德丁的著作都更為廣博且均衡。然而，他的著作頂多只綜合了一系

列舊伊朗與穆斯林的偉大朝代，人們認為這些朝代是人類中心，也或多或少在各自的時代佔據支配地位；儘管沒有任何其他朝代序列的著作更能夠擔任這種角色，但相對應於現代西方歷史學者同樣狹隘的觀念，作為理解整體世界史的基礎，拉胥德丁的著述並沒有更令人滿意。

拉胥德丁的著作不只包羅萬象，更力求公正。他對遭到順尼穆斯林世界憎恨的伊斯瑪儀里派尼查爾分支（Nizârî Ismâ‘îlîs）的描述，與同樣身為蒙古高級官員、一位較早的歷史學家的敘述非常相似，這位歷史學家是阿塔—瑪立克・朱維尼（‘Atâ-Malik al-Juvaynî）；他與朱維尼使用大致相同的材料，有時還按照朱維尼賦予的形式運用這些素材。這兩者的對比具有啟發性；可供比對處不只在於，朱維尼耗費心力詛咒、辱罵他正在編纂的歷史中的異端，而拉胥德丁避免評論，並更進一步在可能有損於他蒙古贊助者的顏面，並為伊斯瑪儀里派添光的細節上，他會在證據有利於伊斯瑪儀里派的說法之處，小心翼翼地更正蒙古人的官方說詞。

透過資助，拉胥德丁啟發了一個學派的歷史學家們，他們致力於讓著述精確，且普遍抱持著開放寬廣的觀點。拉胥德丁選擇用極度簡單且平舖直述的散文，來銘記他切合實際的著作，但這一點沒有被普遍地模仿。人們認為歷史是高級文學，並期待史書熟練地架構並修飾，遵循已經在中前期出現、愈來愈繁複的風格。以相對單純明晰的風格寫作的朱維尼是拉胥德丁的前輩，他就已經喜愛以均衡的形容詞或片語圍繞著他的段落。拉胥德丁的門徒們將辭彙的修飾推展到極致。有一名拉胥德丁贊助的歷史學家瓦剎夫（Vaṣṣâf），就以高度正確的著作而為現代學者所知，更由於要掌握他所正確描繪的事實格外困

難而聞名，因為他用大量華美的冗辭包裝文句，而這些包裝跟他的敘述沒什麼關連。軍隊不是在黎明時出發，而是在太陽（但不是指太陽，這是繁複建構的修辭比喻，要先熟悉才能洞察之）使露水（同樣也不只是純粹的露水，而是交錯的隱喻複合體）乾枯時出發。在可能考量歷史事實，但更關注富於表現之趣味的波斯文學家當中，瓦剎夫以模範史學家聞名，其他人企圖追趕，可是徒勞無功，但他們並不是要追上他的正確度，而是希望能與他的新鮮與華麗詞藻帶來的樂趣並駕齊驅。

波斯文學模式成為某些其他語言的文學基礎。帖木兒的一名死敵（伊本—阿拉卜夏〔Ibn-'Arabshâh〕）為他血腥的戰役撰寫編年史，並加以譴責，雖然用阿拉伯文寫成，卻是以人們所預期的波斯歷史學派風格撰寫，不過他的目標並非在彰顯主角的光榮。按照波斯傳統（Persianate tradition）塑造、最重要的文學語言則是突厥語。有三個地區將突厥方言列為標準的文學形式，創造出三種文學方言，並在某種程度上也創造出三套文學傳統，但這些方言沒有變得不可互通，而且在這整段時期，無論作家採用何種形式，其他地方都會有人閱讀他的作品。在錫爾河與烏滸河流域，詩人甚至還有散文作家都使用一種名為察合台突厥語（Chaghatay）的突厥語言；在亞塞拜然（及其鄰近的土地）和歐斯曼帝國的領土上，他們使用兩種形式各異的烏古斯突厥語（Oghuz Turkish）。如果晚期波斯風格的修辭在相當程度上受到某個風格循環的影響，而在這個風格循環裡又只有誇大才能創新，那麼轉換為突厥語時，仍無法緩解這樣的僵局：突厥文學家富有高度那個時代的波斯品味，因此他們的著作很快就從突厥民俗文學的簡潔，轉變為全面綻放的華麗修飾。

波斯傳統（Persianate tradition）的華麗風格不全然是由風格循環所造就的。一旦波斯文學已經穩固確立作為社會載具的地位，就會受到一系列社會壓力的支配。儘管波斯語是廣大地區實際的通俗語言，但在作為「通用語」的範圍更廣的區域（甚至還有部分伊朗地區），波斯語只是次要的語言，而不是那些用波斯文閱讀或書寫的人們的母語。當然，突厥贊助者知道波斯語只是一種宮廷語言，但即使是使用其他伊朗語言（呼羅珊語、馬贊德蘭語〔Mâzandarân〕、吉蘭語〔Gîlân〕或庫德斯坦語〔Kurdistân〕）的人們也不是天生就通曉波斯語，因此許多波斯作家有意識地使用多少有些刻意造作的方式，以達成既定的社會目的。人們期待這種語言遵從宮廷舉止的準則；就像較古老的阿拉伯文學批評，波斯文學批評（除了以多種溢美之詞傳達的模糊美學評價之外）注重著作的適當性，也就是一本著述在道德上、社會上，甚至是教義上適當的程度為何（偉大的波斯詩人哈非茲〔Hâfiz〕就因為在這三個方面都有不妥而遭受批評）。波斯文學批評排斥任何隱晦不明的成分，（原因之一是）因為要在眾人面前朗讀，一切都必須清清楚楚，不過一旦作品合宜且清楚，就能以精湛技藝為樂。然而，不同於阿拉伯文學批評，波斯的文學批評較不關注語言的純粹性，因為部分主張維持早期阿拉伯人嚴格文化同質性的社會性理由均不適用於任何波斯統治階級。必須補充的是，蘇非主義語言天生模稜兩可且寓意微妙，可能會讓某些複雜的語句帶有多重的共鳴迴響，而蘇非主義語言蔓延四處的吸引力也是導致造作華麗修辭的原因之一。

　　在波斯文與阿拉伯文中，詩歌是最受尊敬的文學媒介，在詩歌形式方面的嚴格要求中，最能壯觀地展現精湛技藝。在這個時期眾多的

偉大詩人當中，有一位鶴立雞群的人；詩人須拉子的哈非茲（Ḥâfiẓ of Shîrâz，西元1389年過世）起而匹敵同樣來自須拉子的薩俄迪（Sa'dî）；人們已經公認薩俄迪為波斯文學最無可取代的大師。哈非茲沒有真的嘗試像薩俄迪的著作那種廣泛的題材，不過在他所選擇的媒介之一超越了薩俄迪，成為最受歡迎的波斯作家之一，這個媒介就是短韻文的情詩（ghazal）。人們認為他使情詩的形式臻於完美，或許這種情詩也是因他而盛行。哈非茲主要是因為性格坦率而聞名，他寫作的韻文的表達方式純淨且誠摯，而他作品的魅力也多半源自於這樣的純粹。此外，他的人生也同樣地真誠正直，他不曾寫過任何諷敵詩（hijâ'）來羞辱敵人，也只創作了相對數量較少、純為讚美之用的詩賦（qaṣîdah）——或許正是因為罕見而抬高了這些頌詩的金錢上的價值。哈非茲未曾四處旅行，這幾乎成為他獨樹一格的特點；儘管有人以優渥的條件誘使他離開須拉子、前往富裕的宮廷，他從未下定決心離家遠行；唯一一次他真的打算啟程上路（前往印度），卻在動身之前就決定放棄，並將寄給他的盤纏捐獻出去。他深愛著他在詩篇中所讚美的須拉子，並長住在那裡，而在統領們的統治下共同分擔著往往痛苦不幸的盛衰更迭。

　　哈非茲似乎看起來不太像是衰退時代的詩人，也不像出身自傳統題材受到僵化、過度精緻化的時代，他極具創造力，而且擁有簡樸直率的基本特質。不過，哈非茲非常合乎這個時代的性格：沒有任何中前期罕見獨特的人物留存至今，但卻格外生動地展現出蒙古征服之後的時代。

　　哈非茲或許是因為在成熟、傳統的期待中所能預設的豐富內容才得以登峰造極。他的簡樸不必然是一眼就可看出、外顯的那種簡單易

懂，他的著作充滿內含典故的圖像，往往看似牽強或至少相當古怪。第一次閱讀他的著作的讀者可能會打算欣賞這些圖像，但大致來說，人們會發現那些就是他們在中前期的波斯文學中不斷見到的同一套圖像。玫瑰、夜鶯與他的愛都不是哈非茲的發明，而他無止盡地重複使用這些詞彙。哈非茲的創造力與別具風味的簡樸風格，必須超越他所運用的明喻後才能理解。我們可以舉個例子。

　　對比於傳統的篤信宗教，哈非茲在一首精要的詩歌中，以「-âb' kujâ」的押韻格式（「kujâ」意指「在哪裡？」，不只在每一行的韻腳重複，還常常出現在詩歌的其他地方）表達他無法止息的熱情。這首詩以此開頭：「Salâḥ'-kâr kujâ? û-man kharâb' kujâ？」

　　投身虔誠工作的人，（他）在哪裡？而我這個崩壞之人，在哪裡？看啊，他所在的那裡跟（我所在的）那裡相隔多麼遙遠！

　　我的心對（蘇非行者的）隱居地和虛偽的斗篷（khirqah）[16]感到作惡；馬茲達教（Mazdean）的廟宇在哪裡？純粹而未攪攪的酒，在哪裡？

　　酒跟虔信與奉獻有什麼關係？在哪裡聆聽佈道──三弦琴（rebeck）的旋律在哪裡？

　　在心的友人面前，敵人察覺了什麼？熄滅的燈籠在哪裡？太陽的

---

*16　編註：蘇非主義相當重視師承關係，蘇非導師會將衣缽傳承給一位他挑選出來的門徒，其中傳承的斗篷便是「khirqah」，因為代代相傳，斗篷往往經過多次縫補，也象徵著蘇非行者的清貧。哈非茲雖然是一名蘇非行者，但不願遵從正規的蘇非之道，而排斥這些傳統的禮儀與形式。

蠟燭在哪裡？

（就像我們視力上塗抹的眼藥水是你門檻的塵埃；我們該往哪裡去？快樂地說著，從這個避難之處前往哪裡？）

別看他臉頰的圓潤，因為酒窩擋在中間；你要到哪裡去？心啊，你如此匆忙地要去哪裡？

他離開了——希望在審判日那天（Day of Union），他的回憶甜美；就連那友善的一瞥都去了哪裡？斥責又在哪裡？

朋友，別期待哈非茲會歇息與沉睡：什麼是歇息？什麼是耐心？睡眠在哪裡？

哈非茲一方面是愛好音樂的貪飲者，一方面則是保守蘇非蘇非中心中的虔誠者，在這兩者之間，我們能提出一系列的對比。在這個過程中，人們發現哈非茲之所以聲名狼藉是因為他為了渴求近神者與神的美而發狂——他專注於祂臉頰上的酒窩，那個酒窩，當然也能代表祂的獨一性；代著實際上相當偽善之禮節的正統蘇非行者無法完全了解這種急切的盼望。但即使在這首意義相對明確的詩裡，這則靈性的訊息也不是以非常平易近人的字詞寫成，每一處都語帶雙關：馬茲達教的廟宇不只是屬於不信者進行不合正道之崇拜活動的地方，更是一種形象，用來表現通往神的非正統道路，哈非茲認為這條道路沒有拘泥成規的蘇非之道那麼虛偽；在詩中也提到真實的酒，馬茲達教徒、猶太教徒與基督教徒同樣都沒有禁止釀造並販賣酒。那個令他著迷而後消失、討人喜歡的年輕人被以完全不適合形容生靈的的詞彙來描述，儘管這些詞彙若用於描寫在神面前一閃即逝的喜樂將會無懈可擊，而人們希望那樣的喜樂能夠預示神最終的寬恕。（順道一提，許

多首詩也可以詮釋為是獻給哈非茲的贊助者，也就是任何經常在詩中被視為慷慨朋友的將領〔amîr〕，也會被當成逃離各種苦難的庇護所，更至少能夠呼應神聖君主的特質。）

這一切都簡單直率地完成。一旦理解其喻義，一旦知道詩的傳統（它們從來就不深奧難懂），隱晦的語言或複雜的結構幾乎都不成問題，其中人類的心境旋即明朗清晰。

解讀情詩時，不必然認為它自始至終發展著某條思想路線（如同十四行詩所常見的狀況），雖然在我們的例子裡，這樣的發展顯然存在。（因此，不同手稿常常會移動詩中的句子，甚至移到不同首的詩裡去，這種情形會造成遺憾，但未必達到災難性的程度。）更確切地說，至少就哈非茲而言，情詩所具有的這種獨一性往往主要來自於所使用圖像的多種言外之意。要理解這點，就不只要知道波斯文一般用詞的慣用法，還要知道人們使用波斯詩歌傳統圖像的方式。

Peter Avery 與 John Heath-Stubbs 的哈非茲譯本對於這些圖像的共鳴如何發展而來，提供了合宜的例子。[17]他們最後選擇的詩以近乎古典的直率手法呈現夜鶯與玫瑰的主題：夜鶯「為了對玫瑰的愛而在苦惱中憔悴，他的淚水撒落周圍的草地上」……「（玫瑰）不領情，（夜鶯）卻仍一往情深」……「沒有人能夠不被刺扎傷就摘下玫瑰」。在其他地方，人們預設玫瑰與夜鶯的這些特性，經由對比而凸顯這些角

17　*Hafiz of Shiraz: Thirty Poems* (London, 1952) 一書的翻譯既近乎真正的研究式翻譯，也幾乎嘗試以哈非茲的材料創造英文詩的作法所可能產生的成果，因為儘管他們確實有時未能呈現某些細節，並忽視括號與註腳所能呈現的精確性，但他們利用韻文所享有的、不受拘束的自由，令人驚艷地忠於原文。

色在應用上的變化。因此在他們所選擇的第四首詩裡，哈非茲一開頭就提及一隻丟下他在沙漠流浪的蹬羚（蹬羚是另一個為人喜愛的圖像，可以追溯到貝都因阿拉伯人的意象），接著寫到某個賣糖的小販，鸚鵡來找這位糖販不是為了鸚鵡（愛人）所喜愛的甜蜜的糖，第三詩傑則描寫一朵玫瑰，人們理所當然地認為這朵玫瑰就是前面提到玫瑰那個角色，但關於這個角色固定不變、難以親近的性格的主題則略有變化：「或許，玫瑰，妳的美讓妳太過驕傲，而不願問候因愛憔悴的夜鶯」；這種似是而非的責備語調，與前面兩個段落鋪陳的主題——絕望的距離，也有所差異，而且我們知道在詩背後，玫瑰的不聞不問實已為人接受。我們將會發現要如此運用這些角色，這些圖像必定包含在聽者已經熟知的知識庫之中。

相對於波斯評論家所謂「意義」的微妙差異，哈非茲以外的詩人們似乎特別強調另一種東西，某些詩人因為他們在用字遣詞上的魅力或精湛技藝而聞名，而許多詩歌本質上是裝飾性的——點綴某種風雅的場合，正是這種詩歌變得詞藻過於華麗。相反地，哈非茲使用日常生活的語言，卻捕捉到人類情感上的眾多微妙差異，因此，人們拿他的作品來擷取徵兆，就如同《古蘭經》；人們會隨意打開書本，並將手指放在一段經文上，認為這段經文的寓意界定了他的命運。[18]

18　Eric Schroeder, 'Verse Translation and Hafiz', *Journal of Near Eastern Studies*, 71, (1948), 209—22 以 及 'The Wild Deer Mathnavi', *Journal of Aesthetics and Art Criticism*, 11 (1952—53), 118—34，都呈現有關哈非茲對於詩與宗教之指涉的迷人研究（這兩篇論文還主張，藉由啟示而將悲傷轉變為洞見的做法，哈非茲自有一套明確的詩學理論），而且附帶提出出色的論據，反對嘗試格律化的翻譯。

波斯化文化的發酵：帖木兒朝及其鄰國

在十五世紀，波斯文化（Persianate culture）的中土見證了波斯文學與所有更具想像力的藝術活力充沛地綻放，特別是在帖木兒後裔的統治之下，但不限於此。帖木兒這位頑固、殺人如麻的征服者的後裔們因為高度的個人教養以及對藝術與文學的贊助，而在伊斯蘭歷史（Islamicate history）上鶴立雞群。帖木兒曾資助過學者與藝術家，而這似乎主要是為了他們將會帶給他的聲譽；儘管帖木兒身為將軍而光耀非凡，如果沒有人指明，他不一定認得哪位偉大的文學家（像是塔夫塔贊尼）。在他的後裔之中，為數可觀的人自己展現出高等的創造性天分，以及鑑別他者天分的個人才能：科學家烏魯—別克、傳記作家巴布爾（Bâbur）、還有贊助者阿克巴爾（Akbar），即使他們出生時身分更為卑微，或許也仍會大放異彩。因此，在藝術的領域中，帖木兒朝盡其所能地展示軍權贊助國家的形式，儘管這種模式比他們的朝代更為廣布，而且除了他們以外，在那個時代也有其他君主家族培育出教養深厚的統治者。

帖木兒過世後，起初他的兒孫們連同他的帝國幾個省份主要的蒙古總督實際上獨立了，但他的第四個兒子，也就是呼羅珊總督夏赫魯赫，很快就被人們承認他至高無上的地位，而在帖木兒的兒子們之間一系列的戰爭過程中（期間，在伊拉克復興的賈剌儀爾朝〔Jalâyirid〕勢力曾短暫介入），夏赫魯赫也有效控制帖木兒帝國的大半領土，儘管並不及於高加索外圍的任何領土以及窩瓦河地區。夏赫魯赫本人留在赫拉特，並直接統治伊朗眾多地區，他的兒子烏魯—別克（Ulugh-beg）被指派管理撒馬爾干與扎拉夫尚（Zarafshân）山谷。夏赫魯赫以

虔誠穆斯林的身分出現，並與多種宗教保持良好關係，另外還自命為畫家兼詩人。他的另一個兒子拜孫谷爾（Bâysunqur）因為身為畫家而博得些許名聲，但在他的宮廷卻特別因為贊助書籍裝訂藝術而聞名。夏赫魯赫本人贊助藝術與文學，還特別鼓勵歷史學家，委託創作歷史學家哈非茲・阿布魯（Ḥâfiẓ Âbrû）的通史及其地理學著作；他的通史將讓可以追溯到拉胥德丁的、那套無所不包的歷史學傳統跟上時代。在夏赫魯赫統治的後半期少有叛變，而他也得以對赫拉特進行城市美化，儘管他的防禦工事無法在大瘟疫橫行世界時，預防瘟疫在西元1435年間奪走（根據可疑的紀錄）幾十萬條人命。

相較於他的父親，撒馬爾干的烏魯—別克對於伊斯蘭法形式的虔信較不感興趣；他遭到蘇非行者的反對，而蘇非行者們有大批民眾的追隨，並基於清教徒式觀點對抗他的朝廷，但烏魯—別克仍保有朝廷裡偉大的宗教學者的支持。他在撒馬爾干與布哈拉促進興建建築，鋪張程度與他父親（還有他的祖父，也就是帖木兒本人）在赫拉特的作為不相上下；但他對歷史較不感興趣，而更關注哲學。他將那個時代最能幹的天文學家都聚集到撒馬爾干，並在那裡建造一座大天文台，親自參與天文觀察與計算的工作。他們建立了比起以往都更加精確的天文表。在他死時，他的天文學家團隊解散，並在這個領域裡，在伊斯蘭世界的好幾個地區成為領導性的權威。

在西元1447年夏赫魯赫死後，帖木兒帝國並未重新統一。名義上為夏赫魯赫繼承人的烏魯—別克，面對在撒馬爾干為他設下的陰謀，沒能抵擋太久，他自己的兒子叛變並將他處死，接著在統治六個月後也遭到謀殺。更往西邊的地區則大半由放牧突厥（Türkmen）部族領導者支配，他們試著扮演偉大的贊助者，但沒有帖木兒家族那麼成

功。（其中一兩位還試著推行相對溫和的伊斯蘭刑法，但結果引起人們的倉皇失措，至少對有財產的人而言如此。）在底格里斯河—幼發拉底河流域與亞塞拜然，地方勢力往往零散分布於統領們手上，但在帖木兒死後，黑羊汗國（Kara-koyunlu）的突厥部族聯盟（大半也屬什葉派）已取代賈剌儀爾朝，成為主要的優勢勢力，他們的首領成為他的附庸，接受夏赫魯赫扶植；現在，他們在伊朗西南部與波斯灣地區建立起一個規模可觀的帝國，甚至一度從帖木兒家族手上拿下法爾斯地區（Fârs）。然而，在伊朗與烏滸河流域的大半地區，帖木兒家族的阿布—薩伊德（Abû-Sa‘îd，在位於西元1452～1469年）成功地復興並維持一個國家，其中，藝術（特別是繪畫）繼續繁榮昌盛。然而，他必須反覆出征，直到他終於落入另一個突厥部族聯盟的首領手中，這個聯盟取代了他的對手黑羊汗國。到了西元1466年，在相互世仇的領導人底下，原本有一段時間在加濟拉部分地區維持半獨立狀態的白羊汗國（Aḳ-koyunlu），找到一位強大的首領——烏準・哈珊（Uzun Ḥasan），他不只在底格里斯河—幼發拉底河流域以及周圍土地取代了黑羊汗國，還在打敗阿布—薩伊德時，將他的統治範圍擴張到整個伊朗西部；當烏準・哈珊在西元1478年過世時，他的繼承者維持他大部分勢力範圍將近二十年。

在阿布—薩伊德死後的那個世代，帖木兒家族統治下的編年史滿是手足互相殘殺、權力慾望和低劣的權謀，甚至更勝中期絕大多數的穆斯林歷史。帖木兒家族的每位君主只要在他父親在世時就統治自己的行省，就可以期待在他父親過世之際，成為獨立或最高的統治者。特別在錫爾河與烏滸河流域，有好幾個獨立的朝廷存在，某些還是重要的藝術中心，其中最重要的是胡笙・拜伊嘎拉（Ḥusayn Bâyqarâ）

位在赫拉特的朝廷（西元1469～1506年）。在胡笙・拜伊嘎拉統治的前期，便在軍事上成功地平定了帖木兒大部分的家族遺產，就如同夏赫魯赫但規模較小；他獲得整個呼羅珊，加上從馬贊德蘭到坎達哈爾城（Qandahâr）的相鄰土地。不過，就像夏赫魯赫，胡笙・拜伊嘎拉主要的精力花在藝術上，雖然他自己只是名二流的畫家兼詩人。他的大臣是米爾・阿里—舍爾・那瓦伊（Mir 'Alî-Shêr Nevâ'i）——作為察合台突厥詩歌最偉大的詩人，他的傳統還深深影響了歐斯曼突厥詩歌。在這兩位掌權者之間，聚集了伊朗人記憶所及最為才華洋溢的文化集團。

著名的詩人數量眾多，還有歷史學家與散文倫理學者。最傑出的作家是賈米（Jâmî，西元1492年逝世），他也是波斯文學的偉大詩人，但他清楚易懂的散文幾乎與他創作的詩歌同等重要，特別是他寫了一本典型、傳記式的蘇非主義史，還有簡潔的蘇非主義神智學概要（但不特別有原創性），是這類著作中的珍品。哲學家、數學家與醫師就像每一種有學問的專家，都同時受到這個知識分子的圈子以及朝廷豐厚的物質報償所吸引。不過，在胡笙・拜伊嘎拉的赫拉特城，最偉大的榮光就是這個城市的繪畫。整個十五世紀，人們正在吸收中國帶給伊朗與突厥領土藝術的影響，在蒙古朝代統治下，這些影響曾經相當劇烈；對許多人來說，體現成熟波斯風格（Persianate style）的「帖木兒朝纖細畫」就是所有伊斯蘭藝術（Islamicate art）的巔峰。在赫拉特、在比赫扎德（Bihzâd）的作品中，這種帖木兒朝的風格被推上前所未有的高峰，那些作品非常從容地結合帖木兒朝的畫作早就建立的高度格式化，以及似乎是比赫扎德獨有的、自然主義式的優雅，儘管其中的元素均符合傳統。達到帖木兒朝傳統的顛峰後，比赫扎德在接

下來的那個世紀成為精緻的薩法維（Ṣafavî）藝術的起點。（我們在後面的段落會看到更多關於他的事蹟。）

　　在官方支持下，哲學化的辯證神學相對於遺留下來的聖訓文本主義（Ḥadîth textualism）的勝利，可能主要在帖木兒朝的時代得到鞏固。但在帖木兒朝期間的文化生活中，更獨具一格的是，記作者、贊助人或許還有藝術家本身逐漸培養出對有創造力的藝術家個人特徵的濃厚興趣，而這些藝術家現在以受贊助者的身分加入軍事菁英之列。儘管長久以來，人們不是只挑選出詩人，還有書法家與歌者，但只有在這個時代，畫家和建築師的名字才為人所知。朝臣們重視並蒐集個別藝術家們的作品樣本，而風尚可能迅速變動，例如人們喜愛的地毯樣式。整套蒙古軍權贊助國家傳統或許總是令人強烈感受到人類的功績，體會個人成就高度發展的可能性，這點將會最精確地表現在十六與十七世紀的自傳文學上，但帖木兒朝君主的精心教育，以及他們認為偉大成就同時仰賴美學的宏偉與大規模征服行動的想法，反映出已經建立且隨著每位君主在超越其他手足之際，所逐漸培養而成的標準。[19]

19　總有一天，會有人運用出自一切階段與時代、亦不以特定派別為限的伊斯蘭（Islamicate）自傳研究，以此探索那個文明裡的人類形象。我可以引用兩種重要的自傳類型：伊斯瑪儀里派成員對自己的靈性尋求與探索所做的記述，嘎扎里的記述與之有共通之處；還有後來的波斯（Persianate）自傳，其中最傑出的例子出自帖木兒朝，特別是在印度。但種類眾多的日記與回憶錄也出自許多時期與地區而流傳下來。

社會抗爭運動

即使承受帖木兒的鎮壓，都市公眾活動也仍然展現活力，無論出於黨派立場或愛國情操，長久以來都是反抗運動的來源，特別是在一系列伊斯瑪儀里派的起義，或是最大有可為的下層階級民兵勢力最後也最猛烈的示威活動。在朝廷勢力日漸強大的時代，某些都市抗爭活動仍持續進行，即使在帖木兒的時代以後也是如此，但是一種新的抗爭動力已經加入。不清楚的是，有多少邊緣土地的畜牧利用能夠回復人口經濟健全的平衡狀態。確實，就反抗農業統治的行動而言，新近來到的畜牧者貢獻了另一項元素，而與其他方面相似，他們在形式上往往屬於什葉派。

伊本—泰米亞可以說代表了伊斯蘭法主義傳統的反抗特色，甚至是以順尼派的形式來呈現。但絕大多數的反對派屬於效忠阿里後裔者，甚至具有內隱學派的色彩。相對流離失所的人們針對統領與上層社會階級的抗爭，通常也對抗順尼的官方宗教學者，因為這些學者與統領們保持良好關係，並接受官職的任命。因此，這種抗爭長久以來就屬於什葉派。過去的什葉派立場盼望阿里家族的伊瑪目將領導虔誠的人們，迎頭痛擊舊哈里發政權，然而，隨著伊斯瑪儀里派運動的崩潰，這種舊式的立場除了在柴迪派（Zaydism）也永久扎根的葉門之外，已經不再具有吸引力。此時，一種新的什葉派興起，大多在特殊的道團當中，以蘇非主義的形式表現，這些道團的密傳智慧主要不是一般的蘇非主義信條，卻是據稱衍生自阿里的祕密教導所帶來的特殊啟示。這種新的什葉派或可稱為「什葉蘇非」（ṭarîqah Shî'ism）。

在某種意義上，這種新什葉派接受蘇非主義的政治概念，主張普

世的密契階層體制與軍事力量對立且超越之；但新什葉派拒絕中前期的順尼整體在政治上的成果，認為這些成果實際上並不符合一般百姓對平等正義的要求，而平等正義正是穆斯林的良心所求。反之，新什葉派期待至上者從天而降，登上陸地上的普世君主王座，即使這位至上者未能享有全面的榮光，至少也要扮演指引虔誠者的角色，且盡可能地自治。這種什葉蘇非通常致力於追求「內在」且兼為密傳的內隱信條，對宇宙與身在其中的人類的理解，往往帶有諾斯底元素：在宇宙裡，真理與善在其中獲得揭示，菁英的靈魂得以藉由關於祕密的、終極真實的密傳知識逃避苦痛與謬誤。這種傾向有時與「厭世」（不管這個詞意義為何）有關；但確實，這些內隱學派所表達的是對生命非常積極且具有高度期待的態度（一如往常，重要的不是能藉由邏輯而從某個信條的構想推導而出的言外之意，而是內在意涵在直接體驗的層次上實際具有的意義）。那麼，即使這些新的什葉派在追求某種密契的內在淨化過程，藉以做好準備、迎接千年至福之際，往往也仍然抱持強烈的千年至福觀點（我會稱之為宣教神學〔kerygmatic〕的觀點）。

做為普遍的原則，我們或許可以略為武斷地區分社會異議運動的兩種類型：一是反特權，要求平等正義，並自然傾向強調合乎秩序的責任；二是反慣例，要求自由的表達，並傾向強調開放的熱誠。反特權運動往往變得殘忍，高度投入進而尋求社會變遷，而反慣例運動往往變得魯莽，不顧作為解放過程本身之一環的社會後果。

我想人們會在這些後來的什葉派運動中，同時發現對既存社會規範反慣例式的輕蔑以及反特權式的戰鬥精神。在西歐的千年至福運動中，一種免受既定規範拘束、「人類的存在先於亞當」（pre-Adamite）

的解放（基於反律法主義者的主張，重新訴諸未墮落的天堂的單純無邪），往往具體成為顛覆暴虐政府與上流社會的群眾運動（而且在這種運動中，追隨這種整軍備戰之理想的人們，再一次失去他們新建立的、不受拘束的個人狀態）。或許在每次的伊斯瑪儀里派革命中，這類事情都曾經發生過。無論如何，真正反律法主義者的反抗如果沒有促使人們恪守新的成規，似乎很少維持太久，無論這項運動可能的命運為何。然而在蘇非主義的形式下，已經找到將某種對因循性的反抗制度化的作法（在極端的案例中，甚至還反對真正自由放縱的行為）。似乎可能出現的情形是，在這些什葉蘇非運動當中，人們所表達的異議，至少與道德主義式的反特權戰鬥精神一樣，同等強烈地反抗恪守成規的做法；事實上，至少偶爾發生的情形是，有一種運動特別吸引特權階級（與較下層階級的運動不同，他們的異議更傾向於反慣例，而不是反特權，因為必須穩固地得到一筆個人資源，才能藐視嘲笑既存之道）。

十四世紀中、位於呼羅珊西部的薩爾巴達爾政權（Sarbadâr republic，後來被帖木兒摧毀）大半是由胡笙・朱里（Shaykh Ḥusayn Jûrî）的眾門徒領導，他結合了蘇非主義與什葉派的概念，並朝向革命性的正義。這或許是社會新氛圍最早、最持續的展現。

到了十五世紀，我們發現廣泛的證據可以證明擁戴什葉派的立場普遍增長。什葉派中心的庫姆（Qum）與相鄰的順尼派嘎茲文（Qazvîn）之間、半什葉派的阿勒坡與全順尼派的大馬士革之間，以及其他諸如此類的古老對比仍持續存在。但現在，伊斯法罕的兩大派系不再是哈那菲法學派與夏菲儀法學派，而是順尼派與什葉派。在印度蘇非主義裡，順尼道團的蘇非行者中，個別採納什葉派立場者數量漸

增（而且，反律法主義者的非伊斯蘭法主義同樣也愈來愈常見），特別在德干高原如此。在伊朗，某些道團強調效忠阿里後裔。我們有一份關於庫布拉維道團（Kubrawiyyah）的詳細研究。[20]在那個道團裡，希姆納尼（Simnânî，西元1336年過世）儘管反對什葉派信仰，卻已經擁護「好的什葉派」，也就是承認在最初的幾位哈里發當中，阿里享有優先地位。他承認，十二伊瑪目派的隱遁伊瑪目確實是他那個時代的至上者（但他否認其他伊瑪目也是至上者，至少在阿里之後的那些並非至上者，儘管他崇敬哈珊〔Ḥasan〕與胡笙〔Ḥusayn〕；他也否認隱遁伊瑪目比一般人長壽的說法，最後的末世引導者尚未到來）。他在道團中的繼承者愈來愈強調效忠阿里後裔以及伊本—阿拉比的教導（甚至並未正式否認希姆納尼所謂神超越單一見證論〔waḥdat e-shuhûd〕那種相反立場），到了十四世紀末，他們當中有一位鼓吹什葉派的關鍵原則，要求人們遠離阿里的敵人——儘管與絕大多數的什葉派成員不同，他不將前三位哈里發列為阿里的敵人。他效忠阿里後裔的意識還沒有真正暗示人們起身反叛。

最後，在十五世紀初，納各胥班迪道團（Naqshbandî）的主要領導者（以一個夢為依據）宣稱，他稱為努爾巴赫胥（Nûrbakhsh，1393—1465 CE）的一位年輕什葉派門徒將會成為末世引導者，並同時在法律方面拋棄了夏菲儀法學派，改為支持某種什葉派法學；納各

20　J. Molé, 'Les Kubrawiya entrc Sunnisme et Shiisme aux huitième et neuvième siècles de l'hégire', *Revue des Etudes Islamiques*, 29 (1961), 61—142 是一份非常敏銳的研究。我還沒有機會看到 Petrushevski, *Zemledelie u agrarniye otnosheniya v Irane XIII—XIV vekov*, 1960，這本書有一章與本節相關——據說對這整個時期來説，這整本書都非常重要。

胥班迪道團的成員和許多其他的蘇非行者一直以來都喜愛夏菲儀法學派。一定數量的伊朗道團（或許是大多數）接受了努爾巴赫胥，而努爾巴赫胥傾向和平，緩和他的什葉派立場，一如希姆納尼之前緩和他的順尼派立場。但他確實強調自己身為末世引導者的角色；他教導著（如同阿里而不同於十二伊瑪目派的其他伊瑪目）引導者必須具有作為完整伊瑪目的資格，也就是他必須實行大大小小的聖戰——以刀劍公開對抗不義的戰爭，還有私下對抗個人罪惡的鬥爭。（正如常見於改革者的情形，特別是這個時代，人們認為聖戰戰事的發起，既是對抗不義的穆斯林統治者，也是對抗非穆斯林「暴君」。）因此，他試著確立自己的權力。他在庫德斯坦以自己的名義鑄造錢幣，還好幾次被控對抗帖木兒朝夏赫魯赫的叛徒而遭到逮捕。但他沒有遭到處死，也因為他早就拋棄自己的主張，他在夏赫魯赫死後被釋放。曾接納他的那群納各胥班迪道團成員（現在名為「努爾巴赫胥道團」〔Nurbakhshiyyah〕）仍是活躍的什葉派成員，他的一名繼承者（khalîfah）在須拉子建立蘇非中心之後，據說在喀什米爾爭取許多哈那菲派成員改變立場，加入什葉派陣營，但他們掩蓋努爾巴赫胥的特殊主張，並過著像是一般十二伊瑪目派的生活。

在其他的蘇非主義圈子裡，效忠阿里後裔者也同樣燃起千年至福的希望。有時候，他們的倡議者受到既存階級的歡迎。夏・尼俄瑪圖拉（Shâh Ni'matullâh, 1330 — 1431 CE；「夏」〔Shâh〕這個詞時常置於許多蘇非聖人名字的字首）出生於阿勒坡，在伊拉克長大，且曾經居住在麥加到撒馬爾干之間的許多地方，夏赫魯赫相當喜愛他，印度德干高原的統治者們也樂於說服孫子們前去住在那些地區。夏・尼俄瑪圖拉特別因為他啟示般的預言而為人所知。但這樣的人也可能引發

猜疑與憤怒，而無法以蘇非行者通常的豁免權來平息不滿。努爾巴赫胥的遭遇相對溫和，但主張自己具有末世引導者地位的一位早期蘇非行者，法茲魯拉·阿斯特拉巴迪（Fażlullâh Astarâbâdî，西元1394年去世），被帖木兒下令處死，而他的追隨者們（被稱為「胡魯非人」〔Ḥurûfî〕[21]）在十五世紀遭到最為凶殘的迫害。其中最敢言的支持者之一是西部早期最偉大的突厥詩人納西米（Nesîmî），在西元1404年的阿勒坡，他被當成叛徒而被活活剝皮。

他的追隨者否認當時的統治者們的正當性。他們教導著在人類歷史上，有所謂啟示的上升曲線：首先是先知們，最偉大的就是他們當中的最後一位——穆罕默德；接著是聖人們，也就是十二位什葉派伊瑪目；最後，從法茲魯拉開始，則是其人身本身就是神啟之直接所在的人們。隨著他們的到來，更完美的世代漸露端倪，在其中，這個世界的不義統治者都將被掃除。至少在某種超驗的層次上，可以說他們表達了「新世代的時間觀」，既參照總體歷史序列，又合乎他們直接的千年至福觀點。但他們的異議大半是反慣例而非反特權，關切解放更勝於平等。或許，為他們招來這種猛烈迫害的正是他們坦承表達這種態度的強烈程度。

在十五世紀，胡魯非人的領導者繼續撰寫書籍，人們認為這些書籍與法茲魯拉本人的主要著作同樣神聖。在這些作品中，他們使用與整體蘇非傳統常見、幾乎毫無差別的表達方式——在這層意義上，他

---

* 21　編註：「ḥurûf」為阿拉伯文的「字母」之意，法茲魯拉的追隨者後成為密契主義的一個派別，主張用阿拉伯和波斯字母詮釋神的教義，所以被稱為「胡魯非人」。

們服從這個時代的保守精神——但從實踐的觀點來看，他們激進的異議明顯可見。他們在阿拉伯文（更精確地說法應是波斯文）字母中，看見動詞字根的本質要素，因此是所有可能意義的終極單位；阿拉伯字母建立在某種舊哲學傳統之上，或許也建立在某種伊斯瑪儀里式的詮釋上。在他們對字母的分析中，將數字與音位的象徵加入一套精細的體系，在這個體系中，一切真實都如同包含在小宇宙之中。正是他們對字母的執著，為他們贏得「胡魯非」這個名字，意指「字母之人」（letter-men），而在此，他們將文本與自然的內在意義詮釋原則推到象徵的極致。但最令傳統人士恐懼的或許是更實質層面的東西。除了字母以外，就連人的形象，特別是人的面容都變成一個小宇宙，在其中宇宙秩序與神性之美明顯可見。欣賞人類之美不只欣賞神聖之美的一種寓言形式，也不只是欣賞神聖之美的初步概略及促進因素，許多蘇非行者認為如此；鑑賞人類之美就已經是對神聖之美的欣賞，儘管對於人類之美的鑑賞應該提升到更高的層次。

在來自經驗的真實情況中，在人類的臉龐上看到將在更高層次發見的、神聖之美的象徵與看見神聖之美本身，兩者之間可能差異甚微。起因於極其明瞭之象徵的新的真實，被用來從某群人們身上引發令人陶醉的回應；這些人認為生命與愛的美麗終於在將被掃除之舊秩序的所有嚴苛的盲從者面前，得到應有的地位。除了納西米以外，還有其它詩人受到這種信仰吸引，並按其精神創作有時相當美好的狂喜詩歌（以波斯文，特別還有突厥文寫作）。同時，對於掃除如此猖獗的輕蔑，社會責任的捍衛者感受到特別的熱誠，他們特別在歸諸於法茲魯拉的神聖性中，發現大量引發公憤的理由，並暴烈折磨他們所能告發的任何胡魯非人。儘管胡魯非人贏得梅赫美德二世（Meḥmed II,

他是曾拿下君士坦丁堡的那位歐斯曼蘇丹）的些許歡心，但歐斯曼的大法官（muftî）作為曾受哲學傳統訓練的學者，判定將他們當中的某些人活活燒死。[22]

我認為我們所稱的什葉蘇非只能見於波斯（Persianate）地區，而且特別在亞塞拜然與安那托利亞的西部突厥人那裡生根。或許，在這些突厥人當中，人們一貫地強調什葉蘇非普羅大眾主義兼反特權的那一面。為了滿足人類占卜與驅邪的需求而存在的舊突厥薩滿傳統（shamanic tradition），在地方上非常自然地聯合為了滿足同一種需求而存在的蘇非主義傳統。似乎，人們現在之所以掌握薩滿傳統，主要是為了滿足效忠阿里後裔的蘇非主義。最早在西元1240年，安那托利亞一場由許多畜牧部族人民支持的、效忠阿里後裔的蘇非行者的起義（巴巴俄派〔Bâbâ'îs〕的起義），旋即反對塞爾柱貴族與都市地區的毛拉維（Mevlevî）蘇非道團。但是，自從青年團（futuwwah，他們的成員被稱為突厥語的「弟兄」〔akhi〕）在安那托利亞城鎮生活的發展上扮演重大角色的日子以來，效忠阿里後裔的想法甚至流行於定居的突厥人之間。我們已經看到，效忠阿里後裔的傾向與青年團的關聯如何

22　在主要處理其他時期的著作中，往往能夠找到關於這些運動的資訊。因此 Saiyid Athar Abbas Rizvi, *Muslim Revivalist Movements in Northern India in the 16th and lyth Centuries* (Agra University, 1965) 一書，對於馬赫戴維派（Mahdavî）運動在十五世紀的起源，就提供了許多資料，在印度阿克巴（Akbar）的時代（及在伊朗東部），這場運動非常重要，這本著作也同時提到吉蘭的納各塔維道團（Nuqtawiyyah），他們追隨中後期的眾多末世引導者當中的另外一位（並繼續興盛到阿巴斯〔Shâh 'Abbas〕的時代）。在這裡，阿里格爾（Aligarh）的 Sayyid Nurul-Ḥasan 關於這個時期的蘇非行者的未出版的研究著作也提供了一些資訊。

早在歐瑪爾・蘇赫拉瓦爾迪（'Umar Suhravardî）與哈里發納席爾的時代就已經攜手並進。在我們曾提及的希姆納尼身上，這項關聯再次出現；這一次顯然是與突厥青年團相關。在他的繼承人當中，至少有一個人與更強烈的效忠阿里後裔意識及青年團有關，這點並不令人感到意外。

西元1416年，安那托利亞與巴爾幹發生一場反抗歐斯曼勢力的重大人民起義，而幾乎可以確定巴比派叛變者的傳統有所貢獻。由托缽行者的隊伍以及從下層階級的穆斯林、基督教徒中招募來的人們組成，西元1416年的反叛者主張所有人在財產權方面的平等，並發布法令規範衣著的簡潔與普世的兄弟手足關係。他們特別禁止穆斯林否認基督教徒也是真正禮拜神的信徒，並確信自己的領導者受神派遣以帶來正義，而且，不論在起初遭受何種的挫敗，他們很快就會成功。

他們在意識形態上的指導者是沙瑪伍那的巴德爾丁（Bedreddîn of Samâvnâ, 1358 — 1416 CE）（我們並不清楚他是不是真正的領導者，但他以共謀罪名而遭絞刑），他是一位著名且四處遊歷的學者。巴德爾丁在埃迪爾內（即阿德里安堡）長大，並在伊斯蘭法學與哲學學科方面贏得聲望，而就像許多這樣的哲學家，他反對蘇非主義；但是，在開羅擔任傭兵蘇丹兒子的家教時，某位亞塞拜然突厥人（Âzerî Turk）使他皈依蘇非主義。領導了蘇非中心一段時間後，他返回歐斯曼帝國的家中，並宣講某種極端的存在論蘇非主義，而他在這種蘇非主義上，建立起平等主義之社會正義的要求，以財產共有概念置嚇壞了佔有階級。（伊本—阿拉比關於人類本質的廣泛想法促使人們對社會變遷的發展前景抱持樂觀展望，這就是其中一例。）有好一陣子，巴德爾丁似乎吸引了許多平民百姓的注意，但他接著退休，待在埃迪爾內

做研究；在那裡大約西元1410年時，一名歐斯曼大位的競爭者違背巴德爾丁的意願而任命他為首席法官，目的可能是吸引民眾的支持。當西元1416年的起義失敗，他的思想存活下來。某些反叛者轉而訴諸貝克塔什（Bektashî）運動，其他人也可能求助於薩法維道團（Ṣafavi），巴德爾丁本人曾經跟這個道團有所接觸；這個時代所有的什葉蘇非運動中，成就持續最久的正是這兩個團體。

　　某些運動侷限於特定部族。早期流行於某些庫德部族中的一種什葉派運動是真理派（Ahl-e Ḥaqq），他們將什葉派連結到某些蘇非行者與聖地，而於十四世紀之際在突厥部族流傳甚廣，特別是黑羊汗國統治下的地區，許多黑羊汗國的統治成員似乎曾是什葉派理念的贊助者。真理派信奉一套精緻的靈性循環體系，每種循環擁有各自在啟示層面上的階層體系，穆罕默德與阿里的循環只是其中之一，可能甚至比不上神聖恩典更晚近的顯現來得重要。這個運動在政治上仍相對消極，儘管運動確實得以支持部族人民所表現的獨特正義感，而這種正義感正遭受以都市為基礎的統治者侵蝕，備受威脅。（真理派以部族為基礎而存續至今。）另一種什葉派運動則由主張自己具有末世引導者地位的領袖發起，在政治上也更加積極，那就是穆沙俄沙派（Musha'sha'）；其中，有個突厥部族集團一路向南進攻到呼濟斯坦（Khûzistân），在那裡，該集團終於成為畜牧貴族並開始統治。

　　相反地，在突厥鄉間及安那托利亞城鎮中的下層階級中，貝克塔什道團似乎普遍具有吸引力。這個道團信奉某種十二伊瑪目什葉派的立場，但並不特別具有中央集權的色彩，其成員也歡迎許多其他觀點。特別是，貝克塔什道團提供一套主要的社會環境，在檯面上的運動遭到滅絕之後，讓胡魯非人的教導得以永久存續，法茲魯拉・阿斯

特拉巴迪也能持續享有崇敬。在蘇非主義的偽裝下，許多熱切的順尼派歐斯曼統治者接受了這個道團（儘管是勉強接受）。貝克塔什道團的托缽行者在安那托利亞的鄉間擁有廣大的追隨者群，並使百姓們聯想到各種褻瀆官方的傳說，包括對一切宗教教義的褻瀆。後來，貝克塔什道團成為歐斯曼朝主要的步兵兵力，也就是突厥禁衛軍的官方道團，在軍隊背後，支持他們經常性對抗政府的騷亂。

貝克塔什道團的成員們，似乎對另一個什葉蘇非運動，亦即以亞塞拜然的阿爾達比勒（Ardabîl）為中心的薩法維道團深具同理心。薩法維道團的政治傾向與穆沙俄沙派相似，卻擁有更多的部族追隨者，與城市的聯繫也更深，最終也在政治上享受更偉大的成就。在阿爾達比勒，原本屬於順尼派的世襲薩法維亞導師，在十五世紀成為熱切的什葉派成員。一路往西，直到安那托利亞的眾多部族聚集忠誠的支持者，蘇非導師們領導聖戰的遠征，對抗喬治亞的獨立基督異教徒，並終究也與亞塞拜然主要的統領們陷入軍事鬥爭。我們將看到他們如何在西元1500年之後建立一個偉大的穆斯林帝國。他們促成那個時代大多數波斯人持續改宗為什葉派，而許多流行於現代西方土耳其人的什葉阿列維派（Alevi）信仰，也可以追溯回他們的活動。

表 2 － 1 晚期的飽學之士，西元 1300 ～ 1506 年
Later Learnèd Men, 1300 － 1506

年分（西元）	人物
1310 年	納薩菲（Nasafî）逝世：辯證神學家（mutakallim）、理想政府形式的評論者。
1311 年	特卜丁・胥拉吉逝世：與納席魯丁・圖西有所連結的天文學家，他使托勒密行星理論臻於完美。
1318 年	拉胥德丁逝世：大臣、文人，有時被稱為波斯最偉大的歷史學者。
1320 年	卡瑪魯丁・法爾西逝世：與古特卜丁・胥拉吉有所連結的天文學家，引進伊本—海沙姆的光學，研究反射與彩虹。
1320 年	優努斯・艾姆雷（Yunus Emre）逝世：突厥蘇非行者、以日常語言書寫的民謠詩人。
1321 年	尼查里（Nizârî）逝世：什葉派頌辭詩人，旅行家。
1324 年	尼查姆丁・奧里亞逝世：印度—波斯蘇非行者、契斯提道團的主要組織者。
1326 年	阿拉瑪・希里（'Allâma Ḥillî）逝世：與納席魯丁・圖西有所連結的辯證神學家、十二伊瑪目什葉派教義的編纂者。
1328 年	阿米爾・胡斯洛逝世：印度—波斯蘇非宮廷詩人、契斯提道團成員，以創作情詩與史詩聞名。
1328 年	伊本—泰米亞逝世：漢巴里派法學者兼辯證神學家，其主要關懷在於正統與蘇非主義的過度、無節制。
1334 年	瓦剎夫逝世：朝臣，以華麗散文風格寫作的歷史學者。

年分 （西元）	人物
1336 年	阿勞德道拉・希姆納尼逝世：反對伊本—阿拉比與存在論的蘇非主義者。
1350 年代	伊本—夏第爾的興盛期：大馬士革的天文學家，他製作的月球運轉模型與哥白尼的模型相同。
1352 年	喀瓦儒（Khvâjû）逝世：最後幾位伊兒汗、以及穆查法爾朝（Muẓaffarids）與賈剌儀爾朝統治者的宮廷詩人。
1389 年	塔夫塔贊尼逝世：哲學家、辯證神學家、注釋家，在帖木兒的朝廷以阿拉伯文寫作。
1389 年	巴哈烏丁・納各胥班德（Bahâuddîn Naqshband）逝世：蘇非行者，納各胥班迪道團圍繞著他的教導而建立起來。
1390 年	哈非茲逝世：詩人、情詩大師，有時被稱為最優秀的波斯詩人。
1406 年	伊本—哈勒頓逝世：具有安達魯西亞血統的哲學家、政治家、法官、世界史作家。
1413 年	阿里・朱爾嘉尼（'Alî al-Jurjânî）逝世：辯證神學家，與塔夫塔贊尼同時代。
1418 年	嘎勒嘎珊迪（al-Qalqashandî）逝世：朝臣，寫做書吏風格的百科全書式行政手冊。
1428 年	阿布杜—凱瑞姆・吉里逝世：蘇非主義分析者、伊本—阿拉比的評論者。
1430 年	哈非茲・阿布魯逝世：帖木兒朝的歷史學家兼旅行多處的地理學家。

年分（西元）	人物
1449 年	烏魯—別克逝世：統治者、博學之士、天文學家，曾在撒馬爾干建造天文台，某些重要著作在此寫成。
1480 年代	道拉特・夏（Dawlat Shâh）的興盛期：詩人、文集編輯、詩人傳記作者。
1492 年	賈米逝世：蘇非行者兼宮廷詩人，有時被稱為最後的偉人。
1498 年	米爾喀凡德（Mîrkhvand）逝世：宮廷歷史學家。
1501 年	阿里—舍爾・那瓦伊逝世：大臣，有時被稱為東突厥語（察合台突厥語）最偉大的詩人，也是詩人傳記作者、評論家。
1502 年	達夫凡尼（Davvânî）逝世：哲學家、倫理學家。
1504 年	卡希非（Kâshifî）逝世：教師，乏味的倫理學者。
1506 年	胡笙・拜伊嘎拉逝世：統治者、以察合台語寫作的詩人，賈米、米爾喀凡得、那瓦伊與畫家比赫扎德的贊助者。

第三章

伊斯蘭背景下的視覺藝術

c. 1258 — 1503 CE

最初嘗試創造能夠純粹以視覺性質而刺激、威儡並吸引人們的事物，無疑幾乎等同於試圖召喚神奇力量以帶來感官的愉悅。農業文明（agrarianate civilization）的偉大視覺藝術，就算沒有這種神奇力量，絕大多數也至少仍保有象徵性。視覺藝術的吸引力不只來自線條的搖曳與色彩的飛舞，這些元素還回應著人類的情感與情緒；這種藝術，往往用圖像來代表多種事物與存在，同時也透過圖像所代表事物的人類觀念以及雙眼實際所見，吸引著人們。換句話說，視覺藝術就像詩歌一樣，具有客觀的象徵性內容，並透過人類所意識到的、事物之間象徵性的對應關係，以及藉由聯想而產生的絃外之音，來激發人們的想像力。美麗女性的圖像可能象徵著愛、豐饒與母性，最後，還象徵著親密且終極的生命泉源。強壯男性的圖像可能代表才能、生殖力與威嚴的權威，最後，還象徵著自然本身創造與毀滅最終的力量。一切屬於女性的特質，可能象徵性地見於月亮；一切屬於男性的特質，則可能見於太陽，或見於天空。藉由這種方式，透過道德甚或宗教意義上的象徵主義，藝術圖像富有長久的力量，儘管並非真正如魔術般奇妙，它仍廣泛地迴響著，並提出人類對於他們自身與周遭事物之終極意義的感受。

農業（agrarianate）定居城市的經濟，強化了藝術家運用這種暗示手法的傾向。擁有最訓練有素的藝匠為其服務的富人，無論是因為貴族或祭司的特權而富裕，總是要求得到不朽的物品；那些物品不只展示富人昂貴的奢華光彩，更藉由圖像而象徵性地指出他們的社會地位，以及他們所代表事物的意義，更將啟發人們對於他們的奉獻與忠誠。這種要求需要以我們剛剛談到的那種象徵性手法來滿足。神廟的藝術帶有直截了當的虔信與獻禮性質，建立在顯而易見的自然神話

上。即使是廟宇建築的形狀本身，都可能象徵性地代表某些事物。朝代或統治者的藝術，就會帶有引人聯想、象徵權力的目的。紋章藝術就是其中一例。宮殿的藝術，藉由引發敬畏與狂熱的忠誠，代表了君主的威嚴，即使沒有任何宗教上的內在意涵，也能帶來這樣的效果。在薩珊帝國的繪畫或雕塑中，以英雄式的場景呈現國王，在他身旁圍繞著能夠引起共鳴的標誌，象徵著他的權力；或者將他置於中央，讓廷臣們成群結隊地簇擁著他。因此，這兩種圖像裡奢華與權威的趣味性，以及藝術家富有想像力的靈感，恰好同時表現在象徵性的具象藝術（representational art）上。

但在伊朗—閃族的土地上，貶抑宗教脈絡下這種明顯象徵性具像藝術的傾向，早已萌生——無論這種藝術屬於舊異教觀點下的自然主義，或有更新穎的形式。在受到先知宗教影響的圈子裡，由於否定了自然信仰與伴隨而來的神話，取自於自然的視覺象徵並未廣受歡迎，並在神廟藝術中，逐漸遭到摒棄。先知所預言的神，是位居有形自然秩序之上的無形道德力量，人類與野獸的故事可以闡明祂的道德意志，卻不能象徵神本身。儘管馬茲達教徒（Mazdean）仍然使用塑像，他們認為無法捉摸的火會是更好的神性象徵。猶太人一概拒絕異教圖像，雖然並未拒絕每一種圖樣式的象徵，而基督教徒長久以來都對異教圖像懷有疑慮。在伊斯蘭到來之前的那個世代，隨著許多民眾改信基督教，恢復使用基督教化異教圖像的壓力產生，而更受啟示吸引的基督教徒的回應是，堅持消滅先前異教容忍的這種圖像：一種名為反肖像運動的回應。[1]在猶太人當中，或許從甚至更早的時候開始，對於

1　Gustave E, von Grunebaum, 'Byzantine Iconoclasm and the Influence of the Islamic

圖像的敵意就更加深切；一切具有形象的圖像──無論具有人類或動物的形式──都被排除到禮拜之外，就算那些圖像沒有導向異教的問題也一概被拒否；虔誠者甚至進而將所有這類圖像排除在一般處所之外，而使整個生活能夠全然奉獻給神。（這種態度，不只將圖像排除在宗教用途之外，更普遍不信任具象式圖像，較適當的稱呼應該是肖像恐懼〔iconophobia〕。）

　　這種肖像恐懼不可避免地為藝術帶來錯綜複雜的效果。即使僅限於宗教信仰的具象藝術遭到禁止，其他種類的藝術也間接受到影響；因為，無論紋章或朝代政權所帶來的靈感多麼強大，虔信的靈感具有更根本性的吸引力，對於藝術觀點的成形也更具影響力。伊朗─閃族土地上的整套藝術傳統，在一項關鍵之處遭到質疑：它藉由象徵以表達藝術家所能探求之至高真理的權利，而那些真理，包含在他的信仰之中。只有在伊斯蘭之下，才能全面回應這項挑戰。[2]

Environment', *History of Religions*, 2 (1962), 1－10 指出這項結果，文中也指出，反聖像運動與對神性超越性的強調之間，可能建立的連結。

2　關於伊斯蘭藝術（Islamicate art）一直沒有令人滿意的一般性研究，甚至在建築學或繪畫方面，也沒有任何令人滿意的個別研究。Georges Marcais, *L'art de L'Islam* (Paris, 1946) 或許仍與這領域的其他嘗試的品質相當，它的長處就在於饒富趣味，但這本著作實際上以阿拉伯地區為限，特別是北非（Maghrib）。既然這本著作聚焦於建築，就要補充 Maurice S. Dimand, *A Handbook of Muhammadan Art* (3rd ed., New York, 1958)，這本書探討建築與園藝以外絕大多數的視覺藝術，就地理的角度而言也具有更高的代表性；然而，它只是一本美化的博物館目錄（大都會藝術博物館），主要供參考之用（並有豐富的插圖）。Ernst Kühnel 在 *Miniaturmalerei im islamischen Orient* (Berlin, 1923) 一書中，生產出具有啟發性但較為一般性的伊斯蘭繪畫（Islamicate painting）研究，他的另一本著作 *Die Kunst des Islam*

伊斯蘭對伊朗—閃族視覺藝術的衝擊

　　最初的穆斯林接受他們所到之處的地方藝術，一如接受其他的文化面向，並贊助他們之前的重要人士們所贊助的同一批藝術家。《古蘭經》譴責幾項輕佻的事物，包括詩歌在內，但它並未譴責形象藝術。但不可避免地，伊斯蘭內部很快就陷入爭執。以往造就肖像恐懼的一切條件，在伊斯蘭裡也已經備齊。[3]

(Stuttgart, 1962) 由 Katherine Watson 譯　為 *Islamic Art and Architecture* (London, 1966)，這本書透過技術分析（且幾乎沒有認知到美學意義）快速瀏覽所有類型的藝術，特別是地中海地區的藝術；他的歷史資料幾乎都有所錯誤。David Talbott Rice, *Islamic Art* (New York, 1965) 比起 Kühnel 的著作，則沒有那麼專注於地中海地區，但舉例來說，它完全沒有談到印度，膚淺且缺乏理據；而且，在這種簡要的一般性著述中，界定博物館裡個別作品的時期，這種作法相當細瑣狹隘。Arthur U. Pope, *A Survey of Persian Art* (London and New York, 1938－39) 所附插圖最為豐富，他所寫的 *Introduction to Persian Art since the 7th Century A.D.* (London, 1930) 論據較為薄弱，將會被他另外一本品質極好的作品 *Persian Architecture, the Triumph of Form and Colour* (New York, 1965) 取代。Heinrich Glück and Ernst Diez, *Die Kunst des Islam* (Berlin, 1925) 包含堅實的技術性分析（以及對一般性文化與歷史常見的忽視），特別還有良好的插圖與圖表。Ernst J. Grube, *Landmarks of the World's Art: The World of Islam* (New York, 〔1966?〕)，也附有華麗的複製圖。很遺憾，這些著作確實代表了伊斯蘭藝術（Islamicate art）研究的狀態；儘管對於眾多國家的紀念性建築作品，還有其他藝術品，進行了許多相當合宜的考察，但這些藝術詮釋仍普遍顯示出，作者們對伊斯蘭文化（Islamicate culture）的其餘部分所知甚少，更對美學問題提出僵化回應。

3　關於早期穆斯林敵視圖像的態度，它的相關發展，最晚近的著作參見 K. A. C. Cresswell, 'The Lawfulness of Painting in Early Islam', *Islamic Culture*, 24 (1950),

從一開始，《古蘭經》，連同穆罕默德的所有訊息，就依循著伊朗—閃族先知傳統的路線；反對自然異教就是自然而然的傾向，這些異教也就是尼羅河至烏滸河間地區的民族，用以連結異教人物的那種宗教。接著，伊斯蘭法主義者——他們在伊斯蘭享有特殊的優勢地位——以道德考量強化對自然圖像與生俱來的偏見，同時譴責異教內外的具象視覺藝術。早在希伯來先知當中，對有錢人的美學奢侈品（像是女人的珠寶，還有華麗的宗教紀念物）心懷輕蔑的態度就已經存在：他們認為，這種奢侈品是從窮人的汗水中絞擰出來的，更無法與道德潔淨者的純粹性共存。伊斯蘭法主義者的平等主義庶民社會意識，附和著這種情操——譴責黃金碗盤、絲綢衣物與音樂（這些都是針對男人——他們鮮少嘗試在這些方面控制女人），連同具象圖像提供的豐富裝飾。或許同等重要的是，伊斯蘭法主義者極度不信任任何看似魔術的東西，這些東西在定義上跳脫了事實對人類野心所施加的限制，而這些限制正是平等主義的原則。

最後，在更敏感的人們之間，這些出於道德意識而拒絕美學文化的理由，獲得我們在第二冊提到的、虔信上的直接考量所支持。純粹的一神教虔信經驗具有強烈的排他主義：神聖超越性的道德挑戰，需要完整且一致的專注力。一位論（unitarian）神學，就是獨一性在禮拜

218－25，它簡要地提及幾項主要證據，以證明在早期虔信者的圈子中，沒有禁止圖像，但仍然相當膚淺（並附帶地將肖像恐懼部分歸因於「閃族天生性格上對具象藝術的厭惡」，這種愚蠢的西方種族主義，在其他可敬作家的著作中，往往沒有這麼清楚地展現）。Rudi Paret, 'Textbelege sum islamischen Bilderverbot', *Das Werk des Künstlers: Hubert Schrade sum 60. Geburtstag* (Stuttgart, 1960), pp. 36－48，則從有用的參考書目註記開始，接著說明法學作家實際上禁止與未禁止的事項。

活動中的展現。用以呈現神聖挑戰的《古蘭經》，是唯一能夠被接受的象徵物；禮拜者必須將他自身存在所具有的一切想像與洞察能力，專注在《古蘭經》本身。[4]任何其他的象徵物，特別是形式上造成誘惑的那些，像是音樂或視覺圖像，必然會分散靈魂的注意力，而看似與《古蘭經》對立。這種作法，與排除專職祭司與其專業祭禮的理由相同：禮拜者必須全心全意且不經媒介地面對神的命令與訓誡。因此，在這種傳統之下，禮拜地點不以奉為神聖的特殊廟宇為限，而具有圖像的象徵物，無論見於何處，都顯得危險。這種支持肖像恐懼道德主義者的理由，或許具有決定性，因為，它確保了持久的崇敬，而若沒有這項特質，這種態度就只不過是清教徒式的抱怨。

　　純粹一位論的信仰，對一切可能挑起人類想像力的事物（除了它本身之外）抱持敵意；嚴格合乎道德的平等主義毫不尊敬昂貴的奢侈品藝術——因此，在伊斯蘭法主義的伊斯蘭中，虔誠者的虔信與資產階級的狹隘偏執結合，以貶低一切在道德上看似多餘的事物。伊斯蘭法的精神，至少在原則上，對所有更具素養的藝術都抱持敵意。伊斯蘭法無法消滅所有奢侈品與藝術，但它確實將其權威的一切影響力，施加在它基於某種理由而加以指控的任何藝術上。連同會令人想起酒

4　關於作為象徵的《古蘭經》，參見我的著述 'Islam and Image' in *History of Religions*, 3 (1964), 220－60 中的第 222 與 224 頁。這裡所呈現關於藝術的某些觀點，我在這整篇文章中有更完整的發展，其實還包括更普遍地關於伊斯蘭社會（Islamicate society）的觀點，但對於歷史的發展，就沒有太多關注，因此對於肖像恐懼，也沒有提出太令人滿意的分析。我也同意，我的文章中與現代藝術的對照，是不當的片面觀點。我必須在這裡感謝 Harold Rosenberg 促使我在本章採取更加謹慎、因此也更不易造成誤導的途徑。

與性愛放蕩的女奴的歌唱，以及黃金或絲綢的美學應用，伊斯蘭法禁止一切具象的圖像（至少禁止其公開展示），其立論基礎在於，圖像可能會誘惑心智脆弱的人陷入偶像崇拜。哈那菲法學派與什葉伍蘇里法學派（Uṣûlî Shî'î）的法律書籍禁止圖像，以避免可能使人在禮拜時分心的事物；夏菲儀法學派與瑪立基法學派藉由討論接受婚宴邀請的問題，而暗示性地連結藝術與奢侈；但他們都得到類似的結論。描繪動物形象的畫家註定被毀滅（在最後的審判中，他必須試著將生命吹進他的形象，而且他終將失敗）；一旦完成這些圖像，除了明顯侮辱它們的用法，像是踩在地上以外，都絕對不能使用。

伊斯蘭（Islamicate）的政治發展，確認這種情形在藝術方面的效果。從拒絕宗教藝術中具有超然的關聯性開始，朝代或紋章藝術中的象徵性標誌就再也無法部分地免於倖難。當時沒有確立的仕紳統治階級，能耗費好幾個世代，來培養合乎身分的想像力與高等品味。就連阿巴斯哈里發政權，也沒有針對想像力可能奠基、藝術得以讚美的合法化理由，發展出獨立的基礎。隨之而來國祚甚短的軍事朝代，更不可能提出這方面的合法性訴求。身為軍人，這些有錢的統治者往往方才從階級中晉升，也主要訴諸於伊斯蘭法，以求得他們所能找到的適當的合法化理由。這些身為統領的新人，沒有在宗教學者的嚴苛態度之外提供其他選擇；事實證明，即使是蒙古人與帖木兒家族的朝代，雖然他們本身是強而有力的贊助人，卻也無法自主地基於握有的權力，來為象徵性標誌建立一套完整的合法化理由。那麼，人們並不預期象徵性具象藝術是出自這兩種正規來源。因此，一如在政治領域的情形，進而在藝術領域也是如此，除了拒絕賦予它合法性的伊斯蘭律法之外，無法為神話與象徵找到現成的公共合法性來源。

當然，在清真寺裡，伊斯蘭法的禁令有其實效。（它也助長了基督教堂與猶太教會所中的肖像恐懼傾向。）即使在世俗的建築中，禁令也普遍地消滅了雕像（儘管並非總是如此）。最後（正如我們將看到的，伴隨著紋章藝術缺乏穩固的政治基礎），儘管這項禁令未能阻止二元圖像的廣泛運用，衍生出這項禁令的那種觀念態度，確實在這種圖像以及穆斯林民族各式各樣的藝術上留下影響。這不只是因為，這種禁令強化了民眾對象徵性藝術所隱含巫術的迷信恐懼。這種恐懼的痕跡在伊斯蘭世界中相當普遍，在那裡，如果有農民發現古代的圖畫或雕像，他可能會立刻摧毀它們，甚至學者（在伊斯蘭法的認可下）也可能會儀式性地在圖畫裡的人像喉嚨上劃出一條線，以表示它沒有生命。但我認為，透過帶給藝術家擁有的想像力範疇的間接效果，肖像恐懼仍然更具影響力。

　　我們已經提到，在尼羅河至烏滸河間地區，受穆斯林贊助的藝術，在對於格式的堅持，以及對於起而挑戰古典的紀念碑形式（monumentalism）與自然主義的、單純敘事形式的堅持上，向前推展；從外觀上就看得出，屬於伊斯蘭（Islamicate）的藝術風格逐漸興起，到了中前期，便已經完全確立，這些風格的特徵在於反覆使用已成模式的書法，以及交錯且對稱的抽象設計，兩者都更進一步地促成格式化。在這種強化的格式之中，肖像恐懼的傾向似乎已經扮演某種角色。因為有限的格式化，儘管可能促使形象在信仰方面或作為紋章而發揮的作用，但若過度採用這種作法，可能會反過來除去形象鮮活的效果，使它融入自身的美學背景。然而，這不是肖像恐懼的壓力所造成的唯一效果。排除描寫神話的藝術，會在藝術家靈感來源的核心設下一道難題。這個問題可以透過幾種積極的手段解決。藝術家所發

展出來的解決方案，不只為所有種類的紀念性藝術定下基調，甚至創造性地影響著完全沒有承受肖像恐懼壓力的藝術類型。從讓巨大圓頂閃閃發光的交錯幾何圖形，到地毯上繁複密布圖像裡的花俏色彩展現，藝術家們終於能夠創造想像的新世界，這個世界不再屬於自然神話，卻具有大量豐富的驚奇與愉悅的獨特表述。

有幾位作家已經嘗試從具象圖像禁忌的角度，對伊斯蘭藝術（Islamicate art）或其中的某些方面，提出一套一般性的解釋。某些人認為，禁忌甚至使藝術家減弱了確已完成的具象式形象的生命力。[5] 我

5　Thomas Arnold 的 *Painting in Islam* (Oxford, 1928)，是一系列有趣的研究，任何關於肖像恐懼效果的研究，都應該把它當成起點，而在眾多其他論點當中，這本書特別針對繪畫裡常見的、人臉上毫無表情的情形，提出論點。對 Richard Ettinghausen（任何學習伊斯蘭藝術〔Islamicate art〕的學生，必定讀過他的著作）而言，這點應當歸於刻意的非現實主義（unrealism）這個更大的範疇，而那樣的非現實主義可能具有眾多形式（'The Character of Islamic Art' in *The Arab Heritage*, ed. Nabih A, Faris,〔Princeton University Press, 1044〕）；但 Ettinghausen 心理學式的論點是可議的，而且，他的某些解釋無法成立：他提及古麥加缺乏藝術這件事情，事實上沒有直接相關，而他將許多非自然主義（non-naturalism）的傾向，與宗教學者甚至辯證神學的概念連結，這樣的作法非常沒有說服力，特別是同樣的傾向也出現在完全未受肖像恐懼困擾的藝術之中。較細膩的研究是 Gustav von Grunebaum 以阿拉伯地區上的藝術為限的分析，'Idéologie musulmane et esthétique arabe', *Studia Islamica*, 3 (1955), 5－23。他指出，在伊斯蘭法主義的伊斯蘭中，一方面由於缺乏戲劇感，加上相較於某種古代英雄傳統，人類性格完全受到輕視；因此表示，伊斯蘭法主義的伊斯蘭，對於繪畫或文學中的具象藝術，並未帶來任何刺激。但是，伊斯蘭法主義的伊斯蘭，既然並非唯一正在發揮作用的文化勢力，這種論點就沒有帶給我們更深入的理解；例如，儘管他提到巴勒維（Pahlavî）背景在伊朗高原的作用，卻沒有相對應地提及，他主要討論到的肥沃月彎閃族（敘利亞的）背景（我認為，這些討論恐怕絕大多數都有文獻學者的短視傾向──忽視

認為，幾乎沒有證據能夠證明，藝術家刻意去除他們筆下人物的人類形象；整體而言，對於他們的繪畫在視覺上模擬自然的程度，畫家們似乎感到驕傲。對於某些宗教學者（正如某些學者們所指出的）指控藝術家正試著「創造」生物，因此與神敵對的說法，藝術家深感困擾，而在這種意義上，在現代以前的時期（在任何地方），人們也不認為藝術是「創造性」的。如果確有影響，其影響應更為間接。很遺憾，無論就藝術家或大眾對藝術的期待，我們都沒有真正具體的文獻評論，而我們對美學動機與概念的分析，必須在推測之中行進，並以作品本身為基礎。但看起來，這種伊斯蘭（Islamicate）具象藝術的某些特徵，確實反映了某種意識的貶值，而這種意識能夠賦予形象天生的象徵甚或哲學面向；因此，那種具象的圖像，必然更不具有意義可言。

相較於農業時代的其他藝術，伊斯蘭藝術（Islamicate art）本質上最具特色之處（我相信）在於，除了當下的視覺吸引力之外，它在更大程度上不依賴以標誌為媒介的象徵功能，無論是宗教或政治上的標誌。甚至，對於大肆揮霍在清真寺上或獻給王室宮殿的那種藝術，這種說法也成立。在這種特殊的意義上，它完全就是「世俗」藝術。

在二十世紀（在經過一個半世紀的「為了藝術而藝術」之後），我們的處境或許更有利於評價這種藝術，甚至相較於一個世紀以前，也更為有利。我們可以在伊斯蘭藝術（Islamicate art）裡，看到藝術的現代世俗自主性對於張力的期待，而這可以詮釋為對於純粹視覺效果的堅持——儘管不是對整體現代藝術的期待，這種期待需要以技術化

文化延續性的主流，而偏好阿拉伯語文本身所呈現的那種連續性。）

的現代性世界為前提。或許並毋須意外是，在都市及商業的世界主義相對較遠離本質，確實已不能合乎任何聖禮或君主制度的社會中，這種期待在它的藝術中特別能夠引人注目。相較於任何其他農業層次（agrarianate-level）的文化，對非具象藝術的刻意依賴，甚至連同將具象藝術抽象消解而轉化為純粹視覺元素的做法，或許兩者在穆斯林群體中都更頻繁地發生。某種程度上，在穆斯林與在現代人身上，這些效果都可能得以連結到它們與古老自然神話之間的疏離關係。兩者間的差異多過於相似之處。例如，在穆斯林之間，重新評價具象圖像的作法，既不立足於幻覺派（illusionist）的「模仿」傳統，也不反抗之；它也不導向個人表現主義（expressionism），或造成在風格方面持續創新的壓力，因為，伊斯蘭藝術（Islamicate art）仍然是農業時代的藝術。但類比之處可能引發聯想。

　　發生於伊斯蘭世界的事件，特別會以形象藝術來表現，儘管我認為這種情形實際上應該更加普遍。在農業社會的宗教與政體中，扮演核心角色的、自然與社會秩序的偉大客觀象徵，它所需求的形象藝術，強調其所用形象的生命力，甚至強調它的生物面向。形象本身必須贏得敬畏或奉獻，必須激起對它們所體現之事物的想望。但當它們不再具有信仰方面或作為紋章的功能時，具象的象徵轉變成僅是私人的資源，在看似需要的時候加以運用。這種象徵的發展，不是在既存的禮拜儀式裡，而是在私人的詩歌當中進行；視覺藝術也進而從詩歌擷取它所用的象徵，而不是從宗教信仰擷取。這種形象不為虔誠的冥想服務，而是用來激起即刻的景仰。富有生命力的趣味性焦點，甚少

僅為樂趣而以具體的形象存續。[6]在公開享有合法性的客觀象徵之外，形象藝術必須找到其他靈感來源；這種來源確實存在。從某個方面來看，伊斯蘭藝術（Islamicate art）的歷史，就是這樣的追尋過程中所得到的、數種答案的歷史。

在知識與宗教領域中，普羅大眾主義制度所無法合法化的想像生活，進而轉變為密傳，賦予自己一種原始傳統，這套傳統能在私人的對話中，發展出豐富的內容。我們可以想像一種密傳藝術，在其中，蘇非主義的象徵可能成為具象式象徵的基礎。在中前期的資產階級藝術中，確實存在一些偏重於這個方向的傾向。[7]但這種藝術的實踐基礎相對薄弱：或許除了音樂以外，它必然脫離實際的蘇非式禮拜，密傳原則就企圖阻止這種禮拜儀式的實質高度發展。接著，當高等宮廷藝術（儘管還不是紋章式象徵的藝術）在蒙古人統治下更高度發展，或許在其他圈子裡，那種宮廷藝術也享有壓倒性的吸引力，而使任何其他傾向無法得到社會的滋養。那麼事實證明，密傳虔信的替代方案是行不通的。

然而，藝術的世俗化，並未衍生出單一的「世俗」風格，甚且沒有衍生出某種單一的風格。相反地，世俗話作為某種條件，潛藏在幾

---

6 在這裡，關於更完整的發展過程，我必須連同本章註 4 所提及的提醒，再次引用 'Islam and Image', pp. 249－52。

7 G. D. Guest and R. Ettinghausen, 'The Iconography of a Kashan Luster Plate', *Ars Orientalis*, 4 (1961), 25－64 已經指出，有只陶碗上的圖像，表面看似是水手的故事，但它的處理手法，或許還帶有蘇非主義的意涵。我必須感謝 Oleg Grabar 讓我注意到這篇文章，他還給予我許多其他的協助；但他不必為我在事實或觀點上的錯誤負責。

種藝術發展以及許多截然不同的風格底下。（在某些媒介中，可能比其他媒介更為顯著。實際上，將具象式的象徵限制在神聖建築中，可能是隨之而來的必然結果，但這種限制不像在舞蹈或其他圖像藝術上那麼具有決定性。）在不同出身背景中，世俗化可能具有非常不一樣的效果。特別是，在商人當中，因此也是在伊斯蘭法主義的圈子裡，它可能造成某種寫實主義——由幽默點亮的世俗敘事藝術，像是我們所提到中前期的那些作品。在貴族的圈子裡，特別在蒙古人入侵之後，貴族贊助之品味的傳統，進而脫穎而出，反而造成一種潮流，這股潮流傾向非具象式的、或至少顯然抽象的藝術，這種藝術較常訴諸立即的視覺衝擊，而非訴諸藉由象徵而引人聯想的內容，也就是，訴諸純粹的視覺性。（這點可以跟敘事趣味的持續存在相互結合。）

藝術的世俗化，不像我們在現代藝術中常常看到的那樣，推展到藝術家文化世界極為個人化的程度，在現代藝術中，每項藝術作品似乎都預設了它自己的世界，擁有獨特的文化認知與意義，而觀賞者必須從這個世界出發，往外推展到觀者的個人態度。社會延續性最重要的因素，就在於工匠自己身為工匠所接受的標準。光靠這些標準，就足以確保抽象藝術的精確性，以及往往煞費苦心的涵養，而這種抽象藝術，在這些方面，與二十世紀絕大多數的抽象藝術截然不同。

在屬於純粹視覺性的藝術中，尤其是更具貴族色彩的圈子裡所喜好的形式，這種工匠意識有助於藝術在達成所欲之藝術效果時，同時表現高超技藝的傾向。其中，最常為人尋求的效果，是純粹的奢華：其中，展現了能支配藝術作品所需豐厚資源者的身分地位，以及得以有效運用這些資源的藝術家們所掌握的高超技藝。從表面的錯綜複雜設計所創造出來的豐富文本素質，特別能夠掌握這種效果。這種視覺

藝術的哲學內涵，可能只限於平凡的作品之中：受限的不只是想像在象徵上所能引發的聯想，甚至，在人們被訓練觀看本質上更廣泛的效果時，其範圍也同樣受到限制。不過，這種純粹視覺性藝術在目的上的單一，也按其特有的方式而具有宏大的創造力。

這種成就似乎在中後期達到顛峰。其中一項，就是阿拉伯式花紋（arabesque）藝術，還有相關的線條模式組合藝術。這種藝術形式，早在中前期就已經大半完成，更在蒙古—帖木兒時期繼續以完善的品質存續；只有關於後面這段時期（還有更晚近的時期），我們才能掌握流傳下來的大量樣本（與伊斯蘭藝術〔Islamicate art〕的一般情形相同）。

阿拉伯式花紋是從早在伊斯蘭以前的科普特（Coptic）及薩珊帝國藝術中，用於裝飾邊緣的花草設計圖樣發展而來。當時所運用的、格式化的枝葉交錯，由後人錯綜複雜地推展，進而，既美妙多變、卻又完全平衡且令人滿意的抽象形式網絡，能用於完整的表面上，不乏味，也不突兀。這種線條模式的完整構造，有時是透過其他方式構成，特別是透過純粹的幾何圖形創作。圓形、三角形、方形與其他多邊形，以極其複雜的組合方式相互交織，它的總體效果必然令人印象深刻，但就像音樂創作一樣，當人們在觀看時分解多種幾何元素、並觀察它們如何相互契合時，也賦予作品力道。但最受喜愛的是花草圖紋與其他主題的組合：純粹的幾何形象、另一種花草主題（像是「狀似棕櫚」的樹木、格式化的雙層樹木）、動物及人類的形象（有時只不過是，從花草圖紋的「莖」長出來的「葉」所作的變化），或許特別還有——具有高度素養的阿拉伯文書寫線條。

這種線條模式的構圖，無疑是在虔信者圈的影響下，特別在清真

寺內部，作為形象構圖的替代品而興起。它們往往獨自成立，而不僅僅是裝飾其他東西的附屬物，儘管它們無關於任何出自神話的象徵。當結合了中前期轉換為紀念性風格的、發展成熟的書法裡誇大的平行線、彎曲的筆劃轉折與尾端，阿拉伯式花紋的構造就頌揚著出自《古蘭經》或聖訓之神聖章句，而有其意義與內涵。特別引人聯想的，是使用神的話語，虔誠地取代古老自然神靈圖像的作法。對於誠摯的阿拉伯文讀者而言，這種構圖帶有某種獨特的華麗美感。但是，即使沒有文本的簇擁，這種形式仍然非常有力，因此被運用在每一種材料與環境中：除了在建築的牆垣上，還有木門或木櫃上的雕刻，更當成書籍的卷頭插畫或封面，以及巨大的地毯，處處可見。[8]（我們無疑將不再稱它為「完全的表面裝飾」，這麼說會讓它顯得不過是無法容忍留白的結果，而改稱為「以色彩與線條的潛力，完整地利用表面」：同樣的東西，倘若純粹只是裝飾，則可能過度，如果成為完全獨立的藝術作品，卻可能會是美妙的奇觀。）

有人主張，這些構圖展現了永恆，呈現無垠的繁複與存在的律動，並同時得以在細節與細節之間、部分與整體之間的總體和諧中加以解析，因此在全面的靜止中，看到所有的移動。確實，這種構圖的效果，可以無與倫比地豐富；無數細節各自令人感到珍奇，卻又沒有哪個物件特別突出而足以支配整體，眼睛飽覽了無盡的美。在這裡，無法確定是否存在任何明顯的形上學象徵（我們沒有證據證明有人如此看待之）。然而，如果少量的人類形象會迷失在組成巨量交織線條

8　A. C. Edwards 已經成為公認的地毯研究權威；透過 *Legacy of Persia*, ed. A. J. Arberry (Oxford, 1953) 的「波斯地毯」一章，可以快速了解他的態度立場。

的元素當中，我們就可以認定，它確實有意引發某些感受。[9]

帖木兒朝的纖細畫：具有形象的抽象視覺性

在伊斯蘭世界中，雖然沒有那麼普遍，但也同樣令人印象深刻的是，在不受自然神話的具象式象徵所支配的視覺藝術中，另一項頂尖的成就出現在蒙古—帖木兒朝時代的手稿插畫。伊朗的繪畫，某種程度上還有波斯地帶（Persianate zone）其他地區的繪畫，在中後期——或更明確地說，在西元 1300 年到 1600 年之間——歷經一段後無來者的全盛時期。這樣的全盛狀態，不可避免地導致人們拿它與義大利文藝復興時期藝術對照比較。較早期的伊斯蘭（Islamicate）形象繪畫，一如較早期的義大利作品，預示了概略的伊朗—地中海傳統，一般認為，拜占庭藝術是這套傳統的最佳代表；早期的作品曾經擁有重要的長處，而在後來的期間，這種素質偶有喪失。但就像在義大利藝術那樣，中後期的光彩，可能讓我們看不見早期豐富的生命力。而且，就像在義大利藝術的情形，這種作法並非完全不具正當性。這種繪畫出現於波斯詩歌流傳的任何地方，形成波斯（Persianate）想像精神最具特徵的表現方式，而這樣的精神，從蒙古人的時代以降，就瀰漫在伊斯蘭世界的多數地區；這種成熟的精神，也表現在蘇非主義藉以進入

9　Carl J. Lamm, 'The Spirit of Moslem Art', *Bulletin of the Faculty of Arts of Cairo University*, 3 (1935), 1－7，在認為阿拉伯式花紋表達出一神論的概念，並位居伊斯蘭藝術（Islamicate art）之核心，在抱持這種觀點的幾位作家當中，他屬於較早期的例子。

波斯詩歌的細緻與活力之中。[10]

　　儘管宗教學者抱持不同的看法，具象的描繪幾乎仍然普遍存在，至少在核心的穆斯林領土上，除了特別具有宗教性質的建築之外，在壁畫、手稿插畫與陶器也經常可見具象的圖像。這一切媒介享有大致共通的傳統，也存在技術造成的差異，儘管手稿的水準最高，而且這些手稿流傳到我們的手上時，無論如何都比壁畫保存得更好。我們使用「纖細畫」（miniature）這個詞，去將手稿插圖、甚至是人們有時會製作的單張獨立繪畫，與通常規模較大的、牆面或地面上的創作區分開來。但是，「纖細畫」這個詞當然並不表示這是一種低等的藝術，這種繪畫實際上無法在短時間內畫好。（事實上，正如藝術史學家所指出的，在某種文化裡有其作用的藝術作品分類方法，在另一種文化裡可能會造成誤導──特別是純美術與工藝美術之間的西式區分，這種區分會將陶器上的繪圖貶謫到另一個領域，與紙張或畫布上的繪畫完全不同。）

　　帖木兒朝的具象畫家（無論使用任何媒介）汲取靈感的主要來源之一，就是他們與波斯詩歌傳統的緊密結合，在其中，詩人們出於完全的公正中立，服務著繼承的統治階級，這些詩人也早已發展出他們自己的想像世界。波斯詩歌已學會強調多面向且才華洋溢的文字即刻帶來的衝擊，更認為比起呈現人類的嶄新洞見，這樣的文字更具關鍵

10　Lawrence Binyon, 'Art in Persia', in *The Spirit of Man in Asian Art* (Harvard University Press, 1932), pp. 116－42，對於可能具有帖木兒朝風格之形式的纖細畫，提出敏銳的詮釋。（相較於 E. Blochet, *Musulman Painting, XII－XV 111th Centuries*, trans. by C. M. Binyon, 2〔London, 1929〕之類的著作，這是較令人愉悅的著述，Blochet 的著作主要由對於伊斯蘭充滿誤解與種族主義的猛烈抨擊組成。）

性。當在詩歌中這種傾向愈來愈盛行，就越無法創造出高品質的新著作，特別在詩人哈非茲之後。但若轉譯為繪畫，這種形式要素的即刻性，就為一種新的藝術帶來啟發，這種藝術具有阿拉伯式花紋的某些抽象性質，卻又正好關鍵運用了人類形象在敘事場景中、在情感方面蘊含的意義。

　　繪畫中的情感特質建立在人類的處境上，而這樣的處境，同時也是插圖所配合的那數行詩歌與繪畫的主題；但繪畫的感染力並不依賴任何對於同理心的明確訴求。讓我試著以更概括性的方式說明。纖細畫透過人類形象描繪情感特質，並不借助任何間接且概念性的媒介。這種媒介可能以兩種方式出現：透過月亮、星星或海貝等客觀的象徵物；或者透過更不具概念性，卻也不是純視覺性的方式，運用生物性的標誌──嘴唇的線條、手指的張力、腿的姿勢，透過模仿表現情感的身體語言，來表達形象的情緒或熱情。不過，在這種繪畫裡（就像在二十世紀抽象藝術的情形，儘管不像其中某些繪畫那樣帶有強烈的個人因素），直接透過顏色與線條的視覺性，來達到這種作用。其基調可能躁動、澄澈或壯闊；或許在某些時期，最常採用英雄式的表現方式，而在其他時期，最常見的則是抒情的表現方式；但引發迴響的最重要手段一直都是色調與形狀的運用，而不是將觀看者的情感參與引入場景之中。（人們認為，這種方法無法處理最強烈地專屬於個人的情緒，而這是一種損失。）那麼，形象本身只不過是個起點，從這裡開始，能夠引起純粹視覺元素可能暗藏的絃外之音（就像在韻文中，形象是運用純粹語音元素的起點）。[11]這些視覺性質的強大潛力，

11　在此，我必須再一次更詳細地引用 'Islam and Image', pp. 245－47。

使得它形成的繪畫，成為格外具有普遍吸引力的藝術。

　　對於伊斯蘭藝術（Islamicate art）的評論，往往強調它缺乏的部分，而我要指出它具備的特質。最終，我必須試著闡明，在具象藝術中，純粹視覺性可以具有何種意義：我將稱之為「圖像的自主性」（graphic autonomy），也就是，忠於圖像的表面。觀賞帖木兒朝的纖細畫時，只須使用視覺，所有其他感官都被嚴格地排除在外。它不會引誘人們動手觸摸這些形象，因為它們不具實體感。人們甚至沒辦法用身體擺出與它們相應的姿勢——觀看者的姿勢根本無法與繪畫中的物體對應。它們都同等地呈現在眼前——或者應該說，都同等地遙遠。纖細畫甚至沒有像某些其他藝術裡所看到的單一趣味焦點：圖中場域往往細分為許多同等仔細處理的片段，每個細節都同樣清楚地呈現。

　　特定景象在這些圖畫中永恆不朽；但使它們歷久彌新的方式，必須與文藝復興的幻覺派或印象派對比，這些畫派以整體的有機意義捕捉某個場景的景象；或者應與某些中國畫派的主觀寫意繪畫比較。帖木兒朝的觀眾們，在身體與情感上都是超然的。這種風格輕易地發揮敘事藝術的功能，而且保有與中前期繪畫之間的連續性——因為，觀眾的超然地位，讓他保有某種自由，能夠從每一種觀點考察所描繪的行動；這個時代的文學裡，這種超脫個人的客觀態度也為人珍視。（因此，或許這種風格特別適合書籍的插畫。）

　　我提到集體構成圖像自主性的那些性質，人們往往稱之為「裝飾性」（decorative），但我認為這是錯誤的稱呼。或許，裝飾性藝術，就是在設計上隸屬於較大整體的那種藝術，而它也構成這個整體的一部分。在西方，至少直到晚近時期，表面圖像所具有的自主性，只能保留在裝飾性的嵌板或細節上。但是，當顏色與線條本身的這種獨立性

質，成為注目焦點所在，它就具備了裝飾性概念所無法涵蓋的性質。忠於表面圖像的好處在於，建立顏色與線條的完整自由，能夠獨自發展──毋寧就像在音樂上免受複調樂曲限制的自由，可以創作出更豐富的調式和潛藏的音調；當和聲引入時，就必須犧牲這些元素。

　　圍繞著這種藝術具有吸引力的傾向──實際上，圍繞著許多伊斯蘭藝術（Islamicate art）──就是成為純粹的裝飾性藝術：這是一種講究細節的藝術，僅僅做為更廣大裝飾的一部分而為人重視，它裝飾某種更重要的事物，卻無法作為獨立的作品而自成一格，進而表達獨立的洞見。正如我們已經知道的，當客觀象徵物不再是焦點所在，自然持續存在的就是單純令人目不暇給的精湛技藝，而這正是挑剔的大眾所期待的結果。畫家的既定理念，就是把珍貴的手稿或某個有錢人家的牆面裝飾得漂亮美觀。在很長一段時間裡，人們認為，比起為同一份手稿創造出優美文本的書法家技藝，畫家的技藝沒有那麼高尚，或許甚至也沒有那麼熟練。人們並不期待他傳達偶然繪製的任何景象的內在意義，卻期待他以線條與色彩的美來表達，將之轉化──無論是做愛或屠殺的場景──成為人們視覺所喜愛的事物。

　　藝術家的傳統社會身分，幾乎要求他們扮演某種輔助性的次要角色。人們認為，書法家幾乎等同於飽學之士：確實，在某種意義上，他就是舞文弄墨之人。而畫家則只是受僱的工人。伊斯蘭（Islamicate）的藝術家──就像農業時代任何地方的藝術家一樣──就是工匠，他們接受訓練運用一組特定的技術（通常從孩提時期起），並受僱於他的贊助者，以達成顯而易見的目的。在一幅畫上，有時好幾名工匠同時工作，各自處理某個專門的方面：像是金工或是表面的處理。藝術家們通常不是離群索居，全心投入藝術，並在破爛的閣樓上挨餓的那種

人——這種人可能會成為托缽行者，並靠著想像力藝術的才能過活。早在中前期，藝術家們確實不再完全匿名：個人的作品上可以簽名落款，而更重要的是，藝術家得以成名，人們會追求他的作品，即使他的個別創作當中，沒有哪一件特別出名。但是，就像古代希臘的藝術家，他們沒有留下任何記載，記錄他們的藝術對他們的意義為何，也沒有任何人有意記錄他們對這件事的看法。（確實有一本書，是由非阿拉伯的伊拉克地區的喀山城〔Kâshân〕中，一個製造磁磚的著名家族成員所撰寫，這本書同樣也記錄了化學與設計方面的技術。）在這種條件下，裝飾性的限制其實已經被打破，偉大作品也因而面世，這是藝術家與好品味的贊助者的功勞。軍權贊助國家鼓勵某種特定風格的精湛技藝；這或許有助於賦予畫家在中後期所得到的、日益崇高的地位，並有助於跳脫裝飾性的性質（即使無法倖免於風格循環晚期過度裝飾的潮流）。

吸收中國的典範

當然，新的藝術形式，通常不會只因為適合的社會情境存在，就自然而然萌生。就像在政治生活裡的情形——就這點而言，或許在信仰生活或知識生活裡也是如此——位居任何新美學傳統核心的是所謂的美學概念，也就是，對於應該使用哪些材料、如何使用等各種相關觀點的特定組合。但新的美學概念，源自於舊的美學概念。換句話說，在某些特定技術與目的的前提下，特定類型在藝術上的潛力將盡其可能地發展；在探索藝術類型的過程中，在這種狀況下會出現進退兩難的情形：接下來想要完成的事情超越了特定技術，或者從小就接

觸它們的人最終甚至對於完美無動於衷，也進而了解，在特定術語中，有多少應該存在或不可能存在的事物未曾被表達出來。當富有創造力的個人發現了新的技術並表達了新的旨趣，藝術上的新概念與新風格，可能就會從這些進退兩難中萌發。但在起初創造時，新技術與新概念可能看起來非常粗糙；當適切的時機來臨，奠基於外來基礎的外來藝術，可能會以精煉而成熟的形式彰顯著這種可能性。接著，接觸外來藝術，就能夠提供有效的捷徑，藉以通往新的藝術概念；如果接觸的範圍足夠廣泛，甚至可能還會加速創新的過程，進而使似乎有待變革的藝術傳統產生革命性的變遷。然而，任何這樣的效果通常都不只是促進變遷發生，而在某種意義上，傳統內部早就已經呼應著這樣的變遷。

當伊斯蘭地區（Islamicate land）上的繪畫，轉換為帖木兒朝纖細畫所具備的形式時，中國圖像藝術提供了範例與刺激。伊斯蘭地區（Islamicate land）長久以來進口中國絲綢與其它飾品，但在蒙古人統治下，交流則更為活躍，除了貨物的交流以外，還有人員的交流：例如，文雅的中國人作為工程師，來到尼羅河至烏滸河間地區，而來自尼羅河至烏滸河間地區的人們，則作為行政官員前往中國。在蒙古人統治下佔據高位的穆斯林，與各式各樣的外國人互相來往，而且，如果他們的性情有這樣的傾向，就沒有理由害怕探索外來的事物。例如，大臣拉胥德丁就不只對外來民族的歷史與科學知識感興趣，還對其藝術感興趣。他請畫家以同等開放的心態來為他的手稿繪製插圖，而這些畫家們創造了任何地方都毫無前例的繪畫：例如，某些瘦長且流動的人物由會令人聯想到中國繪畫的線條構成，卻又置於伊斯蘭傳統（Islamicate tradition）的典型脈絡之中。

我們在十三世紀晚期與十四世紀發現，較古老的敘事性繪畫（特別在肥沃月彎）有時帶有中國風景畫的筆觸；與之並存的，還有自中國進口的優美舶來品（特別在烏滸河流域），無論是中國原產，還是地方上模仿的產品；而且，有許多那一類的實驗性作品是在亞塞拜然為拉胥德丁繪製而成的。在伊朗這一側，這些情形標誌了早期伊朗—地中海延續性的重大斷裂，就像文藝復興的藝術在西方的情況相同。接著，伊斯蘭世界逐漸吸取了中國的推動力，特別在伊朗西部和呼羅珊。中國最明顯的影響，將見於作為人物背景的地景細節處理的方式。即使在這裡，輸入的特徵也非常具有選擇性。穆斯林會模仿在色彩較繽紛的日光場景裡，所能看見的中國花鳥和雲朵。宏偉的宋代佛教或道教風景圖中，（從某種高層次的、超脫世俗的優越地位來看）有著高聳的石山，讓無限渺小的人類形象顯得微不足道，這些人物沿著既物質性又靈性的「道」而四散或沉思；這樣的繪畫就沒有人複製它們。一般而言，吸引伊斯蘭（Islamicate）畫家注意的是中國繪畫沒有那麼神秘，但又生氣盎然的部分：例如，龍或競行的雲朵之類想像形象的細緻體現，結合而形成完全不對稱，卻仍然和諧的整體。在此，中國人已然發展出一種表達形式，這種形式與伊斯蘭（Islamicate）的藝術家們組合成為栩栩如生之整體的、無限增生的細節，或多或少可以互相比擬。但中國人以恰好與阿拉伯式花紋相反的方式處理這點；阿拉伯式花紋具有精確的設計與完美的對稱。

　　與這種替代選項之間的對抗，似乎引發了一系列的實驗，在其中，（尤其是）古老繪畫連同他們自滿、笨拙，卻往往相當令人信服且富有生命力的形象，遭到另一種藝術取代；在這種藝術中，優美的形象只不過是元素之一，僅用來賦予它生命。但這樣的取代過程，完

全符合伊斯蘭（Islamicate）的精神。如此一來，藉由區分出好幾個平面，以深度呈現景色的中國技法，透過帶來相當不同效果的形式而為人採納——其中所描繪的深度，並未帶來距離感或動感，卻反而提升了構圖設計當中的結構感。最終，吸取中國範例最重要的結果，就是整體構圖中的自由流動感。[12]

　　特別在帖木兒朝統治下的呼羅珊首府赫拉特，最完美體現了這種新的風格。在源自蒙古的朝代贊助之下，個別的畫家與建築師也逐漸贏得書法家與歌者長久以來享有的、對於他們個人的認可；他們的名聲進而得到傳記作者的詳細記述，個別的作品也獲得讚賞。儘管某些早期畫作就已經由負責製作的工匠署名，但偽造與正確作者的鑑別辨認，到了十五世紀的藝術才成為議題。這個世紀最偉大的名字是比赫扎德，他是在赫拉特城受訓的畫家，並為偉大統治者們所競逐。比赫扎德將帖木兒朝的畫作帶向顛峰。他以構圖的生動、動感以及人物形象的真實性聞名（並總是合乎帖木兒朝的習俗），或許特別還以他將臉孔特殊化的作法而聞名；此外，他細緻的著色也為人津津樂道，通常是藍色與綠色。他的特長在於，能夠使具有圖像自主性的藝術顯得自然寫實，但也不喪失純粹的視覺性。

　　在十六世紀開端，當帖木兒朝倒台時，比赫扎德首先在佔領呼羅珊的烏茲別克‧謝班尼（Özbeg Shaybânî）贊助下工作，接著在伊朗

12　對於帖木兒朝纖細畫最詳細的研究，就屬 Ivan V. Stchoukine, *Les peintares des manuscrits timurides* (Paris, 1954)，這本書附有許多插圖。他針對繪畫提出歷史證據，就描繪眾多主題的技巧與學派的來歷提出分析，往往相當敏銳。但很遺憾，對於藝術家的可能目的，他幾乎沒能提出說明，而且主要是以西方幻覺派的標準來評斷他們。

西部的薩法維朝創建者，伊斯瑪儀國王（Shah Isma'îl）打敗謝班尼並拿下赫拉特城時，又接受伊斯瑪儀國王的贊助。他為了伊斯瑪儀國王遷往塔布里茲（據說伊斯瑪儀在查爾迪蘭之役〔battle of Chaldiran〕前，命令他藏身在一個洞窟中，以免他戰敗；而當他確實戰敗，勝利的歐斯曼朝宣稱這位畫家是他們的戰利品），並立刻在塔布里茲成為繪畫大師。稍後，人們經常偽造他的簽名，因此，我們只能確認一些真跡。無論如何，在塔布里茲與赫拉特，因此還有在謝班尼朝（Shaybânids）帶著比赫扎德的學生前往的布哈拉，對許多十六世紀以降的畫家來說，他的態度成為通例，或者成為基礎的立足點。這是帖木兒朝藝術的顛峰，但藉由超越帖木兒朝的慣例，它開啟了通往新基調的道路，而這種新的基調，瓦解了帖木兒朝的綜合體。

如何欣賞纖細畫

當然，赫拉特的畫派不是伊朗唯一的畫派。例如，在須拉子，對於相同的問題，出現另外一種非常不同的解決方式；在那裡，畫家們會特別運用單色畫中的細緻陰影（同樣見於中國傳統）。必須同時提及的是，流傳下來的主要是手稿插畫，這或許使我們低估了繪畫中（風景畫、靜物畫，甚至是肖像）較不具敘事性的層面，舉例來說，其中某些層面在壁畫上的表現更為傑出。在攝影發明之前，人們因為治安用途而認為肖像畫具有價值。（我們只能倉促提及其他媒介卓越的成就，如陶瓷、水晶、木頭、皮革與布料，還有伊朗著名的地毯。）然而，在某種程度上，我們現在針對帖木兒朝手稿插圖所要探討的，也將適用於這個時期的任何其他形象描繪——而且，在較低的程度

上，也適用於其他時期。

在一開始，視覺上熟悉他們的慣例之前，從裝飾性觀點來觀看伊斯蘭（Islamicate）繪畫，或許有時是聰明的作法。當人們學會普遍將藝術視為裝飾性、感官性的優美表現，接著就能進展到對個別構圖力量的感受。因為，一旦人們了解慣例，就不該停滯不前，單純享受這個時代的風格。共通的慣例只是鷹架，讓大師們據以建構他們的詮釋。每位偉大的藝術家都對抗著風格的限制，並隨著每次的對抗而重新塑造風格：對個別的藝術家而言，他必須克服並轉化特定時代的風格（因而從某個世代轉變為下個世代的風格），而不該只是表達這種風格。人們最終得以發現，更偉大的藝術家們以線條與顏色拓展我們的眼界，我們因此看到嶄新的、潛在的可能性，得以洞察我們周遭的現實，或使我們的精神更全心投入於視覺所見。但（就像絕大多數其他的非宗教性藝術）這種進一步的成果，不見得是藝術家首要的目標，也不必是觀看者主要的關注焦點。

正如我們所知，所有呈現視覺世界的藝術，即使只有些許的省略，也都為了追求特有的美學目的而扭曲了那個世界。（當然，帖木兒朝藝術家的美學目的是視覺上的愉悅。）藝術往往不是「如攝影般」、自然的複製品，而是強化的自然。但若要讓廣大的觀眾得以理解藝術性的扭曲真實，就必須停留在觀眾已經學會欣賞之事物的界線之內，或者不要遠離這條界線。如果失真的情況過於極端，或其類型過於陌生，觀眾的視覺就無法輕易跟上藝術家的所作所為。因此，理所當然地興起許多獨特又相當文雅的藝術風格，而這些風格（至少直到晚近時期）在好幾個世紀以來，持續存在於各個國家之中，且隨著時間經過，也只有相對微小的變化。每種風格都不只擁有自己的工

藝，更掌握特有的、扭曲真實以強化效果的方式。

　　伊斯蘭（Islamicate）的藝術家，就像農業時代的其他藝術家，有獨特的藝術性失真模式，在我們能夠鑑賞他們的所作所為之前，必須先花時間習慣這種模式，就像讓眼睛習慣黑暗的房間。就我們的目的而言，以這些例子與義大利文藝復興藝術出現的慣例間之對比為出發點，去描述它們，或許有所助益，因為直到相當晚近時期，西方的藝術往往效法這種模式，許多西方的觀者甚至還有其他現代的觀眾也都易於接受之。

　　首先要鑑別的是，每種視覺元素幾乎不計代價地適應著形式設計之要求的程度為何。沒有任何東西能夠排除在外。首先，觀察書法文字如何轉換成錯綜複雜的設計，這樣的設計導致人們很少能夠注意到，除了純粹形式上的精細繁複以外，還有任何其他原則能夠決定形狀的選擇──不過，那些形狀顯然就是實際書寫的文字。這種裝飾性的書寫被大量地運用在幾乎每一種形式的伊斯蘭藝術（Islamicate art）上。幾何形式細緻地交織出盡善盡美，獨立構成一種藝術類型，而唯有熟練的眼光才能察覺這種藝術類型中完整的和諧運動。但同樣的設計技巧，能夠輕易運用在植物的形狀上，不限於阿拉伯式花紋，還有在無數的細節上，枝葉都變得活靈活現。另外，既然藝術鮮少具有太多宗教意圖，也沒有任何主要的疑慮，伴隨著更深層的心理意義的象徵性或引人聯想的闡述，就沒有其他理由不以完全相同的方式來運用動物與人類的形象。如果克服了反對將人類形象當成純粹設計元素的偏見（這種偏見至少常見於我們之中較年長的世代），伊斯蘭纖細畫（Islamicate miniature）裡許多看似「玩偶般」甚或「去除人性」的形象，就不再帶有冒犯的意味，人們還能按照它既有的模樣來欣賞成熟

的技法。手臂與腿似乎不是以肌腱與肌肉連接，站立的姿勢也並不支撐在穩固的地面上──不過本來就不應如此，因為這些元素的目的在於將表現優雅設計之美的身體線條提取出來。

　　同樣的原則有助於解釋，（特別在帖木兒朝的藝術作品中）伊斯蘭（Islamicate）的畫家們，除了實際的肖像畫以外，為何堅持採用僅僅偶有變化、面無表情的臉孔。（某些變化所帶來的成效──繪畫中的長者臉上往往具有栩栩如生的特徵──提醒我們，這些呆板的臉孔不單純是欠缺其他表現技法所造成的。）此處有兩個重點。首先，是它呈現感官之美的優先目的。在詩歌中，受人喜愛的臉孔總是像月亮一樣圓潤且閃耀；在繪畫中也有類似的情形，每張臉（至少每張代表著優雅年輕人的面孔）必定對應著相同的描述。這是理想的面容之美，而藝術（無論詩歌或繪畫）的目的，就是呈現出這樣的美麗。因應故事需求，如果需要情緒性的表現，慣用的姿勢就足以表達情緒，而無須擾亂典型月亮臉的完美。（例如，其中一種姿勢就是將手指放在嘴唇上以表示驚訝──在詩歌中，這個姿勢往往對應地稱為「咬著驚愕的手指」。）但重點不只在於用以表現俊美的月亮般的臉龐；困擾許多現代西方觀賞者的月亮臉，畢竟就僅僅是設計元素──因此，幾乎對於任何場景而言，排成一排的幾個圓形笑顏都能構成最受歡迎的背景。當月亮臉被視為總體設計中的元素時，就增添了整體的魅力。

　　纖細畫的設計通常還有另一項使某些現代西方人感到困惑的特徵：在草擬整幅圖畫時，會傾向將畫面區分為多少能夠單獨成立的幾個小部分。典型的情形是，這種傾向以極端的形式出現在含有建築物及內部的場景中。每道牆、每片地面與花園的每個區域，都形成嚴格界定的區塊，各自擁有獨立的線條與色彩。當然，其結果絕非自然寫

實的畫作，這也不是這種風格的目的。在某個程度上，這種繪畫技巧原本是一種敘事技法，用來表明多個遠端區塊；但它接著直接用來達成構圖上的目的（多餘的人像，往往只是多畫出額外區塊的藉口）。這種視覺的目的就在於，從線條與色彩的可能性中，汲取最大的優勢。在這種個別區塊的形式運作良好的情形下，有助於促成更龐大的設計在形式上的平衡與壯麗；例如，有時邊緣區塊帶有尖角、生硬的幾何圖形，與中央人物的有機曲線形成強烈對比。色彩的對比一直都是主要的目的。這種設計方法普遍出現在具有自然背景而無法利用建築物來組成方形區塊的場景中，透過岩石與樹木來組成類似的區塊，達成相似的效果。

　　這種設計方法的意外效果之一，就是偶爾大膽地拒絕自然明暗法與透視法。義大利文藝復興的遠近透視法（distance perspective）當然不在考慮之列──至少直到中期都是如此，也就是人們偶爾玩弄多種外來主題的那個時代之後。影像隨著距離拉遠縮小而模糊，還有陰影使色彩及形式變得晦暗等現象，都是人類自然的視覺最明顯的弱點，藝術家必須克服它們。明暗法和透視法都被輕易犧牲，以求形式設計上的清晰與精準。晚近藝術的經驗有助於現代西方觀賞者卸下他們的祖先對這些特點的偏見；看到遠端的人物，僅僅放在畫面上稍微高一點的地方，卻幾乎沒有或根本沒有變得更小，也完全沒有變得更模糊，這種情形，對我們來說，不是那麼難以理解。

　　對某些人而言更難以接受的是，從圖畫中的某項元素移動到另一項元素時，觀點會就會全然改變，特別在寫實處理的細節之處更是如此。穆斯林藝術家或許能容忍透視畫法：例如，若其效果將有助於總體設計，就在後縮的平面上以斜角表現直角。但當藝術家們想要為了

圖形本身保留長方形，他們會任意地排除透視法。如此一來，毛毯與棚頂有時攤開而成四角形，宛如它們掛在繩子上晾乾，而不是鋪在英雄的腳下或遮在他的頭頂上方。或從側面圖看到泉水或鴨子，而它所在的、形狀經過裝飾的池塘，卻像是從上面垂直往下看。我們常常發現所謂的逆向透視法（reverse perspective）——也就是，一個物品最接近觀者的那面，其呈現方式沒有大於較遠那面，反而較小於遠處那面。這種作法有著幾項功能。例如，它可以描繪建物的三面，而不讓前方這面遮蔽其他部分。非常常見的作用是，在將焦點放在後方中心某處的構圖中，逆向透視法能夠毫不引人注目地，使前景的物體契合於與構圖中的線條。相反地，自然透視法在設計上往往相當尷尬，還需要額外的運動效果；若非在無可避免之處——例如向內開啟的門——都會盡量避免。儘管藝術家們的細節往往無懈可擊，且看似天生精準無比，但他們沒有打算取代攝影機，卻是試著用特定場景有時相當混雜的元素，具體描繪敘事中的某個時刻，進而閃耀著感官之美。伊斯蘭（Islamicate）的藝術家在這方面的表現非常卓越。

　　圖像的自主性偶爾提供廣大的自由。在每幅風景畫上燦爛點綴明亮而清晰的春天的花朵，成為陳濫俗套，也正因俗套而看似無害，在被運用為戰爭場景的布景，讓斬斷的脖子在裡面狂亂濺血時，便能夠具有令人驚訝萬分的絃外之音。特別為了敘事，同時表現房子的內部與外部的做法相當合宜，或是把英雄畫得比其他角色更大（就像英雄在詩歌裡也有同樣的模樣），即使當他位於較遠之處。這種非現實主義，以及慣例性的姿勢與象徵——用以指出無法避免隨之而來的情緒或狀態——若在這種基礎上操作，則完全沒有不協調之處。

　　最後，觀賞者應該記住（至少相對於藝術傳統導向紋章或宗教冥

思用途的情形）繪畫的每個點滴，無論本身多麼完整，都是用來契合更廣大的整體；壁畫是建築的一部分；手稿中的纖細畫也不僅是作為孤立的單元，而是書中特別豐富的頁面，而在此書中，因其美麗的書法及所包含的詩歌或散文，每一頁都是一件藝術作品。除繪畫以外，一切藝術作品，即使本身不只是裝飾，人們也期待它們構成更廣大的優美裝飾的一部分，無論所用媒介為何，都表達著相同的精神。一個人的房間裡的花瓶與牆磚，手上的書籍封面與纖細畫，供其所用的金屬杯子與華美袍子，連同他所享受的、更稍縱即逝的藝術作品——歌謠、音樂與舞蹈——人們都期待它們構成和諧的整體。因此，不只作為啟發性所在，也出於基本的美學理念，書中的詞句與圖解的繪畫，兩者的精神必須是、通常也確實是一體的。因此，這種瀰漫於纖細畫本身的美好設計感，大多是總體美感的延伸，纖細畫及其所在的書籍也只是這個整體的一部分。

建築：拱形與圓頂的對稱

　　建築是對美學環境支配程度最高的藝術形式，建築確實是伊斯蘭社會（Islamicate society）精通的視覺藝術。所有其他的藝術都能視為建築的附屬品，這種傾向在伊斯蘭世界裡最為強烈：大型家具相對較少使用，戶外與室內的區分，則因為一半屬於室內、一半屬於室外的內庭區域而變得模糊；因此，建物結構的重要性，可能高於其所包含的任何特定物件。建築物內部的這些室內陳設，如花瓶與碗盆、美麗的木櫃與地毯，都直接在建物的牆面、地板與長廊上展示。可以自由擺放的物品（像是花瓶）放置在牆上的壁龕中，或立於沒有扶手椅及

長睡椅的角落。在清真寺裡，沒有教堂座椅讓人分心並忽視大片地板的空間感，或遮蔽使之開展的地毯。大幅繪畫不是創作在畫布上，因此不論用意為何，都無法從這面牆搬到另一面牆；大幅繪畫通常直接以壁畫的形式畫在牆上，而壁畫的替代品則是帶有裝飾的壁磚，或許還有大理石板。該處具備的雕刻（大部分是動物，例如獅子的雕像），總是成為入口通道、柱子或庭院噴水池不可或缺的一部分。即使是書籍的藝術也沒有完全獨立於使用這本書籍的建物環境；書籍的藝術表現在用來將厚重書本固定在特定頁數的雕刻木架上。

　　高度發展的園藝藝術幾乎完全無法與建築區隔，特別能夠表現建築無所不包的特性。伊斯蘭（Islamicate）風格的花園（至少是在伊朗的那些花園）最常見的模式可以追溯到薩珊帝國時期：同時從兩個方向穿過、並流入中央水池的水流，將花園平分為四個的長方形區塊。這種形式上對稱的風格可能有所變化，但幾乎沒有完全消失。在這四個區塊裡，開花植物的花壇可能組成色彩的圖樣；但比花朵更重要的是，讓目光上升並帶來涼陰的樹木。確實，花園裡要省去花朵遠比省去樹木或流水來得容易；這些建構成形式化模式的元素，就是一座花園的本質。花朵潤飾了花園，如同鳥兒的到來──有時栽植濃密葉簇的目的，是為了招來歌唱的夜鶯，夜鶯是波斯詩歌裡愛戀著玫瑰的鳴鳥。有時這種花園還興建涼亭，凸顯在花園內設置關鍵焦點的成規，涼亭也成為其他步道與流水的匯集之處。花園的主要元素──池塘與樹木──幾乎可以同樣完善地安置在建築物之中。花園與建築物的精神幾乎一致，一般而言，至少兩者之一的類似空間必須存在，才能理

解另一種空間。[13]

　　私人住宅固然可能以藝術性的技法建造，特別是內部裝潢（在阿拉伯與波斯地區上，建物的外觀往往只是沿著窄街建造、毫不引人注目的牆面），最偉大的藝術自然會奢侈運用在公共建築上：主要用於宗教建物、清真寺、紀念性墳墓、醫院、蘇非中心、經學院，但也有與宗教沒有密切關係的建築物，像是旅店、有屋頂的市場、公共浴場、堡壘與宮殿。在統治者或富人建立這種建築，作為虔誠行徑而將他們的財富用於敬神的情形下，伊斯蘭律法規範往往主宰了建築物的結構組成。據此，除了宮殿與公共浴場以外，非具象式藝術通常取代壁畫；建築的核心角色也因此發揮作用，形象藝術仍維持在整體伊斯蘭藝術（Islamicate art）中相對次要的地位。

　　從中後期起，才開始有一定數量的紀念性建築留存到我們這個時代，進而可供遊客造訪。就建築而言，跟大多其他種類的藝術一樣，單一的伊斯蘭（Islamicate）風格並不存在。一旦人們認識了這些紀念性建築，不同國家與不同時期之間的差異都會比相似之處更加顯著。在某些時期，人們不允許牆上的裝飾干擾嚴格強調的建築技術形式；而更常見的情況是，牆面上的花樣佔據主導地位，甚至將這種建築技術形式貶低到次要地位。圓頂的形狀、喚禮塔（minaret）的類型、拱頂與拱門的處理都有許多流行樣式與技法，這使短暫造訪的人感到困惑，因為根本找不到任何一貫的風格。但是，我們或許可以表明大量

13　Donald N. Wilber, *Persian Gardens and Garden Pavilions* (Rutland, Vt, 1962) 這本著作既不太具有系統性，學問也不夠精深，卻有趣地敘述眾多花園，似乎也是英文著作中所能找到最好的研究。

運用的拱門與圓頂，不論形式為何，都具有決定性的特徵，並以有條理之細節對稱的精神來表達。這種使用拱門與圓頂的方式，連同其希冀使這些元素合乎秩序的精神，從哈里發盛期末期開始，持續存在於絕大多數的伊斯蘭（Islamicate）建築上，並使它與當代西方、信仰印度教的印度地區、或中國的建築形式截然不同。穆斯林廣泛認為，如此發展的風格（特別是尼羅河至烏滸河間地區）顯然與伊斯蘭相關。在這樣的基礎上，我認為（出於某些目的），認定眾多更外圍地區的穆斯林所使用的建築形式，或多或少具有伊斯蘭（Islamicate）的調性，可能是合理的說法。[14]

伊朗以及錫爾河與烏滸河流域的建築，似乎進一步將色彩當成建築的決定性媒介；這種色彩的運用，變得與在同一時期帖木兒朝繪畫中的色彩用法，有著緊密的關聯。早在中前期，伊朗人就已經開始運用彩陶釉作品的色彩效果。現在，他們學會基於這些色彩效果的考量，來管理建物的裝飾計畫，甚至在某種程度上決定了建築形式。在蒙古統治下，這種作品變得更為華麗壯觀；圓頂升得更高，組成花樣的牆磚與圓頂陶製外層那（通常）大面積的藍色，更燦爛地誇耀著。在這個區域的大多數地方，最卓越非凡的建物是城鎮外孤立的偉大紀念性墳墓，即使在偉人死後，這些陵寢也榮耀著他們（至少，後來這些墳墓的設置之處，就成為花園，生者也能在其中遊樂）。這種墳墓以其華麗色調主宰著風景。

14　關於尋找伊斯蘭藝術（Islamicate art）一致性的問題，見 Richard Ettinghausen, 'Interaction and Integration in Islamic Art' in *Unity and Variety in Muslim Civilization*, ed. G. E. von Grunebaum (University of Chicago Press, 1955), pp. 107－31。

某些現代的批評者抱怨：強調色彩的作法掩蓋了結構形式在中前期所呈現的強烈意義；因此，即使是圓頂上「角落做工」（corner work）的細節，原本只是用來調和多邊形基礎與圓形圓頂，似乎往往朝向純粹裝飾性作用的方向發展著。但對我來說，這似乎還沒道盡色彩的運用。一旦人們習慣磁磚的閃耀，並以帶有選擇性的眼光漠視磁磚，建築結構的形式就會相當清晰地顯露出來。我認為，我們所看見的建築，其主要基礎在於，在線條及色彩上，完全利用表面一切的可能性：不只是平坦的表面，還有立體的表面。因此，我們可以更積極地分析圓頂上的「角落做工」。清真寺內牆表面的利用，透過原本只是角落做工的修築而與圓頂內部的表面直接相連：從某種平坦的二元表面與另一種二元但彎曲的表面，透過在連接處的立體複合區塊的線條與色彩，表面的轉換能夠完全平順，這種作法使整體變得有如一場在色彩與線條中的無接縫歷險。從這種角度來看，角落做工不是在原本應有直接的結構性主題之處所做的過度加工，反而是憑藉具有純粹視覺性之藝術所獲取的成就，而觀賞者應該敬而遠之，只讓奢華奪目：強調具有實質效用的線條，就會損害視覺上的純粹性。

　　整體伊斯蘭（Islamicate）建築領域的研究仍然非常不足。但我主張，在這裡，如同在形象藝術的情形，我們在某種程度上享有從客觀象徵物分離──或說解放──而成的成果。就像其他的藝術品，清真寺也不被允許成為具象式象徵，但在限定的一點除外：正廳必須朝向麥加，這種設計隱約指示著敬拜的焦點所在。在基督教的教堂中，建築不只朝東，還完全圍繞著群眾的祭禮及舉行祭禮的聖壇而建造，因此某些教堂最終建成十字形狀；印度教的神廟則描繪了活生生的宇宙；清真寺與兩者均不相同，它的形狀沒有隱含的涵義。清真寺與在其中

進行的禮拜相同，並非用於聖禮。因此，有充分的理由，使清真寺建築（連同受到這種最常見的建築影響的其他建物）像形象藝術一樣，朝著純粹視覺性與視覺表面自主性的方向前進。

現代西方人受限於眾多偏見，無法了解這種發展。最明顯之處就在於，對我們來說，要將顏色理解為在建築整體中不可或缺的元素，非常困難，更別說認知到色彩是基本的構成性元素；部分的原因是，在西方的傳統中，這樣有意識地使用顏色的方法，往往從屬於描寫藝術的道德說教式象徵，像是教堂窗戶色彩的情形。對於我們所謂的「裝飾」，我們更普遍帶有偏見，並認為它從屬於結構形式——它起初承載了極其重要的象徵，可能直接承載，也可能半自覺地召喚靈性特質，如保護性的平靜與力道，進而承載。有些人會承認某些伊斯蘭（Islamicate）建築物是美麗的，但這麼做時卻幾乎帶有罪惡感，因此貶低它們，宛如這些建築物的美麗來源不合邏輯。這種情形，宛如伊斯蘭藝術（Islamicate art）已經從外在象徵性的需求中解放出來，而我們仍受其束縛。

在中後期，伊朗風格建築物的發展，作為帖木兒的破壞行動所附帶產生的結果，在撒瑪爾干達到高峰。在蒙古人的統治下，扎拉夫尚河邊的城市遭到毀壞，而察合台汗國才僅僅部分復原之。然而，這個地區仍然位處重要的跨區貿易路線上，撒瑪爾干則特別因其周圍富饒地區之美而聞名。在十四世紀中葉，造訪者驚訝地看到一大片廢墟，其中看似幾乎毫無房屋聳立。接著，帖木兒選擇它，作為他的復興察合台汗國的首都，而在他有系統地摧毀其他城市之際，他也有計畫地從那些城市搜捕藝術家與建築商，讓他們重建撒瑪爾干，並使他們成為那個城市的人口。帖木兒與他的繼承人們，特別是學識淵博的烏魯

一別客，在那裡（以及布哈拉）興建了眾多偉大作品，而使扎拉夫尚河畔諸城自該時代起即成為建築勝地，特別是撒瑪爾干。撒瑪爾干的光輝說明了強制性美學規劃的極端案例：正如歷史所曾見證的，將所有伊朗的工匠集合到一個地點，並在幾十年間建造起偉大的城市，這些都憑藉著一個人的意志。建築風格自然沒有創新，但仍有完美的表現。

這整段時期，在伊朗與錫爾河及烏滸河流域，最令人驚奇的紀念性建築物與地位一致，那就是撒瑪爾干的帖木兒陵墓（Gûr-e Mîr）。最值得一提的特徵，就是它高大的圓頂，自其基礎微微隆起，並僅僅朝著頂端向內彎曲，與其說是穹頂，更像是一座塔；在周圍深雕的垂直刻紋，更強化了向上的力道；覆蓋整體的藍色彩陶則使之完備。[15]

在印度，人們最能鮮明地感受到，特定種類的建築與穆斯林生活的一體感。穆斯林對抗蒙古人的偉大中心（除了傭兵政權統治下的埃及以外），是德里蘇丹政權；來到這裡的，除了學者與商人以外，還

15　Donald N. Wilber 已經對中後期的伊朗建築提出具決定性的實質分析，呼應著 Cresswell 探討其他時期的著作。在 'Scientific Description of Art', *Journal of Near Eastern Studies*, 15 (1956), 93 − 102，這篇針對 Wilber, *Architecture of Islamic Iran: The Il-Khanid Period* (Princeton University Press, 1955) 的書評中，Eric Schroeder 已經指出，表面如何成為這種建築的主要考量所在。（然而，我必須質疑他的嘗試，因為他將這件事實，連結到伊朗人可能抱持的感受，也就是，這些象徵著心靈的建築，被象徵著力量的蒙古人視為次要事物，因此伊朗人拒絕結構的力量，並讚美精緻的表面！）更廣泛來看，Schroeder 的文章也有其重要性：它尖銳且具有說服力地指出，對於畫家或建築師作為藝術家的所作所為，這類研究相當重要，必須去探討藝術家希望帶給人們的影響，而不只是作為工匠的所作所為以及所使用的工具。這種針對伊斯蘭（Islamicate）素材更認真的研究工作仍做得太少。

有從穆斯林領土中心逃難而來的工匠。在印度北部，在直到幾十年前仍是異族文化區域之地，他們協助開展一流的伊斯蘭藝術（Islamicate art）。[16]

　　事實上，在短期之內，穆斯林征服者似乎多半必須與印度教工匠合作。不過，德里的固瓦特‧伊斯蘭清真寺（Quwwat al-Islam mosque），顯示出穆斯林為了維持伊斯蘭（Islamicate）文化模式而感受到的壓力。這座清真寺在征服行動之後立刻動工，在它最古老的部分，使用了印度教的舊柱子，像戰利品一樣從神廟取來，甚至在穆斯林使用拱門之處，拿印度教徒採用的、有門楣的平坦屋頂湊合著使用。在數個拱門的大「屏幕」或正面——這是中前期伊朗清真寺不可或缺的特徵——人們覺得尖形拱頂極其重要，因此即使是僱請印度教石匠，無論如何也要建造；但由於缺乏相關技術，這些拱門的鑲邊沒有拱心石，因此幾乎承受不了任何重量。雕刻以印度教的形式生動地展現，儘管只限於植物形式和被圍繞的阿拉伯文書法。然而，一個世代以後，在伊勒圖米胥（Iltutmish）的統治之下，出現來自伊朗的穆斯林工匠；當清真寺擴建時，在建築上盡可能地保有伊斯蘭（Islamicate）的風格。不單是開始運用拱心石來製造真正的拱門；正面的雕刻是與伊斯蘭（Islamicate）範例同樣嚴格的幾何圖形，甚至避免使用某些較具流動性的阿拉伯式花紋類型。（完整的圓頂是必須仰

16　James Fergusson, *History of Indian and Eastern Architecture*, vol. 2, (New York, 1899; first published 1876) 這本書陳舊且有些錯誤，參考更晚近的著作將足以修正他的謬誤，而在這些晚近著作當中，Percy Brown, *Indian Architecture* (Bombay, 1943 or 1952) 至少能與其他著作平起平坐；但 Fergusson 是哲學先鋒，他的書裡同時呈現了熱忱與洞察力，因此仍然值得一讀。

賴眾多技術純熟的工匠才能完成的特色，然而，一直到很久之後才為人引進。）

印度教徒與穆斯林之間在建築特色上的對比，符合在公共秩序方面更普遍的對比。伊斯蘭的禮拜合乎紀律、簡潔且直接，但當場景來到印度，印度教的公開禮拜則散亂、紛雜且漫不經心，兩者形成令人驚奇的對比。清真寺的建築也有類似的情況：整體方形的平面圖就像每個細節，在其中，穆斯林的建築物是為了表現秩序而建造的，秩序是穆斯林內心所珍視的開放性與對稱性，而在此鶴立雞群，並與內陸印度教神廟複雜且嚴重的混亂，形成特殊的對比。

至上者塔（Quṭb Minâr）建於同一位君主在位時期，據說是世界上最高的單一塔樓。它不是喚禮塔，德里蘇丹政權的清真寺並沒有喚禮塔（他們都從屋頂召集眾人禮拜）。相反地，它顯然是勝利的象徵──伊朗東部就建造過這種塔樓──它也是中前期建築的穩固與強度的成就。至上者塔也以具有強烈伊斯蘭（Islamicate）風格的方式建築。紅色石材排列而成的圖案結構隨著塔一階階上升，細節十分優美，卻又冷酷地結合，來協調並強化高聳的力量所帶來的效果，而這樣的效果使至上者塔成為少數能擄獲觀眾，又在他們離去後久久繚繞於心的偉大建築。

德里這座城市反映了穆斯林政權的驕傲，以及隨之而來的、對穩固都市生活的關切。德里蘇丹政權統治期間的一些君主，選擇在平原上的新區塊建造都市生活的新核心──新的宮殿、新的大清真寺（jâmi‘）、新的牆垣，還有其他新的公共機構建築也相當常見。德里組成一連串不朽的城市群，其中較舊者無疑已經衰敗，但仍因王室建築的遺蹟而壯麗輝煌，其中最新者，則在決定其布局主線的大量建物架

構中，宏偉而繁忙。

最初幾位君主統治時期所設定的風格，持續存在於這個蘇丹國最偉大的時期。從類似於伊朗的背景開始，印度的建築強調石材（有一度是灰泥）的結構形式與幾何裝飾，而不是後來在伊朗盛行的、陶瓷基底的色彩。所使用的石材往往來自遙遠的採石場，且相互形成對比，因而能夠產生顏色的變化；但這種顏色的細節有所侷限，色調相對柔和，頂多只是輔助性的元素。人們更自發地逐漸重新引進舊印度教元素——例如，在某些環境下，使用門楣而不是拱型大門。在印度其他政體，隨著他們的穆斯林統治者獨立於德里以外，新鮮且明顯多變的「行省」風格興起，往往更進一步軟化穆斯林統治者們對印度教的抗拒，並將印度教藝術傳統傾向，逐漸引進它們各自的風格。不過，強烈的伊斯蘭（Islamicate）氛圍未曾消失；因此，當它在那裡萌生最初的強烈自覺之後，印度的伊斯蘭藝術（Islamicate art）證明了它的吸收能力，還有它灌注在創造性上的多種資源。

傭兵政權統治下的開羅：變遷的城市

在中後期的敘利亞與埃及，我們發現一種建築，與伊朗及烏滸河流域的建築對比最為強烈。在阿拉伯人當中，就像在印度的情形一樣，對建築型式的關注焦點往往是特定令人滿意的傑出例子，而有色瓷磚的廣泛使用則最為罕見。但我認為，在這裡，在絕大多數建築避免形象藝術之外，人們也可以發現，不受客觀象徵主義束縛的、伊斯蘭（Islamicate）的無拘無束所帶來的創造性效果。

這個時期的財富往往流向埃及，而從傭兵政權統治下的埃及流傳

下來的遺跡主要集中在開羅。在那裡，每位短暫在位的統治者都希望自己能留名萬世，儘管他不太可能希望他的家族永久當權。正是這些紀念建築，賦予伊斯蘭（Islamicate）的開羅獨特的建築調性：遊客所見的就是傭兵統治時期的清真寺，幾乎沒有任何更早（或更晚）的建築物。這種情形有其理由。在古典阿巴斯朝時期，典型伊斯蘭（Islamicate）建築傳統的主流是缺乏石材的伊拉克的磚頭與灰泥，而這項傳統富有彈性且易於創新。再沒有其他地方比埃及更不適合這種作法，因為埃及享有取之不盡的採石場，還有法老建築物供作範例；不過，這種作法在當地持續留存，直到中前期結束，當時，埃及的文化仍然傾向屬於國際化伊斯蘭（Islamicate）模式的延伸。伊斯瑪儀里派宗教運動，就像順尼派一樣，也是由來自穆斯林中心領土的人們所啟發並帶領。

在蒙古人的征服之後，並隨著順尼派在伊拉克的衰落，在順尼派的阿拉伯地區中，埃及逐漸成為獨立的穆斯林文化中心。正如面臨蒙古人入侵的德里，以及帖木兒朝的撒瑪爾干，開羅也有一群富有創造力的各式工匠。為了逃離蒙古統治而從肥沃月彎前來的眾多工匠湧入，透過眾多共同存在的新穎手法，有些反常地促成一種新民族風格，進而使藝術家們看到新的可能性。但是在統治階級的鼓勵之下，許多實驗者在好幾個世代以來匯集的努力，才能創造出開羅眾多的紀念性建築物；但統治階級的成員當中，沒有任何一人強大到足以將其決心施加到整座城市上。埃及嶄新的文化獨立性，在藝術上的表現是讓石材回復天生的地位，而新的石造紀念建築物，比舊的磚造建築物

更為耐久。[17]

　　清真寺首先採用新技術，而規畫上最重要的創新是十四世紀所引進的（終究仍來自伊朗）、建造清真寺的方式，這種清真寺特別適應作為經學院的用途。對於所有人一起禮拜的大型公開集會而言（如星期五大清真寺的集會），一個巨大中庭，兩邊各有柱廊，並在朝向麥加的那一側有個特別深的廊柱，就已經足夠使用。對於學術研究這種更個人的目的來說，那些的柱子都不太恰當。相反地，這種新引進的建築以四個玄關大廳（lîwân hall）——在中庭那一側有開口——圍繞著相對較小的中庭，大廳的屋頂則是穩固的石牆所支撐的筒形拱頂（barrel-vault）。玄關大廳功能良好，為上課的班級擋住烈日艷陽。[18]周圍可能有著密集的廂房建築，往往相當高聳，可供多種目的使用；特別是為捐贈者設的紀念墓園，可能覆蓋在高大的圓頂之下。整個複合體的密集與高度，使牆垣、圓頂及尖塔的布局清晰可見，甚至連圓頂都用石材建造，能夠讓建築更加平順。其結果不只對學院與學生來說相當便利，在建築上也相當堅固且形構良好，甚至單就其形狀本

17　R. H. C. Davis, *The Mosques of Cairo* (Cairo, 1947) 在技巧上的品質不像其他關於傭兵政權建築的討論那麼好，但這本書的長處在描述栩栩如生。作者不加批評地描寫著虛構的故事，歷史敘事也很差，而且我認為，這本著作對法蒂瑪朝的藝術評價不公，但它討論傭兵政權的章節非常具有啟發性。我必須補充，關於這一點，如同在其他地方，我接受了藝術批評兼攝影專家 Myron Smith 的協助。

18　在西方觀察者的想像中，四個大廳一度是用來講授四個既定順尼法學派的思想，這是個有趣的誤解，不至於太過嚴重。確實，在所有人都席地而坐之處，只要簡單的安排就可以開課，而空間的選擇，或許往往是根據白天有陰影可以乘涼的時間來決定。

身，就相當美麗。

　　在十四世紀晚期，當新風格已經在埃及達到完美時，除了一般用來劃定建築界線的、紅白石頭之間的對比之外，幾乎不允許任何裝飾。雕刻的灰泥幾乎絕跡，而石材本身也只有最低程度的雕刻。這無疑是因為石刻技術尚未完全成熟；不過，這大概也反映出當時已經意識到任何類型的過度裝飾，都會隱蔽形式的線條。即使是大理石鑲版，在結構最好的建築物上，也會相形失色。新的「經學院」形式如此令人印象深刻，人們進而將它運用在其他的用途。建於開羅的經學院型建築中，最傑出的例子是蘇丹哈珊清真寺（mosque of Sultan Ḥasan），山丘上這座堅固、嚴峻的雄偉建築，參觀者會漸漸愛上它。

　　「經學院」的風格也傳播到其他地方，特別是北非（Maghrib），在那裡，這種風格在乏人問津之前發展出自己的變化。在開羅本身，這種風格在十五世紀變得不再那麼嚴格。石刻更富裝飾性，而某些評論者認為，這個時期屬於「晚期」風格時期—在這個時期，即使付出無望卻又無可避免的、企圖超越過去的努力，一種風格與生俱來的優點仍會遭到隱蔽。不過，開羅最令人印象深刻的成就之一，大半起自十五世紀的努力：喚禮塔最初的方塔形式已經轉變為八角形的塔樓，而且極其精美，高聳入天，讓尖塔顯得優美而纖長，同時以能夠與鄰近圓頂相稱的手法裝飾，並與之區別。凱特貝清真寺（Qâ'it-bey mosque）正是在這個時期建造，它在所有清真寺當中最受遊客歡迎，某種程度上，是因為陽光穿透它的彩色玻璃窗時，帶來色彩斑斕的效果（這種窗戶的效果是這個時期所特有的）；儘管專家們認為，這有點過於浮誇。

　　在歐斯曼人佔領埃及之前的最後一個世紀，建築師再次無休止地

進行實驗——例如，有座清真寺建造了醒目的成對喚禮塔；有時候，他們的靈感恰好來自於歐斯曼朝的領地。但在歐斯曼政權的征服之後，埃及被納入歐斯曼帝國的風格，而當地後續的建築物就不再具有特別的趣味性。

絕大多數開羅的建築物，並不作為一個整體，讓人在一段距離之外觀看，甚至也沒有宏偉的門面；當人們在建築物的各個區塊之間移動時，會顯現它們之間的關係，而建築物的和諧就在區塊的關係中顯現。事實上，伊斯蘭（Islamicate）建築往往較不強調紀念性建築計畫的靜態和諧，而更看重其所謂通行中的和諧，也就是在人們穿越通行時的和諧。除了墳墓以外，建築物往往坐落在既存的城鎮當中，街道旁只有受限的出入口；圓頂是唯一能被看見的外部結構，而且要在一段距離之外才能看到。開羅尤其是如此，那裡數世紀以來都沿用同樣的建築物眾多的區域，而（舉例來說）德里則不然。迎面確實可見的通常是宏偉的正門，人們在大門上仔細地運用各種裝飾方法，來讓（那裡常用的）全面覆蓋的半拱門與實際的門口相稱。但即使在這裡，最美好的景色，有時就是人們穿越這些建築之際，抬頭往上看見的景色，而非對街的景象。那麼，人們必須在動態中觀察這個時期的遺跡；在一定的距離外，就能看見周圍建築物上方的圓頂與喚禮塔；當靠得更近，就會看到制式街牆邊的大門；接著，走出豔陽，進入建築群舒適的庇蔭，在那裡可能會穿過大廳、柱廊、庭院，有時也還有人造噴泉，直到面對（在任何附有禮拜處的建築中）作為焦點而指出麥加方向的壁龕。牆柱之間變化多端的關係，在每處都以不同方式劃分偉大的書法與阿拉伯式花紋所組成的整體牆面圖案。

或許可以說，一般而言，建築是動態的藝術，因此即使是最孤立

的建築，其設計也不是只為了從某個方向觀看，而必須從四周觀賞。紀念性建築物，幾乎從來就無法以靜態照相機的幾張軟片來捕捉神采，而是需要動態的影片，或至少得使用一系列重疊的鏡頭，以便稍微帶來動態的效果。不過，在某些伊斯蘭（Islamicate）建築中，這種特性特別重要。儘管在開羅，對純粹視覺性的追求不像伊朗的最終情形那樣，採用透過色彩來建築的形式，但同樣因為著重純粹的視覺性，這樣的建築物不象徵任何事物，而因此解放了建築師，使它們能夠重視通行中的和諧，超越結構計畫中的和諧——儘管後面這種和諧當然仍然存在。（例如，在浮誇的凱特貝清真寺中，我們就發現一種靜態的和諧，而在更加宏偉的蘇丹哈珊清真寺中，靜態的和諧就沒有那麼顯著。）若城市的整體需求需要更多變的視角，則任何關於象徵性的考量，也都將無法阻攔。

如果建築是運用所有其他藝術形式而形成美學總體的主要藝術，個別建物的建築風格進而就在城市這個活躍的總體中完成。正是從這個觀點來看，藝術才對最廣大的群眾具有意義。一般人無論在經濟上受到多麼嚴重的剝削，也都得以參與城市整體所提供的高等藝術。睡在清真寺庭院裡的乞丐，是最偉大的高級傳統的繼承者；當他走在城市的街道上，只要他感興趣，幾乎可以從每個角度享受多樣的美學景象；而如果他像一位貧窮的蘇非行者經常會做的那樣踏上旅程，他就能飽覽許多不同城市的特殊美學風景；在地方情境與偉大贊助者的興趣交織之下，各自賦予了個別城市這些美學風景。某些城市，像是大馬士革或須拉子，就特別以美麗聞名，無論是自然或人造的風景，但每個著名的城市都擁有自己的主張。

阿勒坡迷人之處，在於這個地方的力量。在它陡峭的山坡上，位

居其中又有牆垣圍繞的偉大堡壘，絕對沒有任何人能對它視而不見；另外，還有民家的厚重石牆相稱，用以防範審判日前的火災或地震。阿勒坡人忠於自己的城鎮，而儘管來自東邊最遙遠之地的貨物，在前往地中海海路的途中經過這裡，阿勒坡似乎仍然保有某種氣息，這種氣息讓你感受到，它無論如何都是阿勒坡人的家鄉。大馬士革是阿勒坡長年的競爭對手，它最迷人的地方，在於它所在的整座綠洲。當人們從沙漠前來，所見盡是蒼翠與涼爽。但大馬士革至少是達到順尼派虔信之一般優秀標準的城市；與長久以來大多屬於什葉派的阿勒坡蓄意地對比，大馬士革人以順尼思想為榮，這也表現在城市本身及其周圍無數外觀古老的小型聖壇上，它們據說是古代伊斯蘭以前的先知與伊斯蘭聖人的墳墓。所有聖壇當中，最偉大的那座是雄偉的伍麥亞清真寺（Umayyad mosque）（它是大馬士革人對抗阿里後裔之的核心），它本身就帶有古老的、幾乎是伊斯蘭以前的樣子；伍麥亞清真寺從古羅馬會堂修改而來的形式，以及它描繪建物與風景的馬賽克壁畫，都令人想起古老的拜占庭遺產。

開羅的佔地範圍，非常明顯地大過阿勒坡，甚至大過大馬士革，且就它在傭兵君主統治下的形式而言，它的建立日期僅僅始於伊斯蘭時代。開羅散發著伊斯蘭社會（Islamicate society）的世界主義與能動性。不只傭兵統治者是外來者，開羅的大商賈以及學者，甚至它的法官，像是伊本—哈勒敦，也往往都是異鄉人。雖然在阿勒坡與大馬士革，地方派系與其他地方上的利益團體，建立起地方組織的有力結構，我們在前面已經稱之為伊斯蘭（Islamicate）中期的典型結構，但在開羅，這種組織更為弱小：就好像在這座大城市裡，因為有來自各方的長途貿易，每個人都只是途經這裡，沒有人真正打算停留在此。

開羅不像阿勒坡堡壘或大馬士革的伍麥亞清真寺那樣，擁有真正具吸引力的中心。它建立在河流與沙漠邊緣的峭壁之間，但它並未利用河流來塑造遠景，而峭壁形成的背景也並不特別引人注目。相反地，開羅必然是逐漸吸收了訪客進入多元的生活，而正是因為這樣的多樣性與流動性構成了它的魅力。（我們必須想像）那裡擁有眾多集散處，生活在此增色不少，也可能受到美化。河濱地想必曾經熙攘喧鬧，來自所有南方海域的貨物由此轉運，並向外送達地中海地區及北方；人們從這裡來到高聳而寬敞的商隊旅舍，它的遺跡仍帶給人們秩序井然的可靠感。其他生活的中心，可能是位處繁忙市集旁的眾多清真寺，特別是愛智哈爾清真寺。求學者從埃及境外的遠處來到這裡，而專為他們的族群所保留的特別處所也歡迎他們的到來。堡壘、權威的中心以及傭兵君主們練習戰爭遊戲的操練場，也只不過是另一個集中地。

一切的建築物都聚集在峭壁與河流之間，一旦建立，居住人口就不斷累積；法蒂瑪朝建設的寬廣街道，它的一切痕跡在很久以前就已經消失無蹤。大概也正因如此，開羅沒有能夠容納遠景的空間：與其他地方相比，這座城市的份量就足以確保人們在進入及穿越之際所形成的和諧，會超越建築計畫的靜態和諧。開羅的興建幾乎沒有任何手稿插圖；即使在建築上，它也不是適合描繪的城市。它的建築在動態的光影中狂舞。當窗戶上配置了著色的玻璃，會被安裝在厚得足以產生陰影的灰泥窗格上，而不是做成遭到僵化範例干擾的平面圖畫。在單一的建築物中，在人們前進時所經過的牆面圖案，變化多端卻又彼此相關，而光線在牆上的角度與舞動，必然已經吸引人們進入清真寺相對涼爽與寧靜的環境之中；它吸引人們的效果，就與整座城市吸引

人們參與其活動的效果相同。

　　此外，在這整座城市裡，美麗似乎會在意料之外的特定地點出現。纖細的喚禮塔出現在遠處的屋頂上，幾乎與它們所在的清真寺分離；或者是市集街道略微拓寬，指示著清真寺宏偉的入口通道；還有許多華美裝飾的壁龕，幾乎是意外地出現在經學院或清真寺的飾面牆上。開羅巨大而壯觀的城牆，開設裝飾精緻的城門，而人們有時確實會從一定距離之外、在城市內部的某處，注意到這些城門的力道，它們也必定會不時再現，來提醒人們這個城市的廣大規模；建築風格仍有相當程度的一致性，讓人們知道自己仍身處開羅。否則，除了遍佈於都會區的流動與反覆的交流外，幾乎沒有緊密連結且多變的生活中心；而在這些都會區中，每個人都同等地被視為神的僕人，也都可以在這裡碰碰運氣。

第四章

伊斯蘭的擴張

c. 1258 – 1503 CE

正如我們已經提到的，大約在西元 1000 年之後，伊斯蘭信仰逐漸擴張，來到半球中人口更為密集的多數地區，而穆斯林政權經常隨著信仰而來。正是在中後期，在歐亞非諸社會當中，儘管廣為分散但仍相對同質的伊斯蘭社會（Islamicate society）上升到主宰地位，即使西歐在十六世紀早期征服了海洋，也未能危及伊斯蘭的地位。我們幾乎可以談論位於大半歐亞非舊世界的穆斯林霸權。

到了十三世紀，伊斯蘭世界的影響力已經擴張，涵蓋了曾在印度、中南半島，還有馬來西亞佔有優勢之梵語文化的舊核心地區；到了十四世紀末，伊斯蘭世界已經拓展範圍，而曾經在整個歐洲佔有優勢的希臘文化，構成其舊核心地區的三大半島當中，有兩個已經納入其中；伊斯蘭勢力很快也將威脅義大利。在瓦拉納西（Banaras）與雅典，伊斯蘭有其影響力。在十五世紀，伊斯蘭的地位更進一步地全面拓展。它已進而在歐亞草原的某些地方，在中國人一度強大之處佔有優勢，後來，更擊退西方在東歐的影響力。同時，在歐亞非舊世界的前線，伊斯蘭勢力遠比中國人或西方人更為活躍。它已經在印度洋周圍與歐亞草原中部、廣大的黑色人種地區（Sûdânic lands）[1]大草原，以及遙遠北方的窩瓦河—額爾齊斯河平原上，成為最重要的文化傳統。並未臣服於穆斯林，或至少並未臣服於穆斯林之主宰地位的東方基督教民族（像是絕大多數的俄羅斯人），在廣大穆斯林的環伺之間，形成飛地，像是喬治亞（Georgia）或阿比西尼亞（Abbyssinia）；印度教與小乘佛教民族也是如此，他們是未曾真正受到穆斯林統治的民族，也發現自己賴以接觸外界的海路，日漸落入穆斯林手中；從而，

---

*1　編註：黑色人種地區為撒哈拉沙漠以南的西非與中非北部地區。

他們愈來愈傾向透過伊斯蘭（Islamicate）的眼鏡，向外觀看這個世界，並在他們的文化生活中，愈來愈受到伊斯蘭的影響，儘管中國的影響力確實也及於小乘佛教社會。（影響程度較低的還有喇嘛教的圖博與蒙古，同樣位於穆斯林控制的貿易路線邊界上。）印度南部復興的毗奢耶那伽羅（Vijayanagar）印度教王國，不只僱用穆斯林軍隊，還在宮廷中採用伊斯蘭（Islamicate）的風尚。

　　如果可以將印度與歐洲文化傳統當成有機整體看待（狹義定義來看的確是有機整體），我們就能指出，相較於歐洲人所承受的影響，穆斯林的擴張所帶來的效果更徹底地決定了印度傳統的命運。當較古老的主要的希臘文明中心（除了義大利南部）臣服於穆斯林時，在屬於俄羅斯人的北方，特別還有拉丁西方的廣大地區，當地的傳統仍然保有相對的獨立性。相反地，就梵文明而言，不只印度北部的舊中心大範圍地伊斯蘭化，印度南部也落入穆斯林的控制之中，就連中南半島與馬來西亞國家的印度文化海外據點也大多如此；儘管在那裡以及北邊的喇嘛教領土，在環伺的穆斯林面前，某種印度上層文化仍保有自主性。不過，伊斯蘭（Islamicate）的衝擊相當巨大，不只在印度地帶如此，甚至在歐洲更遙遠的地區，伊斯蘭世界那無可逃避的存在，對於基督教文化與社會認同也帶來深遠的影響。當然，在每個地方，穆斯林都為國際貿易的社會及文化面向增色不少，在整個半球都帶來不可估量的結果。

　　於是，伊斯蘭世界帶給世界的衝擊，與穆斯林的人口數不成比例。在這個半球的貿易路線中，尼羅河至烏滸河間地區之土地在地理上的優勢，有助於說明這點；至少同等重要的是，伊斯蘭（Islamicate）國際組織在社會及政治方面的彈性；而伊斯蘭文化（Islamicate culture）的要素，新近皈依者相對容易接近，使他們都能立刻增強伊斯蘭的力量。但這整個結構的基礎，是自願改信皈依的那些人們：廣大且多樣地區的眾多人口，也都樂於成為穆斯林。

改信伊斯蘭的壓力

這種廣泛改信的情形是如何發生的呢？在受征服的帝國中，當伊斯蘭成為阿拉伯統治者的特權象徵時，幾乎很少有人希望讓更多人改信，而導致特權更廣泛地被共享，超越了必要的程度。當時存在的這種壓力，源自於（除了孤立的偶發事件以外）區分統治階級的阿拉伯人與一般人的渴望，一方面要提升他們的尊貴高尚，而無疑另一方面則是要避免他們的腐敗。人們認為，作為穆罕默德的人民，阿拉伯人都應該成為穆斯林，遵從伊斯蘭的戒律，並共享伊斯蘭的特權。異教阿拉伯人就是無法得到寬容，但他們很早就消失了。身為阿拉伯人，允許分享征服階級身分的基督教貝都因部族（他們沒有被歸類為受保護者），非正式地承受著轉變為穆斯林的強烈壓力；他們必須多次明確地為自己的權利申辯，但最後他們都屈服了。另外，還必須保護阿拉伯人的土地免受異教徒的汙染──依照早期的定義，這些土地不只包括貝都因人的阿拉伯半島，還有肥沃月彎南邊的整個半島（例如，包括早期阿拉伯化的葉門）。眾多定居的猶太教與基督教團體──儘管他們是受保護者──也從阿拉伯半島被強制遷移到肥沃月彎的土地上，而這些土地應該要補償他們在半島上的損失。整個阿拉伯半島都不該存在異教徒，這樣的想法從來沒有完全實現，但人們最終同意，無論如何不該允許異教徒（即使作為旅客）進入麥加與麥地那的鄰近

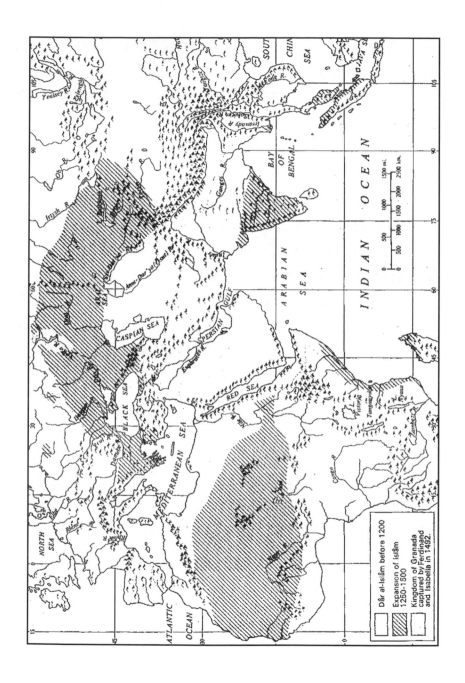

圖 4-1：伊斯蘭的擴張，西元 1250～1500 年

地區。但另一方面，伊斯蘭眾多的非阿拉伯狂熱皈依者，往往只受到冷淡的歡迎，甚至遭到冷落。

　　但是，正如我們已經看到的，在瑪爾萬朝時代末期，某些虔誠者變得熱切地希望改信在廣泛的區域發生；這種態度顯然合乎穆罕默德的態度。一段時間之後，偉大傳道者（無論他是否為蘇非行者）的傳記作者所寫的標準內容，就是誇大他藉由教誨而促其改信的異教徒人數。幾乎沒有穆斯林著手把讓異教徒改信視為一項事業：皈依改信，通常是穆斯林間的公開傳道所產生的附帶效果，非穆斯林可能受到邀請或出於好奇而前來聽講。（當然，也沒有由總部組織提供專用基金的組織化傳教活動，這種總部組織是現代條件下基督教傳教的基礎；甚至沒有足夠集中化的組織能正式分派責任，如同現代以前的基督教徒有時透過教會階層體制所採取的作法。）但有相當數量的穆斯林，特別是蘇非行者，似乎特別重視吸引異教徒的工作；有些人刻意在異教徒的地區活動，盡其所能地使人皈依——凡是存在充分的穆斯林核心群體、能夠接待他們的地方，就會前去造訪（包含了這個半球絕大多數的城市地區，除了迫害肆行的基督教世界以外）。

　　穆斯林似乎以兩種方式使人改信。首先，他們對人們的宗教意識提出個人訴求。在提出可靠的論據時，他們往往訴諸伊斯蘭平易近人且容易理解的特性。以知識的優越之名，穆斯林常常嘲笑更古老的敵對傳統中更加神祕難解的教誨，以支持他們基本的一神論與一位論立場；有些人們不滿於從雖有學問、其神祕卻難以領會的祭司那裡求取信仰的作法，而這種訴求似乎具有能夠吸引這些人的簡易、直率特性。在這個層次上，有些人在具有社會能動性的情況下，無法倒退到理所當然服從既存權威的狀態，需要構築自己的世界觀，他們必然受

到伊斯蘭的吸引。單一的創造之神，由每個人為自己，基於已獲百萬人承認的著名先知的啟示，而進行禮拜——這種作法既容易理解，也得以自圓其說。

當然，這只是宗教魅力的一個層次。無論多麼吸引人，要確信這種論點，通常不只憑藉抽象的交談。要能夠信奉現行的傳統，至少必須先有初步的參與，以促使人們全心投入。但伊斯蘭的正式經典與禮拜儀式，並未邀請人們以這種方式參與。讓異教徒改信的原因既不是與《古蘭經》的接觸，甚至也不是在清真寺裡試著共同參與穆斯林的儀式。穆斯林通常認為，《古蘭經》甚至聖訓都過於神聖，而不能讓異教徒的碰觸玷汙（畢竟，按照履行拜功的目的來定義，那些異教徒並不合乎儀式上的純淨狀態），除非他們已經投入伊斯蘭。無論如何，這些文件鮮少從原來的阿拉伯文翻譯成別的語言；因為，每個穆斯林至少都要學會能夠以原文進行禮拜的阿拉伯文——這樣一來，神就能以獨特的普世形式，公開得到榮耀，而不論地方上使用何種方言（或許也就不會違反伊斯蘭社群世界主義的普世性）。穆斯林也不願意讓異教徒隨意以他們好奇或藐視的不敬來褻瀆清真寺，至少在中期如此，甚至有時還禁止異教徒進入清真寺，儘管這種作法在較早的時期沒有那麼常見。朗誦《古蘭經》與進行禮拜都是公開的責任，在某個程度上，這些行為維護了神在地面的良善秩序，是對神順從（islâm）的結果之一；在人負擔義務而履行這些責任，或享有履行它們的權利之前，他必須先決定服從神。

因此，只有在較不正式的傳道場合，好奇的異教徒才能開始充分地參與伊斯蘭，進而投入，特別是在蘇非蘇非中心，在那裡，人們所關切的不是伊斯蘭的公共秩序與尊嚴，而是個別靈魂的福祉。或者，

這種間接但普遍有效的參與，形式上可能是見證某種奇觀，或至少經過傳聞而被某種奇觀打動——例如蘇非行者所表演或人們認為他們能夠施行的、治療或耐久力的特技。非穆斯林（穆斯林也是）能求助於任何人，只要那個人的名聲保證能在困難時幫助他們，無論其所屬信仰為何；而在這種場合的接觸，可能會使非穆斯林進而能夠正確地評價伊斯蘭的訊息。

不過，第二種改信的方式至少也同等重要，儘管它或許至少受到第一種方式（仰賴知識及情感上的確信）的支持。第二種方式就是，許多人出於主要屬於社會性的理由而接受伊斯蘭。在早期的穆斯林當中，他們早有範例——麥加的古萊須部族；當他們發現，除了陷於無援無助的孤立狀態之外，別無選擇，他們就接受了穆罕默德，對於新的改信者，穆罕默德也格外慷慨。相關的社會壓力是多重且相互關聯的。男性可能成為穆斯林，以便迎娶穆斯林女性，因為伊斯蘭法不允許她們出嫁到自己的團體之外；或者女性可能因為與穆斯林結婚而成為穆斯林——穆斯林男性在法律上可以娶基督教徒或猶太教徒的女性為妻，但宗教背景更加可疑的女性則不在允許的範圍內。不過，除了更廣泛的社會參與，人們甚少尋求這樣的婚姻關係。一旦某個地方的穆斯林核心團體，在經濟上或政治上變得強而有力，加入他們總會是有利的。事實上，非穆斯林可能與穆斯林成立商業夥伴關係，甚至能在穆斯林的行政體制內升至高位，但若要追求高升，穆斯林總是享有優勢。典型的情形是，穆斯林確實能夠信賴他與其他穆斯林做成的約定，他們受到同一套社會規則拘束，也面臨相同的社會壓力。

這些社會壓力受到心理壓力的支持：穆斯林通常受到非穆斯林的歧視。儘管在技術上服從了神，真正的伊斯蘭可能是個人事務，見於

個人生活的道德品質，而不是外在的象徵與關係，事實上，人們以絕大多數穆斯林（他們的靈性水準未必高於人類的平均）的隸屬關係，而不是他的生活來評判他。他們以精確的宗教忠誠劃下明確的界線：最正直的非穆斯林儘管可能勉強贏得人們的尊重，通常還是被認為地位低於任何穆斯林，不管那位穆斯林主張自己正直的說法多麼可疑。這種感覺幾乎與民族情感同樣強烈，而且，實際上也具有某種民族色彩：新進改信者，儘管作為穆斯林而為人接受，也未必總是得到留給天生穆斯林的完整尊重。不過，改信伊斯蘭，確實通常能夠避免非穆斯林在穆斯林手中受到的攻擊與輕蔑。在穆斯林佔有人數上的壓倒性優勢，甚至是扮演關鍵角色的環境中，非穆斯林經常受到誘惑，而傾向服從。從非穆斯林的團體內部而來、可相比擬的相對壓力，能夠為在生活上相當侷限於自己所屬圈子裡的人們，制衡這項誘惑；但對於認為自己在社會上遭到孤立，或相當活躍而與穆斯林有許多接觸的人們，相對壓力的作用就不存在。

在穆斯林地區，伊斯蘭法中幾項關於差別待遇的規定，強化了這些社會壓力。在法官的法庭上，不接受以非穆斯林的話語來指控穆斯林（儘管統領〔amîr〕的法庭可能會接受）；謀殺非穆斯林，也不像謀殺穆斯林，是那樣罪大惡極的犯罪（儘管統領〔amîr〕的法庭可能同樣不加區別）。非穆斯林往往受制於限制個人行為的法律，這些法律禁止他們在穆斯林當中穿著流行服飾，甚至迫使他們穿戴表現自己身分的特殊象徵。他們可能不准使用富有男子氣概的公開表徵，也就是騎馬。如果非穆斯林不得繼承穆斯林的遺產，那麼，穆斯林也不得繼承非穆斯林的遺產（這點可能會使富裕家族的非穆斯林打消改信的念頭）；但非穆斯林通常在許多地方支付比穆斯林更高的稅金，有時候

（但不是常常），特別是在通過海關的時候如此。當然，非穆斯林所支付最重要的稅金就是人頭稅（jizyah）；乞丐與其他受人扶養者免稅，而且稅率是根據財富而累進，但在某些情形中，累進課徵尚不足以避免沉重的負擔。

相對於伊斯蘭法，赤裸裸的迫害不時輔助這些規範。當然，聖戰中的俘虜可能以改信換得性命，但他們更常面對奴役的命運。在伊斯蘭境域中，非穆斯林往往能自由地堅守自己的傳統。但即使在那裡，仍可能存在偏見與激情。統治者偶爾會堅持要求傑出的非穆斯林人物改信，或許拿他違反規範為藉口，如果不改信，就會因此喪命。我們聽說過旁遮普一名蘇赫拉瓦迪教團的導師，他的偏執相當致命。一位印度教的高層人士曾經——出於真心或禮貌——稱讚這位導師是最偉大的（穆斯林）聖人，就像穆罕默德是最偉大的（非印度教）先知；而且，為了替他的稱頌增添光彩，他使用了指稱穆罕默德的標準穆斯林術語。這位導師堅持，後面這種說法隱含了清真言（shahâdah），朗讀它的人因此就成為穆斯林，並以淪為叛教者而遭處死的威脅，要求這位印度教徒承認伊斯蘭。地方上的統治者不敢為了一個異教徒而挑戰這位導師，於是那名印度教徒只好逃亡德里，這位導師甚至前往德里追捕，並使印度教徒遭到處死。

針對整座城市甚至更廣大地區的大規模迫害，偶有所聞，例如哈基姆（al-Ḥâkim）統治下的埃及，而在這種迫害發生之際，非穆斯林非得改信或流亡不可。在這種情形下，普遍的穆斯林情感，可能在暴動中助長官方的迫害；更常見的是，由偶然的爭執或當時盛行的猜忌風氣引發針對非穆斯林的街頭暴動，尚須由當局出面鎮壓。有時，在危機結束之後，遭到強制改信的人們或許能夠恢復他們原先的身分。

有時候，他們組成專屬的團體，對外是穆斯林，私下卻仍保有他們自己的信仰，而且不與其他穆斯林通婚。一群在西元1301年的埃及被迫改信的猶太教徒，直到十六世紀仍自成一群，他們私下也都仍維持猶太教徒的身分。（對應於在基督教西班牙所發生的現象。）但這種暴力不常發生——至少依當代基督教世界所設下的標準而言是如此；基督教徒如此經常性地，針對他們身邊的猶太教徒策畫全面的大屠殺，在伊斯蘭世界根本沒有能夠相提併論的事跡。甚至早在哈里發盛期的穆塔瓦基勒（al-Mutawakkil）的時代，也偶有迫害，但這通常只發生在較晚的時期，而且也只發生在絕大多數的人口已經是穆斯林，非穆斯林因此屬於少數群體，並總是對任何多數群體心懷猜忌的地方。在廣大區域之中，有相當數量的人們改信伊斯蘭，且其改信甚少能歸因於直接的迫害。

作為這一切宗教及社會上壓力的結果，一旦穆斯林在某塊土地上掌權，甚至只是取得優勢，就會有一種穩固的傾向存在於這塊土地上，使那個地區人口逐漸全面成為穆斯林。在某個程度上，對於任何告白宗教社群（confessional religious community），也能預期類似的情形；特別是一神論宗教，他們特別強調被拯救的單一社群。事實上，相較於穆斯林，基督教會在組織上更為緊密，每在它們掌權之處，總是更快就對許多社群（猶太教社群或許除外）表現出強烈的不寬容，也幾乎總是準備好發動血腥鎮壓，即使只是表達某種非正統教義，就足以強迫那些人全面改信。但穆斯林相對的寬容，無疑使他們更容易以少數群體的身分掌握權力。藉由更平靜也更漸進的方式，穆斯林幾乎同樣有效率地促使人們改信，儘管在任何穆斯林領土上，幾乎至少都仍留有一些受保護者群體，直到現代。穆斯林的社群精神表現在禁

止叛教的嚴厲規則上：公開背棄伊斯蘭者必須被處死──而且，如果政府沒有著手做出判決，叛教者自己的家族可能就會接著動手。但這項規則鮮少採用（除了偶爾在宗教爭議的情形下，在那種情形，被害者主張自己仍然是穆斯林），因為很少有穆斯林會想要揚棄伊斯蘭。

伊斯蘭文化（Islamicate culture）的吸引力

那麼，追溯伊斯蘭世界及其宗教信仰在地理範圍的擴張時，必須探討的是，伊斯蘭如何在這麼多地方、在關鍵的社會階層中取得主導地位，因此更進一步的改信變得更為容易且便利。我們對個人改信過程的描述，可以說明發生了什麼事，卻不能解釋這些人何以在特定的時空改信，甚至根本無法解釋伊斯蘭的成功，因為其他宗教信仰陣營也有其吸引力。因此，有時候人們單純訴諸軍事征服的效果，也就是訴諸刀劍在不同層次上的干預。但在征服所至之處，征服為何發生仍尚待解釋，因為訴諸刀劍的不是只有穆斯林。為什麼在這麼多的情形下，穆斯林的勝利沒有遭到推翻？而且在大多數地區，穆斯林的優勢地位，確實也先於穆斯林的實際權勢而來。或者有人認為這是與穆斯林相互通婚帶來的結果（其他認為伊斯蘭是一種阿拉伯現象的人們，則談到與阿拉伯人通婚）。但其他宗教的教徒也會結婚，而且如果負擔得起，還會同時娶好幾名妻子；為什麼宗教作用全是單向的？我們必須探討看似具有決定性的伊斯蘭文化（Islamicate culture）的普遍吸引力；這種吸引力主要並非因為邊界之處往往並不常見的、素質最高的文化內涵，而是它所扮演的整體社會角色。

一如以往，在這個階段，我必須提出關於農業時代社會的一般性

考量。與較偏遠鄉村地區到城市之間的人口密度梯度相對應，且又正好相反的，是所謂的「文化梯度」（culture gradient）。文化元素往往從最富有世界主義色彩的中心，移動到最被孤立之處。基於這個連結，富有「世界主義色彩」的中心與最遙遠的地區之間，存在著最為活躍的商業或文化關係；最偏遠的地區同時也是財富與權力最為集中之處。這並非偶然的組合；通常，遠距離接觸的中心，同時也是財富與權力集中的中心：無論是因為財富吸引了長途貿易，或者因為長途貿易創造了財富，兩者相伴而行；而既然財富是權力的主要基礎，在多半情形下，貿易、權力與財富的中心往往會重疊。在這裡，對立文化傳統的衝突與互動變得更為活躍，有時還損害個別傳統的特定內容，卻也促使傳統內部與傳統之間的對話以最快的速度進行著，也就是傳統潛力發展的最快速度。

以上情形帶來的創新，覆蓋著最崇高的名聲。可能因為這些文化模式天生富有吸引力，或者因為它們在（軍事、商業或知識的）競爭當中，具有令人信服的效能，或更一般性地，因為它們在最寬廣的視野中享有名聲，對前來接觸的人們抱持開放的態度，因此較不具世界主義色彩的中心，往往在最直接且積極地接觸更世界主義的中心之後，採納那裡的文化；只要這些中心擁有足夠的財富，能夠催生這種創新。接著，這些文化元素伴隨著財富與權力的聲響，以及任何與生俱來的素質普遍，又從這些中心發散到小城鎮，最後還延伸到鄉間，甚至進入最偏遠的地區。（舉例來說，這似乎就是湯恩比〔Toynbee〕的「模仿」〔mimesis〕概念背後潛在的機制，這個概念的意思是，外圍民族——還有下層階級——模擬有創造力的菁英所發展出來的、迷人生活風格。）

但是，這在何種程度上僅僅意謂著，持續存在的原生文化所吸收的、孤立文化元素的融合，又在何種程度上意謂著，主要個別文化傳統之間在某個生命領域的融合，或整套文明的融合，這些則是梯度高低的問題。在歐亞非舊世界的某些地區，就其具有世界主義傾向的程度而言，在地民族與穆斯林具有重大差異；在那裡，伊斯蘭（Islamicate）模式的傳播幾乎沒有面臨競爭。然而，在其他地區，對比則沒有如此強烈，而我們必須說明「文化梯度」可能如何發揮作用，儘管作用相當微小，並藉以在層次更為分明的細節上解釋伊斯蘭的傳播。

伊斯蘭（Islamicate）擴張的實際機制，是相對較為自給自足的地方性骨幹的發展。除在遠東儒教地區以外，凡是宗教得以滲透的一切地區——無論是高等文明中心，或甚至在伊斯蘭之前無人識字的區域，像是許多非洲地區——穆斯林的信仰與穆斯林政權往往攜手並進。在某些地方，伊斯蘭是由商人或地方武裝的傳教團體引進；早在穆斯林政權帶來的問題出現之前，宗教往往就藉由持續增加的改信人口而傳播。每在有眾多穆斯林人口之處，對於多種穆斯林專家的需求總是應運而生——除了宗教學者與法官，還有物質與智識規範的代表，他們藉由自己與舊伊斯蘭地區的連結而博取名聲，總是會有商人與學者準備動身前往這些地方。然而，成倍增長的信仰者團體，便樂見政治權力掌握在穆斯林同胞手上；換句話說，在更世俗的考量之外，無論如何再怎麼不完美，仍然希望掌權者能夠確保在人類當中維持神之秩序的正道。穆斯林社群的團結精神往往使它得以爭取權力，因此，穆斯林政權往往伴隨信仰而來。

在穆斯林政權先行之處——藉由統治者的改信，或特別在歐洲與

印度地區，是透過直接的征服行動——其過程也都十分相似；因為征服當然無法長久，除非信仰也同時或在稍後散佈到被征服的地區；常見的情形也是如此，因為士兵會從類似於商人社群的管道獲取權力。

不管穆斯林的信仰與統治透過什麼管道前來，一旦它持續存在相當期間，整套伊斯蘭文明（Islamicate civilization），也就是，在伊斯蘭化的源頭地區所能找到的那種文明，往往也隨之而來。在一個地區受到穆斯林統治之後，穆斯林核心人口很快就成形，甚至多於以往。貿易者、行政官員、建築師、詩人、遊蕩的蘇非行者、軍人、阿里後裔（以穆罕默德後裔的身分備受崇敬，並進而隨著時間經過而無止盡地倍增），往往都漂流到新近開放的領土，以抓緊嶄新的機會；回應著相同的機會，改信者數目倍增。少數佔了先機的穆斯林，則歡迎純粹數量上的優勢所帶來的助力，以及新來的人所帶來的文化技能。冒險家受到新闢未定的情況吸引，在其中，任何機智迅捷，又有個穆斯林名字的人，都有希望大展鴻圖。清真寺很快就建好，城鎮披上伊斯蘭（Islamicate）外觀；最終，許多城鎮成為名符其實的伊斯蘭（Islamicate）文化中心。隨著商人或士兵成為地主，並隨著次要的蘇非行者將傳教的狂熱帶到村莊，鄉間在某種程度上也逐漸與伊斯蘭（Islamicate）社會整合了。精確地說，地方的環境與傳統，或多或少修正了波斯—阿拉伯伊斯蘭（Islamicate）文化；但公認的規範仍有普世性，也具有世界主義色彩，大半與整體伊斯蘭境域的那套規範共通。

作家們往往將伊斯蘭與特定的地理環境類型連結。伊斯蘭一度與炎熱的氣候連結；現在更常見地，是被認為與乾旱帶有關。[2]伊斯蘭擴

2　Xavier de Planhol, *Le Monde islamique: essai de geographie religieuse* (Paris, 1957)一

張的路線或許可以透過多重歷史互動，以最具彈性的方式分析。伊斯蘭在乾旱帶中部興起，具有罕見的世界主義形式，而這樣的形式似乎使它具有不尋常的力量，特別是在貿易路線沿線，以及新近整合到跨區農業（agrarianate）複合體的地區中。因此，伊斯蘭擴張到歐亞中央與非洲等等最容易進入的地區，並在它來到其鄰接之處時，拓展到相對邊緣的孟加拉與雲南（或許阿爾巴尼亞〔Albania〕也是類似的情形）；另外，也擴張到喀拉拉（Keralam，印度西南部）與馬來西亞，因為這些在商業上居於從屬的地區，依賴著世界主義的力量。不過，在旁遮普與安那托利亞，還有其他古老的文化中心，伊斯蘭藉由好幾個世紀以來，相對於偉大相鄰社會、整體伊斯蘭（Islamicate）的政治或社會優越性，最後才得以成功。以上眾多的地區也都正好是乾旱地區，這只是反映了一件事實，那就是在某種程度上，世界地表上的乾旱區多於雨量豐沛之處。伊斯蘭在阿爾巴尼亞的成長高過保加利亞，

書已經大幅釐清伊斯蘭的擴張與乾旱帶之間的關聯；作者指出，伊斯蘭在精神上的本質並未傾向乾旱，而認為伊斯蘭特別是由草原上的游牧民族與城市商人散佈，他們在農民人口相對稀少並受制於長途貿易路線或放牧的地區，都較為成功，可說是也舉出次要因素。但他的分析仍有不足，他低估了伊斯蘭社會（Islamicate society）所採行的政治形式，也誇大了伊斯蘭文化（Islamicate culture）裡一時且短暫的傾向；同樣地，他太過強調印度與西歐之間的貿易，而舉例來說，沒有意識到在何種程度上，尼羅河至烏滸河間地區本身就是貿易路線的終點。就伊斯蘭裡對於土地的偏見，他的強調非常有道理，但這種說法太過簡化了。而某些詮釋又太過頭了：對豬的壓抑（對羊的偏好）未必總是帶來不利於耕種者、有利於畜牧者的效果，在某些狀況下似乎不會有這種作用；而他對葡萄樹消失的惋惜，除在法國人眼中看來，顯然太過誇張。無論如何，他的詮釋過於直接，按照他的說法，似乎連哪種民族特別容易改信，也都能建構出普遍的規則。

諸如此類的細節，有必要藉由歷史上的地方性互動來解釋，而那樣的互動會教導我們，在更模稜兩可的案例裡，要謹慎避免無法證實的概括性推論。我們只能說，每在穆斯林骨幹有機會在社會上取得自主性並繁榮的地區，伊斯蘭社會（Islamicate society）就會在那裡生根，而其勢力經常也會在那裡扎根。

南部海域的伊斯蘭化

　　將歐亞非城市地帶最遙遠的地區連結起來的，是一條數個大海域所組成的長鏈，大多數歐亞非舊世界的遠程長途貿易穿越這些海域而進行。最適合稱為「七大海域」（the Seven Seas）的，正是這些地區（如果謹慎計算），因為沒有其他海域群組更符合這個詞彙：從日本往南的東海、南海到麻六甲海峽、孟加拉灣、阿拉伯海、紅海，接著跨過埃及的蘇伊士地峽，進入地中海，以及往北朝向不列顛的東北大西洋──不只包括遙遠的終端，還包括其間的海域。這條海鏈上，最富有的區段自然就是南部海域，亦即從南海到紅海之間的那些海域，這些海域承載了尼羅河至烏滸河間地區土地上的貨物，還有中國以及其間的印度土地上的貨品，再加上東非與馬來西亞的貨物。正如我們已經看到的，在第一個千禧年，這整個地區見證了商業活動與都市聚落的整體成長。在更早之前，南部海域的絕大多數區域僅僅進行著種類有限的貿易，也僅以相對遙遠地點之間的貿易為限；到了千禧年的結尾，在穆斯林的擴張開始之際，這些海域的海岸已經充滿港口，這些港口不只將更多樣的地方產品導入貿易，它們本身更形成市場、終點站以及中繼站。換句話說，在遠東地區、北方與西方城市定居式的擴

張之外，又加上了南部海域本身周圍的擴張，而「七大海域」海鏈的核心地區在商業上的重要性及其世界主義性格，也因而強化。

　　隨著世界主義在南部海域的增長，伊朗—閃族文化的聲譽也在那裡散播開來。就像我們已經提到的，即使在伊斯蘭之前，基督教（早期肥沃月彎的一大宗教信仰）早就在阿比西尼亞與阿拉伯海另一端的印度西南部（喀拉拉），穩固地生根；在伊斯蘭的時代，輪到伊斯蘭圍繞著非洲之「角」[3]散佈，而喀拉拉的基督教徒們必須讓出空間，給當地同樣人多勢眾的穆斯林社群。但伊斯蘭散佈到基督教未曾到達之處。到了中後期，伊斯蘭在像是尚西巴（Zanzibar）與葛摩（Comoros）的東非島嶼，還有沿岸所有的貿易據點扎根；在那裡，沒有任何強大的都市宗教可以與之匹敵。但從古嘉拉特東部起，都市社會奉獻給了印度教與印度教—佛教傳統。在這些島嶼上的所有港口，伊斯蘭都變得相當重要；到了十四世紀，伊斯蘭甚至沿著馬來半島與蘇門答臘北部海岸，也就是孟加拉灣與南海間的商業往來之處而拓展（大多透過印度商業團體）。遠東地區南部較高等的文化，總是在印度商人團體找尋啟發，而數世紀以來，這種團體就代表著印度教；至此印度商人團體則愈來愈常代表伊斯蘭，連帶著還有波斯—阿拉伯文化。大約到了西元1500年，伊斯蘭已經是整個馬來群島以及印度—中國沿岸的主要勢力；在接下來的那個世紀，蘇門達臘內陸的許多地區以及爪哇，也都接受了伊斯蘭。

　　靠著伊斯蘭在南部海域所扮演的角色，伊斯蘭世界在歐亞非舊世

---

* 3　編註：非洲之角（Horn of Africa）即索馬利亞半島，位於非洲東北部、亞丁灣南岸。

界朝著霸權地位前進著，或許比起伊斯蘭在大陸地區的擴張更具決定性。要如何正確地闡述這點呢？

我們必須表明商業社群的特殊角色。如果有共同的文化標準存在，包括法律規範與總體社會期待方面的標準，這種社群的運作就能更為順暢。彼此有所關聯的一些商業中心，將能藉由分享共同的文化，而獲得類似的利益。因此，如果一種文化形式能在相當範圍的商業網絡裡佔據支配地位，它就很有機會在網絡內部取得普世性的優勢。即使「文化梯度」不高，也很有可能帶動潮流。在這一切團體當中，商人階級可能最不受舊規範與傳統束縛——遠比農人階級更無拘束——這件事實可能有助於帶動潮流的機會；只是因為任何商人社群的人員可能相當迅速地改變，並從散佈甚廣的來源汲取人力，那麼，就會相對容易地轉而接受新的文化標準。

至少在南部海域的西部海岸港口——沿著東非、阿拉伯半島南部，或許甚至還有印度西部的海岸——眾多主要城市定居文化中的某種文化，也可能取得廣泛支配性：因為，在多數這樣的地區，享有上層文化的城市與目不識丁的遙遠社群之間，存在相當高的「文化梯度」。伊朗—閃族上層文化可能的替代選項，會是印度文化：比起幼發拉底河口，歐曼（'Umân）[4]海岸更靠近印度河口，而從那裡出發，與從葉門（取道漢志，並藉由貝都因阿拉伯半島的壓力，葉門可能與北邊維持特殊關係）出發，同樣可以到達東非洲之角。就連氣候也暗示了與更屬熱帶氣候的印度之間的連結。但印度上層文化的支配地位，似乎至少因為兩個原因而遭到排除（除了人口相對眾多的葉門可

---

* 4　編註：即今日阿拉伯半島的國家阿曼（Oman）。

能扮演的角色之外）。尼羅河至烏滸河間地區的中心作為渠道，對範圍相當廣大的遙遠地區而言，或許更具有直接的重要性；但是，對於印度港口本身，還有港口有所接觸的幾個東方地區所扮演的、幾乎同等重要的角色，這點並無不利。確實，至少到了伊斯蘭的時代，伊朗─閃族文化──在某個程度上，由於尼羅河至烏滸河間地區非常廣泛且多樣的貿易接觸──如此顯著地適合商業生活，這點也有其重要性。最重要的是，由於伊斯蘭（Islamicate）體系已經確立了對政治、軍事或祭司體制最低限度的依賴，也由於一旦有才能的人們進入伊斯蘭之後，對於他們的晉升存有相對較高的社會開放性，伊斯蘭（Islamicate）體系就提供了非常迅速的方法，能夠在最高的程度上動員所能運用的人力資源。無論如何，甚至在穆斯林尚未征服的印度西邊海岸沿線，還有穆斯林從未征服的地方，穆斯林商人社群的聲譽十分高漲；他們獲得地方印度教統治者授予特權，並往往在商業冒險活動中打頭陣。

印度洋西部海岸上的伊斯蘭世界，形成了自己的政治與知識世界。在政治上，唯一大規模的勢力就位於古老的穆斯林葉門，在那裡，取代艾尤布朝並與傭兵政權勢力對抗的拉蘇勒朝（Rasûlid，西元1229～1454 年），受到來自敘利亞與埃及的強烈影響。統治者有時候是傭兵軍隊的首領──在這裡，突厥的人數比不上黑人。但權力的焦點位處許多海岸城鎮中的穆斯林社群──儘管沿著印度西部的海岸，這些社群一直未能奪得權力，無論它們多麼重要。伊斯蘭律法傳統相對獨立於北邊更遠的中心而發展著。

一旦穆斯林在西部海岸佔有優勢，基於帶動潮流的原則，印度洋東部海岸的商業中心最終也會納入伊斯蘭（Islamicate）體系，這樣的

趨勢就在意料之中。但這頂多只是一種可能——其他壓力將會阻擋東部海岸接受伊斯蘭。事實上，在特殊情況下，接受伊斯蘭的進程在那裡以緩慢的階段進展著。伊斯蘭最大的成功，發生在馬來群島（這個詞包括英屬馬來亞〔Malaya〕以及新幾內亞除外的菲律賓）。

慣於往來島嶼之間的群島人口，長久以來在船運方面發展出高層次的冒險精神，他們的船運最遠將其文化傳統帶到馬達加斯加。但這些群島人口首先在第一個千禧年開始之際，由於接觸印度，而整合成為以城市為中心的跨區商業核心之一環。不久之後，與中國之間的直接貿易也變得重要，這個地區也開始整合到歐亞非舊世界之中。這是印度文化擴張的偉大時代，而印度文化在商業圈子裡取得領導權。在中南半島與馬來西亞地區各處，佛教僧侶與婆羅門祭司扮演有效率的傳教團體；他們從港口出發，甚至滲透內陸。內陸的農耕米糧王國日益增加貿易接觸，使內陸王國進而在它們自身不識字的偏狹傳統之外，找尋視野更為廣闊的、識字的高等文化。他們受到引導，而接納已經在商業港口贏得如此聲譽的、佛教與濕婆教（Shaivite）的宗教及文化體系。因此，到了第一個千禧年結束的時候，這整個地區的上層文化導向，主要都屬於印度文化。

然而，隨著南部海域的貿易範圍變得愈來愈廣大，在眾多地方、更為複雜的經濟體也更加重要，共同海洋文化的好處與聲譽想必更為強大。在新舊千禧年轉換之際，穆斯林在印度海岸邊的地位逐漸提高，某種程度上是因為伊斯蘭勢力征服了內陸。在西元1200年之後，先是孟加拉，接著是古嘉拉特——其港口在南部海域貿易有其重要性——也都受到了穆斯林的統治。情況逐漸轉變，而最聲名大噪的印度商人都是穆斯林。

關鍵事件之一，就屬馬來海峽（Malay Straits）的伊斯蘭化。自從第一個千禧年的前幾個世紀以來，遠東的中國地區與印度領土之間的海上貿易就往來於這些海峽；它們海岸沿線的聚落，與印度及中國港口之間存在直接的關係，至少就像與任何鄰近地區之間的關係一樣。那麼，海峽地區就是全球最具世界主義色彩的地點之一。這個地區的第一個強大的都市勢力，就以海峽為中心，也就是室利佛哲（Shrivijaya）的佛教商業國家，它藉由控制穿越海峽的貿易，並為其提供限定的交易處所而昌榮繁盛。當它在十一世紀末分裂，好幾個獨立貿易城市取代它，但沒有任何一座城市強大到足以在自己的強徵勒索（或說海盜行為）之外，阻止別人的勒索行徑。

在西元1200年代晚期，在海峽靠近蘇門答臘那側，至少有兩個港口接受了伊斯蘭。不久，其他港口也跟進，其中包括最強大的麻六甲（Malacca，位於海峽靠馬來半島那側），有時透過地方重要人士與穆斯林女性之間的婚姻，而使這樣的皈依伊斯蘭成為最終決定。協助建立這些穆斯林中心的，除了來自印度與西方據點的穆斯林以外，還有地方上改信伊斯蘭的人們，甚至偶爾還有冒險犯難的中國人。對此，不能完全透過南部海域較西方地區的穆斯林聚落相對應的情形，來加以理解。隨著跨區貿易變得更為重要也更具組織，任何團體的貿易似乎都在某個方面更受偏限。隨著長途貿易規律模式的發展，重要的庫房擴張，交換點、轉運點將海上航程切分為數段。從更遠的西方出發，商人甚少越過古嘉拉特的主要港口坎貝（Cambay），而往東走得更遠，頂多也僅是前往印度西部的港口。（要航行得更遠，事實上必須利用第二個季風季——也就是，必須等到第二年。）而在海峽地區，商人們若從坎貝出發，則甚少越過麻六甲。接著，中國商人大多不再

從麻六甲前往西方。在這種狀況下，人們可能預見，至少在這三個地區，總共存在三個互有相當區隔的商人文化。但是，一旦穆斯林甚至在印度港口拿下領導權，他們就有機會在這些人佔有優勢之處，與印度傳統匹敵。

　　與印度傳統相比，作為最高程度的社會動員的脈絡，伊斯蘭（Islamicate）傳統享有整體的優勢，與其在更遠的西邊所享有優勢的相同。但到了這個時期，隨著相對具有商人傾向的佛教在印度內部瓦解，並隨著婆羅門教徒的冒險精神消逝，比起任何舊印度傳統，伊斯蘭遠遠具有更強烈的傳教傾向。每個商人都是傳教士，甚至連「sayyid」（有時來自尼羅河至烏滸河間較古老的核心地區，而在這個例子，則是來自阿拉伯半島）都慣於旅行到更遙遠的前哨站，去求取名聲，或許也召集人群。但最重要的是，蘇非主義作為群眾信仰基礎的發展，帶來一群遊歷的講道者，他們那種訴諸道德、具有信仰復興運動色彩、且又相對的不拘泥於教派的教誨，對任何出身背景的人都能受用。幾乎從一開始，群島上的伊斯蘭具有強烈的伊斯蘭法主義，就如同那個時期的任何其他地方。印度穆斯林政權的聲譽，以及處在其大眾發展之全盛時期的、蘇非行者的傳道活力，還有更西邊海域上的範例，這些因素結合起來，而在海峽地區推廣伊斯蘭。

　　馬來群島的另一種可能的替代選項，就是接受中國式文化，就像在中南半島東海岸上的越南確實曾經發生的情形。至少就像胡椒之類的商品而言，中國人是整個群島最好的消費者；他們在海上最進步也最強大——比起航行於印度洋上的那些船隻，他們的船舶更巨大也更強大；而且，這整個地區似乎都認為他們是最富有的商人。在較晚的時代，他們不再穿過麻六甲而前往更遠的地方，這個情況或許侷限了

他們，但可能更重要的是他們的本土政治組織的實效性。可以說，穆斯林之所以勝過佛教徒與印度教徒，是因為他們在政治上的彈性——這意指造成伊斯蘭（Islamicate）文化中心在政治上極度不穩定的那些特徵，所組成的複合體。換句話說在某種意義上，他們之所以勝利是因為與印度教徒相比，他們在政治上較不穩固。但在政治上，印度教徒與穆斯林的建樹，都遠遠不如中國人來得穩固。中國制度的輸出，一旦離開其本土帝國體制及其官僚體制，都將面臨困難；可是每在穆斯林群聚之處，伊斯蘭法就會存在於他們當中，而且他們能輕易地從故鄉引人前來，或藉由招人改信而增加人數與資源。在十三世紀末以及十四世紀初，代表中國政府的船隊獲派前往執行某種巡行地方的任務；後來的船隊穿越南部海域，甚至遠至東非海岸，且所到之處無不得勝。來自中國的開拓者人數甚多，但是整個中國文化體系卻沒有普遍受人接納。

一旦馬來海峽地區改信伊斯蘭，群島其他地區也準備好適時跟進。遠東南部地區（印度以東、中國以南的地區）劃分為好幾個相互對比的地區，儘管所有地區在商業與政治上都有所互動。第一個對比，就是大陸河谷村莊與群島島嶼之間的對比。沿著伊洛瓦底江（Irawaddy）、湄平河（Ping）與湄公河河谷，生長出緬甸、泰國與柬埔寨的偉大王國。每條河流都在大三角洲入海；但在河流與其他海岸之間，則矗立著往往限制直接往來接觸的高山或丘陵；這些王國主要是內陸王國。儘管這三個王國當中最不孤立的柬埔寨，其國王在某個時刻改信伊斯蘭，而且某些海岸沿線地區也存在許多穆斯林（在中南半島東部海岸上人數較少的占族〔Chiams〕也多成為穆斯林），不過，一旦印度文化最初的擴張潮流，在那裡建立起它的高等文化，這些大

型王國就仍保有佛教信仰。

在群島上，連同馬來半島，情形剛好相反。群島可以分為三大部分。海峽地區本身一再成為商業帝國的龍頭，與歐亞非舊世界主要的核心地區也有直接的關係，卻也同時是群島內部商業生活的焦點所在，只要它仍受到長途貿易的刺激，就能維持這個狀態。馬來亞與蘇門答臘的發展（只要後者的內陸地區沒有停留在文盲的狀態）都與海峽地區的生活大幅連結；而海峽地區的語言，也就是馬來語，成為整個群島的通用語。爪哇與峇里島組成第二個分離的單位。在那裡，農耕米糧王國興起於內陸，而北部海岸的貿易港口都臣屬於這些王國。在西元1000年之後，爪哇語發展出屬於印度傳統的豐富文獻。海峽地區勢力弱小，而某個爪哇王國在大半個爪哇奪得霸權之際，那個爪哇王國就可能會試圖掌控海峽地區——就像來自內陸的泰國人偶爾會嘗試的。最後，則是次要、「外圍」的島嶼以及沿岸地區（尤其是婆羅洲或加里曼丹〔Kalimantan〕的海岸地區）。特別是，組成群島極東的摩鹿加（Molucca），隨著貿易的增長，而成為香料的主要來源。他們與沿路的中繼站愈來愈依賴商業。摩鹿加南部的班達群島（Banda islands）組成一群商業共和國，從其他地方進口糧食，交換當地出口的荳蔻。相對於爪哇，僅是中繼站的那些島嶼的內陸，很難接觸到國際高等文化，甚至難以接觸那種文化在地方上的、農業層次（agrarianate-level）的社會形式。

基於「帶動潮流」的原則，除了馬來亞與蘇門答臘的港口以外，還有許多「外側島嶼」港口在十四與十五世紀改信伊斯蘭。一旦穆斯林在四處建立大本營後，他們在彼此之間保有的團結精神，有時候也使他們得以奪得權力，而一旦掌握權力，他們會鼓勵更多人進一步改

信。然而，只在西元1500年之後許久，爪哇內陸才改信伊斯蘭。相對於北部大陸的那些大河王國，爪哇（約是義大利半島的大小）各處都近海，它的每個區域在北海岸沿線都有自己鄰接的港口，並直接參與貿易。伊斯蘭作為世界性文化的載體而聲譽卓著，且在內陸王國最終衰弱之際，商業城市的處境恰好適合結盟，並將它們的權力以及宗教信仰，永久地施加在領土上。

馬來西亞與中南半島的伊斯蘭歸化

　　整個東南地區的穆斯林，將他們的傳統文化，按照這套文化在中前期發展的狀態，從尼羅河至烏滸河間地區的土地帶到此處。特別是，伊斯蘭在阿拉伯半島南部與印度西海岸所採取的形式變得普及。南海的順尼伊斯蘭普遍成為夏菲儀法學派；隨著更北方的夏菲儀法學派，在十六世紀偉大的哈那菲法學派與什葉帝國統治下衰弱，阿拉伯半島南部海岸邊的哈德拉毛特（Ḥaḍramawt）成為夏菲儀法學派的主要中心，在南部海域各處都有其影響力，並有助於賦予伊斯蘭世界南部的獨特基調。（阿拉伯半島南部眾多其它教派也偶爾昌盛。事實證明，伊斯瑪儀里派在古嘉拉特與信地的勢力相當強大，最終也從那裡跨海傳到東非；歐曼的出走派甚至更早成為東非的一大勢力。）在這些地區，作為承擔真正的伊斯蘭的媒介，阿拉伯文與波斯文有著相一定的聲響；但眾多地區以它們自己的地區性語言，進一步發展成屬於全體穆斯林的文化遺產。斯瓦西里語（Swahili）是略為阿拉伯化的東非班圖語（Bantu），到了十五世紀，它承載了優雅的詩歌文化。或許在更晚期，才有人將古嘉拉特語跟泰米爾語（Tamil）當成伊斯蘭文化

（Islamicate culture）的載體；但到了十六世紀，在印度教的影響下，曾見證美麗文學的馬來語則正在發展伊斯蘭文學（Islamicate literature），普世的穆斯林文學主題（特別是具有蘇非主義色彩的主題）與更具地方特色的詩歌並駕齊驅。

就伊斯蘭在南部海域地區的整體擴張情形而言，在馬來群島的擴張規模最大，也最成功地滲透廣大內陸人口。這些土地上的印度教與印度教──佛教文化被富裕種稻農地上的統治階級所接納，並與地方上的人才聯手，創造出令人印象深刻的不朽功業。長久以來，內陸國家與具有世界主義色彩、因此也至少在某種程度上伊斯蘭化的港口城市之間，關係疏遠，不只在中南半島大陸細長的內陸河谷如此，在島嶼上也是一樣。有跡象指出，伊斯蘭首先在下層階級滲透了內陸地區，至少在小城鎮中，可能（就像在孟加拉的情形）賦予這些卑微的民眾某種更具平等精神的信仰，而能與仕紳自傲的印度教相提並論。但伊斯蘭終究贏得了王室宮廷的支持。隨著內陸穆斯林蘇丹政權的建立，其餘人口接受了某種伊斯蘭信仰。只有一個島嶼，也就是遠離主要商業運作的峇里島，仍然堅定地信仰印度教；但伊斯蘭化的島嶼地區當中，內陸稻米文明最強大勢力之處，即內爪哇（也就是爪哇中央與東部），其貴族藝術與文學仍保有強烈的舊印度傳統。

從印度沿海傳來的馬來西亞的伊斯蘭文化（Islamicate culture），屬於阿拉伯與波斯遺緒的綜合體；阿拉伯語文、波斯語文以及馬來語文，都是上層文化的語言。而且，從一開始，這三種語言就都是中後期具有蘇非主義傾向之伊斯蘭的載體，而在文化接觸的機會倍增的時代裡，這種形式的伊斯蘭完全合乎民眾的需求。在馬來西亞各處，與任何其他地方相比，人們更認為蘇非主義包含了完整的伊斯蘭，而全

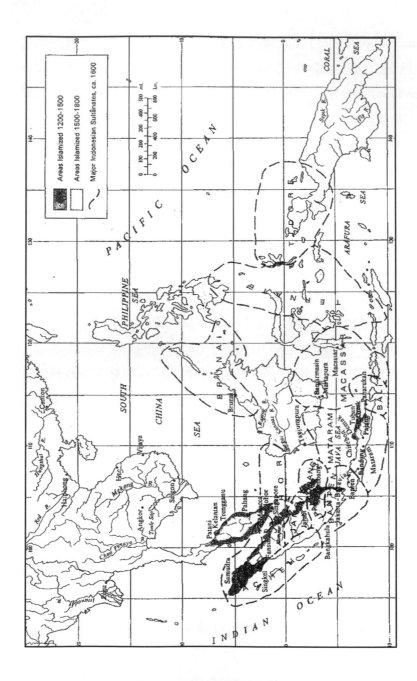

圖4-2：馬來西亞與中南半島

心接受之。伊斯蘭傳統的所有層面都表現在道團蘇非主義的組織架構中。至少在內爪哇地區，道團發展出一套傳承穆斯林知識（不限於蘇非主義，更包括法學、辯證神學與一切相關學科）的特殊模式：在零星散佈於鄉間的鄉村中心，半退役的大師們教導著從附近前來定居鄉村並學習的學童；這使得整個農民階級能夠相當親近地接觸到靈性生活。因此，在大多數的情形下，伊斯蘭法在蘇非主義的支持下傳承，而在現代之前，更嚴格的伊斯蘭法宗教學者幾乎沒有機會能夠為所欲為。至少在內爪哇地區，伊斯蘭法主義相對較弱。確實，伊斯蘭法扮演著基本的角色；但是，至少就像任何其他地方一樣，伊斯蘭法仍保有一定的空間，可供修正以遷就大眾習慣法，而伊斯蘭中土本質上沒有那麼重要的穆斯林習俗，像是女性蒙面的作法，從來未曾受到人們採納。

　　鄉間學校所教導的大眾化伊斯蘭從古老馬來文化基底得到部分的滋養。「精靈」（jinn）的開放類別充滿了當地的精靈（就像以往曾發生在所有穆斯林地區的情形）。無論仁慈或淘氣，精靈們充斥在自然界的每個角落，更成為（幾乎所有伊斯蘭世界的其他地區）整套日常成規以及人際關係結構的基礎，一切都帶有伊斯蘭的表徵及儀式的祝福。在仕紳階級當中，狀況自然更為複雜。在這些舊馬來西亞的元素之外，在這個地區最富有的政體，透過某種伊斯蘭化的形式，貴族人口維持他們衍生自印度文化的古老傳統，特別是內爪哇。他們的詩歌保留古老的爪哇語傳統，到處都提到梵語寫成的《摩訶婆羅多》（*Mahâbhârata*）的英雄們，這些英雄取代了中央領土的詩歌寫作常常提及的、伊斯蘭之前的阿拉伯騎士或古代伊朗國王，這種作法提供了一套超越伊斯蘭的背景，以求得合乎人性的真實感。這套遺產同時影

響蘇非道團，至少在貴族的層級上，它將自己的痕跡留在蘇非行者的語言裡，或許還有蘇非行者的某些想法中。整體而言，即使是內爪哇地區的蘇非主義，跟伊斯蘭世界的其他地方幾乎並無二致；如果伊斯蘭首先在下層階級為人接納，那麼，跟其他地方一樣，蘇非主義就隱含了對貴族階級的印度教的對抗。（認為馬來西亞的蘇非主義具有「印度教—佛教」色彩，這種常見的評價是嚴重的誤導，源自於現代伊斯蘭法淨化主義〔Modern Shar'i puritanism〕對它的否定。）但是，在伊斯蘭世界中，或許沒有其他地區的早期英雄傳奇，像在東爪哇的貴族圈子裡那樣，保有如此活躍的宗教評價。當仕紳階級接納了伊斯蘭，這些傳統就交織成為蘇非主義的一部分，他們豐富了蘇非主義，並賦予獨特的爪哇之美。[5]

---

5 關於馬來西亞的伊斯蘭，最重要的研究是 Clifford Geertz 的 *The Religion Of Java* (Glencoe, 1960)；它處理十二世紀，特別把重點放在內爪哇，其中許多內容，對發生於更早的時代的事件有所啟發，也涉及群島當中的其他地區。很遺憾地，其中普遍的高度卓越品質，遭到一項重大的系統性錯誤所損害：在現代某些伊斯蘭法主義穆斯林學派的論辯影響下，Geertz 認為，「伊斯蘭」僅止於現代主義者的學派恰好認可的內涵，而將其他每項事物都歸屬於原生背景或印度教—佛教背景，無緣無故地將爪哇的許多穆斯林宗教生活貼上「印度教」的標籤。他認定，一系列的現象儘管本質上普遍存在於伊斯蘭，有時甚至見於《古蘭經》，卻都不屬於伊斯蘭；因此，他對伊斯蘭的過去，還有晚近某些反對伊斯蘭的反應所做的詮釋，都造成嚴重的誤導。他的錯誤至少建立在三個前提之上。當他提到群島長久以來與「麥加與開羅的正統中心」阻隔時，這種無來由將開羅包含在內的做法，背離了造成他所持偏見的當代見解。許多殖民者強烈要求，應盡可能地消滅他們的子民與作為世界性宗教而造成困擾的伊斯蘭之間的關聯，這樣的說法，我們也必須存疑（這種傾向也可見於北非〔Maghrib〕的法國殖民者）；最後，他的人類學方法也引人質疑，只對於短暫的跨區所呈現的文化做出功能性分析，而沒有認真考慮歷史

橫跨撒哈拉的伊斯蘭世界

自從在我們的時代的前幾個世紀，駱駝運輸引進撒哈拉開始，黑色人種地區與地中海地區之間的貿易就大幅增加。黑色人種地區是撒哈拉沙漠與幾內亞（Guinea）森林之間的大草原，它早就已經開闢，並迎接繁榮的農業；但長久以來，除了極少數跨越撒哈拉的貿易之外，它們只在穿越黑色人種地區東部並往北直到尼羅河的長途貿易中，與歐亞非舊世界的城市定居地區有所接觸。現在，查德、特別還有黑人蘇丹地區（Niger Sudan），則有更盛行的直接接觸。它們以幾內亞海岸的黃金、奴隸與熱帶產品來交換手工藝作品。到了商業城鎮與大規模的王國在那裡興起的時代，撒哈拉北部佔有優勢的文化已經屬於伊斯蘭文化（Islamicate culture）。一開始，眾黑色人種地區的王國仍是異教徒，儘管它們資助穆斯林貿易者與學者（還有醫生）；最終，許多朝代改信伊斯蘭，或（稍後）由新的穆斯林部族建立起實質政治結構。伊斯蘭信仰逐漸從商人城鎮往外擴散到農民階級之中；當然，新的宗教信仰通常並未取代太多早已存在的農業社會知識，無論是實用或宗教的知識。（儘管某些現代狂熱信徒的情形並非如此，就算他們的知識與來自乾旱帶中部的知識不同，人們並不因此而成為信

面向的作法。其他作家甚至更能辨認伊斯蘭的特徵，甚至內爪哇地區的宗教：C. A. O. van Nieuwenhuijze, *Aspects of Islam in Post-Colonial Indonesia* (The Hague, 1958)，以及 W. F. Wertheim, *Indonesian Society in Transition* (2nd ed., The Hague, 1959)，但 Geertz 在這個領域裡鶴立雞群。對通曉伊斯蘭的人來說，他廣博的資料——儘管動機不善——顯示，即使在內爪哇，信仰印度教的往日傳統所遺留下來的多麼稀少，更使伊斯蘭為何獲得如此全面的勝利，就更成為問題所在。

仰不堅的穆斯林。）部族一個接著一個投入這個目標，特別當部族成為廣大帝國的基礎之際。

除了黑色人種地區一開始伊斯蘭化時的塞內加爾河（Senegal）的穆拉比特勢力（建立在來自北方的信仰戰士活動），這些國家全都起源於當地。通常，較具地方性的王國在以部族為基礎的朝代統治下，存續了相當長的時間，而伊斯蘭的認可往往與較古老部族的認可混雜，進而支持它們。但（就像圖表上所能看到的〔見表4－1，第318～319頁〕）重疊在這套地方分治的政治生活上的是一系列的帝國，它們往往從以部族為基礎的朝代興起，而這些朝代的地位足以鎮壓絕大多數的其他朝代；它們有時（作為信仰戰士）而將伊斯蘭強加在屈服的朝廷上，或將朝廷剷除，而造成重大的社會崩解。隨著每個新政權的建立，它的首都城市不只成為財富中心，也愈加成為伊斯蘭化與伊斯蘭學問的中心；黑色人種地區的學者很快地著手寫作國王功績的編年史，並建立起他們自己的上層文化傳統，然而，這項傳統長久以來仍使用阿拉伯文作為唯一的文學語言。

在十一世紀，當希拉勒（Hilâl）阿拉伯部族實際將駱駝游牧生活引進北非（Maghrib），進而引進撒哈拉（在駱駝於該處被用於運輸後）以後，黑色人種地區在地方上的演進，因為游牧者的介入而變得日益複雜。最終，比阿拉伯部族群聚（儘管在撒哈拉最東邊及其邊緣處特別重要）更具影響力的，是一個柏柏民族——圖瓦雷克人（Touareg），這個民族發展成撒哈拉沿線的駱駝運輸專家，更對定居人口建立起系統性的支配關係，特別是在他們行進路線的南邊終端。他們的男性擁有身為戰士的耐力，以及找出跨越世界上最大荒地之道路的技能，因此引以為傲。這個社會組織屬於母系社會，且與女方家族同住，孩子

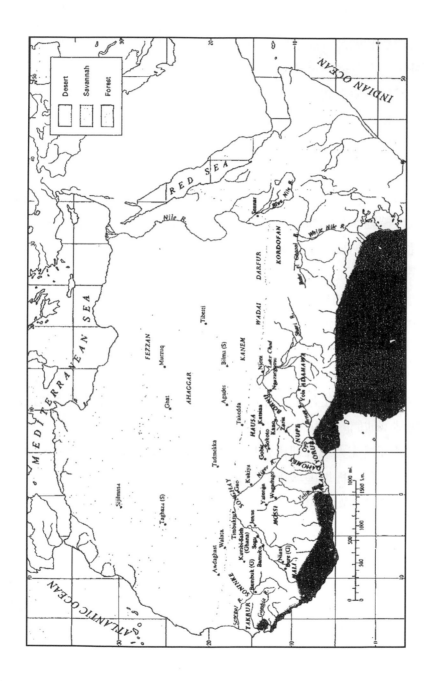

圖4－3：黑色人種地區

屬於舅舅的家庭，而不是他們那前來探訪的父親；而當男人遠在幾百哩外，女人在家中發展出她們自己的文化，自有一套（非阿拉伯文的）書寫系統，還有獨特的小說與詩歌文學。圖瓦雷克人不自認為一個民族，而認為自己是一個貴族階級；他們控制的民族則是依賴他們的階級。在他們路途沿線的綠洲上，他們讓黑人奴隸作為農奴而定居，並為他們耕作土地（在這裡，那阻礙尼羅河至烏滸河間地區發展出農奴制度的、相對自由的機動性，因為過於乾旱而未能存在）；他們也差遣奴隸挖掘沙漠的鹽礦。愈來愈多的黑色人種民族向佔據支配地位的圖瓦雷克人納貢，當成保護費，也有愈來愈多的村莊落入他們的領主權底下。

只有伊巴迪出走派（Ibâḍîs Khârijîs），能夠抵抗圖瓦雷克人的控制，他們最終撤退到撒哈拉中部或北部某些相對肥沃高地上的一些綠洲。伊巴迪派在瑪扎卜地區（Mzab）創立城市共和聯邦，並建立起富足的農業，最終也興起與地中海地區之間的商業。不過，除了與歐曼其他的伊巴迪出走派成員保持關係以外，他們仍小心翼翼地疏遠其他穆斯林；他們的共和團結精神保衛著他們。

圖瓦雷克人或許偶爾會具有強烈的毀滅性，但整體而言，他們確實促使黑色人種地區城市的發展。最輝煌的黑色人種地區文化中心，或許就是經學院的學生們從遠處造訪的、十六世紀的廷巴克圖（Timbuctu）。即使在當時，對來訪的穆斯林而言，地方上的建築似乎也相當樸實，因為他們眼見處處都是泥造小屋；但當地的學術研究贏得他們的讚賞。黑色人種地區的伊斯蘭世界仍然歡迎來自「舊伊斯蘭」地區的訪問學者們，但他們得以維持自己在伊斯蘭傳統的最高知識水準，訓練他們自己新世代的專家。

但是，到了十六世紀，新的勢力正在發揮作用。隨著歐亞非舊世界完整地運用了彈藥武器，黑色人種地區將會失去孤立隔離的優勢，喪失的程度甚至高過駱駝游牧生活來到撒哈拉時的情形。本世紀中，一位摩洛哥蘇丹在自己的領土上打敗葡萄牙人之後，找尋著可以利用的新領域——同時也找尋更穩定的傭兵及黃金來源，以支撐他所欲求的專制統治。運用著他的新配備，他大膽將軍隊運過沙漠路徑，並且靠著好運氣，到達對新武器還一無所知的廷巴克圖；他洗劫城鎮，並攻陷黑人蘇丹地區的多數區域；這個地區以往受其統治而隸屬於他的代理人——最終，隸屬於他那轉而獨立卻仍貪得無饜的軍隊。同時，幾內亞海岸的產品更多經由海路，由葡萄牙船隻運往地中海地區，而且廷巴克圖從來都沒有完全恢復，事實上，整個黑色人種地區也都是如此。

十五世紀印度與歐洲的伊斯蘭

伊斯蘭與穆斯林勢力在尼羅河至烏滸河間地區兩側的兩大開化地區的擴張，與邊緣地區的擴張相比，具有某些鮮明的特徵，但根本的推動力是相似的。在這些古老的城市定居領土上，穆斯林的征服先行，而穆斯林骨幹隨後抵達；而且，在穆斯林統治的國家內部，保存在地性宗教信仰的社會實體，扮演遠遠更持久也更為複雜的角色。但在這裡，穆斯林骨幹在社會層面帶來的實效，確實也有其決定性。按照地區自身發展上各自達成的特定階段，到了伊斯蘭時期中期，穆斯林與印度教徒的社會秩序顯現出互補的關係。

隨著後軸心時代的進行，信仰印度教的印度社會已然歷經它自己

的演化，遠離古典的形式，就像伊斯蘭（Islamicate）的演進，為尼羅河至烏滸河間的土地帶來的變化。印度社會愈加嚴謹地發展為以無數種姓組成的體系，而所謂種姓，就是世襲且同族通婚的自治群體。在更廣大的社會中，這些種姓各有其典型的經濟職能，與其他種姓之間也各有固定的關係；僅就其內在關係而言，它們各自按照自己的法律與祭儀規範而自治。這些種姓界定個人在社會上發展的可能前景，遠比尼羅河至烏滸河間地區任何工匠行會團體甚或教派都來得嚴格。將違反種姓制度實踐的任何社會成員排除在外的嚴厲規範，將它們之間的社會流動限縮到最低的限度。實際上，個人確實仍然享有某種餘裕，而某些種姓能夠發展出它們作為群體所享有的新職能與新地位。但統治者的職能則（基本上）保留給少數世襲家族；在這些家族遭到消滅的情形下，就沒有理所當然的請求權人得以主張自己享有統治者的地位；只要能夠尋得不受種姓限制拘束的支持者，幾乎任何人都能取代他們，而無須面對難以動搖的反對者。

隨著後哈里發國際性體制促使各式各樣的穆斯林得以更自由地流動，穆斯林也就愈來愈能採取這種作法。那麼，在印度教社會內部，及在伊斯蘭社會（Islamicate society）內部的這兩套過程，在各自最完美地契合對方發展前景的某個時間點交錯：在那個時候，穆斯林恰好相當理想地適合組成印度教體系中的統治種姓。但是，相對於眾多在印度教社會獲取高位、並最終成為眾多印度教種姓之一的其他統治群體，穆斯林並未成為印度教徒。確實，在某種程度上，穆斯林的力量就在於，他們得以援用印度教領域之外、強大且細緻的文化傳統資源。因為，若缺乏這種強烈的世界主義意識，穆斯林就會失去他們與地方上人口在文化與政治意義上的距離；正因如此，他們不會喪失自

己的內聚力，不會流於與印度教團體的永久結盟，對他們來說，這項事實比起任何穆斯林團結精神，可能都更有意義。儘管他們可能與印度教徒建立起任何暫時性的結盟，他們仍然保有某種文化上的優越感，而這樣的優越感，每在面臨威脅時，就會促使他們企求回歸伊斯蘭完全至高無上的地位。藉由這種方式，就算絕大多數人口仍然是印度教徒，穆斯林政權仍然能夠永久存續；對印度教徒而言，在宗教儀式方面，穆斯林統治者，與天生就被排除在印度教體系之外，且被高等種姓認為在儀式上不潔的最低等種姓「賤民」之間，沒有太大不同。

　　因此，穆斯林政權的存續，並不取決於德里蘇丹們的政策或命運。帖木兒的破壞行動幾乎沒有對絕大多數印度行省國家造成侵擾。少數團體的團結精神使範圍遼闊且相對穩定的穆斯林國家得以存在；這些團體，明確意識到自己與廣大穆斯林國際社群之間、且與地方上的印度教徒相對立的道德及文化關係。整個德干高原，或至少在它的主要中心，好幾個世紀以來都由巴赫曼朝（Bahmanids）的蘇丹們控制。古嘉拉特，亦即西部中心的廣大鄉鎮，則承認一個強大的穆斯林朝代，這個朝代追求以印度洋貿易為導向的建設性商業政策，直到進入十六世紀。孟加拉這個富裕的政體則在穆斯林統治者下保有自己的傳統，那些統治者最終得以促使東邊遠到恆河平原的大量下層階級人口改信，而在恆河平原，統治階級後來成為印度教徒，但印度教似乎還沒在新進加入農業層次（agrarianate-level）社會的農民當中散佈。從非陸茲（Fîrôz）的時代開始，在上恆河河谷與南邊鄰近的河谷本身，這片已經相當遼闊的領土，就保留給德里蘇丹政權，讓它能在強盛之際試著加以掌控該地區，並在其他情形下，與其它獨立的穆斯林統治者分享（帖木兒的入侵主要就影響這個特定政體。）在十五世

紀，阿富汗人來自最容易出入的伊斯蘭高地地區，也就是伊朗高地東部，愈來愈多人在印度北部擔任軍事人員；到了本世紀末，洛德朝（Lôdî）眾蘇丹的勢力，在它所轄區域內回復了德里的權威，而這些阿富汗人構成了這個朝代的重要基礎之一。

儘管印度教（在某些地區則是前印度教部族的）統治者們在印度各處均有地方性的反抗行動，在穆罕默德・圖魯各（Muḥammad Tughluq）偉大的行軍之後，次大陸的每個地區，幾乎都至少大致服從穆斯林的主宰地位。只在半島上，在巴赫曼朝領土南邊，在毗奢耶那伽羅王國（Vijayanagar）將某個強大家族推上寶座並創建帝國之際，一套復興的印度教傳統抵抗穆斯林進一步的侵襲，直到中後期結束。

對於印度，伊斯蘭在宗教方面帶來雙重衝擊。藉由選擇性的改信，它確實影響深遠，儘管其影響相當隱晦。某些種姓與行業全都改信伊斯蘭，對於純粹鄙視他們的婆羅門，不再效忠，而在他們原則上可以獲得平等地位的社群中，碰碰運氣。而且，相較於其他宗教傳統，某些宗教傳統顯然更容易受到伊斯蘭的侵入影響；最可能產生這種情形的例子就是佛教——我們已經看到，在某些地區，佛教一度相當強大，後來卻成為穩固的穆斯林地區。佛教之所以向伊斯蘭屈服，或許主要不是藉由直接改信造成，而是透過更潛移默化的途徑：相對不具貴族氣息的佛教招募信眾的來源——例如進入城市，並接納與其新身分相稱的新信仰的村民們——現在已經傾向伊斯蘭，而非過時的佛教。在孟加拉一間寺院的屠殺，就結合基督教徒根深蒂固的觀念，被認為起因於穆斯林對刀劍的狂熱，使人們廣泛地反覆聲稱，穆斯林在印度暴力地「摧毀」了佛教。穆斯林對佛教並不友善，但沒有證據證明，他們真的屠殺了所有佛教徒，甚至殺害所有佛教僧侶。如此看

待伊斯蘭所扮演角色的態度，大多是以未經檢驗的成見為基礎，而即使要從受過教育的腦袋裡移除這種看法，也必須積極耗費許多心力來澄清。

無論這些改信者是什麼人，最有影響力的傳道者，或許是次要道無論這些改信者是什麼人，最有影響力的傳道者可能是次要道團的導師們，他們謙虛地在人群中傳播信仰，甚至比較大的道團的那些導師更常傳道——儘管後者也聲稱自己使人改信。這種次要的傳道者，不受更高階級的私下監督，對於鼓勵期待提升其社會地位的人們改信，特別能夠抱持開放的態度。無論如何，在許多地區，印度教所剩下的或許只有較不具社會流動性的人口。這種傾向可能強化了印度教徒使種姓制度日漸死板的既存傾向。

伊斯蘭對印度教傳統本身也帶來直接的衝擊。這或許不太可能意謂著教義明文內涵的修正——像是信奉一神論的立場。它較可能代表了，對這些內涵與這整套傳統所抱持的多變態度——有時對抗伊斯蘭，有時則被伊斯蘭吸收。印度教徒看待種姓制度的態度日益僵化的傾向，早就伴隨著超越種姓的運動——在相當程度上，這種運動無疑是對其僵化的補償或反動。這種運動以所謂巴克提（Bhakti）密契主義的形式而顯見於毗濕奴信徒（Vaishnavas）：這是一種愛的密契主義，粗略地對應於同一時代東方基督教與伊斯蘭的愛之密契主義。這種巴克提密契主義強調對獨一神單純且直接的信仰，而不太依賴儀式等等形式上的作為。它與指向相同的蘇非主義內部傾向匹配——不只朝向以巴克提運動為主的、密契詮釋下的一神論，卻也朝向某種抵抗既存權威的行動，而這種權威的任何外在法律都淪為次要，無論是宗教學者的法律或婆羅門的法律。這些傾向無疑代表一種平等主義式的

反抗力，它抵抗著社會特權階級所喜愛的精美形式，而或許伊斯蘭的存在有助於促使這種傾向成形。除了常見於民俗層次的信仰混雜之外，伊斯蘭與印度教宗教生活的相互穿透，最引人注目的效果將見於一系列流行的一神論運動，這些運動同時反對穆斯林與印度教的宗教領袖，卻有意同時運用這兩個傳統的語言。關於這一點，第五冊將有更多的描述。[6]

事事實證明，在荒野高山與廣大沙漠的阻隔下，與舊伊斯蘭地區隔絕的印度，（當伊斯蘭境域演進到即將擴張的境地時）很快地就無力抵擋穆斯林的征服；另一方面，歐洲——對於這個地區，任何分界充其量都相當武斷——更持久地堅守。準確地說，每次都會有外圍省分很早就被奪下——從印度取得信地，從歐洲拿取得班牙（或許我們也該將北非〔Maghrib〕包含在內）；但每一次，對梵語文化與希臘文化來說，這些地區都位處邊緣。在中前期，穆斯林開始擴張的時候，每次的行動都佔領了更重要的省分：印度的旁遮普與歐洲的安那托利亞；前者是大量產出吠陀經典的地區，後者則是古代愛奧尼亞人（Ionian）與利底亞人（Lydian）的土地，我們認為令人聯想到希臘的眾多事物，都源自於這些土地，而這些土地也是拜占庭帝國的支柱；在十一世紀，兩者都至少部分地遭到佔領。十三世紀伊斯蘭在整個恆

---

6 關於伊斯蘭與印度教之間在宗教層面上的關係只有零散的研究。Tara Chand, *Influence of Islam on Indian Culture* (Allahabad, 1954) 主張，伊斯蘭不可能帶來直接的重大影響，而（我認為）還沒有別的見解取代了這種說法（例如，Yusuf Husain, *L'Inde mystique au moyen age*〔Paris, 1929〕並沒有取代之），但這種說法卻已經因為附帶提到這項議題的研究，還有散佈各處的文獻而過時。這種研究仍然缺乏適當的理論基礎。

河谷的擴張，尚不及於直到十四世紀在歐洲的拓展：當時，穆斯林相應地跨越了巴爾幹地區，但它並未越過亞德里亞海（Adriatic）；義大利（幾乎同樣也是古典希臘文化的家鄉）則從未屈服。整體而言，落入穆斯林統治者（歐斯曼人與蒙古人）手中的是東歐人，也就是希臘人與斯拉夫人（Slav）；屬於拉丁文化的西歐痛苦地抵抗著，但除了匈牙利以外，抵抗大多成功。或許在某個程度上，正因為這次成功的抵抗，歐斯曼政體完成了征服歐洲的企圖當中最重要的行動之後，它的結構進而比德里蘇丹政權還要堅固得多。

正是在十五世紀，歐斯曼政體從前線的信仰戰士國家，轉變為屬於軍事勢力贊助類型的專制政體，它同時也成為伊斯蘭世界的文化焦點之一。在帖木兒徹底擊敗歐斯曼朝的軍隊，進而瓦解之時（西元1402年），完全展露出歐斯曼政體結構的穩固程度；儘管它實際上分封給好幾位滿懷壯志的王子，每位王子及其隨從也都得到各自的領域，它卻又幾乎紋風不動地重新回到先前的狀態。在巴耶濟德一世死後（西元1403年），他的兒子當中，有四位爭奪繼位。這種情形再常見不過了——歐斯曼人認為，繼位取決於神，祂的意志將顯現在武裝競爭的結果上。但在帖木兒的陰影之下開始的這些繼承戰爭持續了十一年之久，而絕大多數時間，巴爾幹半島領土的某個地方（名為「魯米利亞」〔Rumelia〕）由其中一位繼承人統治，安那托利亞領土的其餘部分則由另一位繼承人統治；同時，好幾個安那托利亞公國，在他們自己的朝代統治之下，保持獨立。不過到了西元1413年，其中一名兒子，也就是梅赫美德（Meḥmed），重新統一主要的歐斯曼領土，且在西元1421年，在他過世之前，他已經開始重新征服安那托利亞的公國，並收復歐斯曼朝在魯米利亞（也就是巴爾幹半島）遭到侵害的勢

力。他企圖鎮壓愛琴海島嶼上拉丁人的行動（主要是威尼斯人），因為缺乏海軍而失利。但他成功鎮壓西元1416年由托缽行者與僧侶們領導、與巴德爾丁（Bedreddîn）聯手發起的叛亂，而這種事件可能會使伊斯蘭法宗教學者與朝代之間的關係更加緊密。無論如何，立基於利益平衡之上、在帖木兒到來之前即已造就歐斯曼之強大的堅實統治，他使之煥然一新。

到了西元1428年，在穆拉德二世的統治下（西元1421～1451年），安那托利亞絕大多數的公國都已經再度受到征服（除了孔亞的嘎拉曼勒朝〔Ḳaramanlı〕），儘管形式上比起以往更為溫和。在穆拉德二世統治下，歐斯曼朝必須面對某些基督教徒人口抵抗穆斯林統治的強大運動——阿爾巴尼亞人在他們的英雄，即身為人質而在歐斯曼宮廷長大的斯坎德別克（Skanderbeg）領導下起義，而匈牙利將軍匈雅迪（Hunyadi）支持塞爾維亞人的抵抗；他們偶爾各自獲得西方勢力的支持。但在關鍵時刻，歐斯曼朝野能得到基督教徒——塞爾維亞人與瓦拉幾亞人（Wallachians，即羅馬尼亞人〔Rumanians〕）——的充分支持，足以維持並增長他們的地位。回歸基督教的斯坎德別克是個罕見的例子；絕大多數成為歐斯曼穆斯林社會一份子的人們，都仍然是它的一部分，不論好壞。即使是仍然信仰基督教的人口，通常也偏好歐斯曼勢力，勝過任何替代選項。

歐斯曼朝不只一次幾乎佔領位於他們領土核心的帝國城市，也就是君士坦丁堡，卻又在意外或政策的阻撓下，保持它作為納貢附庸的地位。但在歐斯曼朝遭遇困難之際，拜占庭皇帝已然成了惹人厭的存在——他甚至與帖木兒協商——而在西元1451年梅赫美德二世即位時，皇帝一方新近策畫的密謀，使歐斯曼人的征服突如其來地完成。

西元1453年，梅赫美德二世（在位於西元1451～1481年）使用新的攻城大砲，以猛烈的攻擊拿下這座堅不可摧的城市。（幾年之後，這樣的攻城大砲，也同樣將在西歐證明，對於新的中央權威，它們具有決定性的效果。）西方勢力的海上援軍來得太晚。歐斯曼朝進而使君士坦丁堡成為他們的首都，以當地慣用的名稱——「伊斯坦堡」（Istanbul）——來稱呼它。他們盡其所能地促進它既存的商業與文化生活，但他們也帶來許多新成員——斯拉夫人、希臘人與突厥人，讓他們定居在這個歷經帝國多年的衰退之後，已經大半空蕩的城市之中。隨著城市恢復它作為整個地區的經濟與行政中心的地位，伊斯坦堡很快地再次成為人口眾多且經濟繁榮的歐洲城市。

正如 Wittek 所告訴我們的，隨著其正常首都的確立，歐斯曼政體成為持久的帝國，而支持它的政治利益匯集，在地理與經濟層次上，與以往支持拜占庭帝國的利益大致相同，它也受到與拜占庭人類似的文化與宗教利益支持。比起中期穆斯林中央領土上的那些國家，歐斯曼政體已經變得更為強大且持久。定居的信仰戰士軍隊，現在轉變為常備騎兵與地方的地主；以古老巴爾幹仕紳階級為基礎的基督教徒輔助軍隊，還有新的蘇丹禁衛軍步兵，愈來愈常從鄉間募集人手，令其改信伊斯蘭，並受訓忠於中央政府——這些部隊共同組成一支均衡的兵力，在其中，同時表現出地方性的考量及對朝代的忠誠。同樣地，獨立的信仰戰士組織，還有城鎮居民當中的青年團殘餘，連同更新進的伊斯蘭法宗教學者組成的骨幹，以及受保護的基督教徒當中，希臘東正教融貫的宗教兼社會結構——事實證明，在圍繞著統治宗室的一小群舊歐斯曼家族領導下，這些元素全都帶來穩定性，且又相互輔助。這個朝代是共同利益至高無上的象徵與工具，而不是專為任何派

別喉舌的倡議者，也因此居於管理國家利益的地位。歐斯曼政體因而證明，它得以在十五世紀擴張邊界時，格外樂於利用穆斯林手邊的社會與軍事資源：舊獨立騎兵，以及配備彈藥武器的新步兵，新的穆斯林幹部，以及受保護者舊有的延續性。但加上作為首都的伊斯坦堡，這一切都有了新的面向，即使形成原初平衡的元素有所替換，這個政體也因此可以持續存在。[7]

從一開始，歐斯曼政體就有意識地承擔了交戰的伊斯蘭世界中最具歷史性之邊界上的任務。人們長久以來都認為，拿下君士坦丁堡是穆斯林極高的目標，而在哈里發統治下所費不貲的多次失敗之後，這項夢寐以求的成就早已抹上了啟示的色彩（或許這樣的事實，加上堅不可摧的基地，有助於打消歐斯曼朝早期嘗試的念頭）。因此，定都於伊斯坦堡的朝代，不只能將黑海與地中海東部之間延伸廣泛的貿易，還有安那托利亞與魯米利亞廣大的資源集中於一處；它還能為伊斯蘭的想像提供焦點——聖索菲亞大教堂（Hagia Sophia），它是基督教世界最偉大的教堂，已經改建成大清真寺，而原本的基督教世界首都——伊斯坦堡（Istanbul）在許多人筆下改寫為伊斯蘭堡（Islambul），意指伊斯蘭的城市。同時，拿下帝國的城市（也就是全基督教的教長領地所在）確保了歐斯曼朝能夠控制這整個區域的基督教階層體系，並強化了歐斯曼政體與東正教教會之間日漸強韌的關係。（這些關係顯然有助於確認基督教徒與穆斯林之間的鴻溝。雖然一如在每個地方，在地方宗教甚或托缽行者行為的某些方面，穆斯林繼承了基督教

7　Paul Wittek, 'De la défaite d'Ankara à la prise de Constantinople', *Revue des Eludes Islamiques*, 12 (1938), 1－34，他的 *Rise of the Ottoman Empire* 另有重要的補充。

——還有基督教以前的元素，基督教徒的主體仍然受制於教會統治下緊密的官方組織，仍然堅持與伊斯蘭保持距離。）

梅赫美德二世與他的大臣們，同時利用基督教徒與穆斯林的這兩個世界，以強化蘇丹的極權主義。他們將巴爾幹地區的基督教徒納貢國更緊密地整合到歐斯曼朝的結構中，在非常相近於穆斯林騎兵的基礎上組織他們所持有的土地，並鼓勵基督教徒與穆斯林騎兵及中央行政團隊建立共識。梅赫美德與他的某些朝臣們，對希臘文化抱持個人的興趣，他們基於迄今未見於穆斯林的現實感，閱讀拜占庭與羅馬的歷史。但是，在梅赫美德二世統治下，歐斯曼政體更完全地打入了伊斯蘭文化（Islamicate culture）（在這個時期，大致上就是波斯文化〔Persianate culture〕）的主流。歐斯曼朝廷現在得以從舊伊斯蘭地區吸引素質最高的穆斯林學者前來。[8]

在宮廷享有高度評價的，除了波斯文學以外，甚至還有波斯化的突厥文（很快地受到赫拉特的阿里—舍爾・那瓦伊所著詩歌影響），它取代了以音節數而非音節長度模式為基礎的舊突厥詩歌；形式上更本土化的突厥詩歌，就留給流行的民俗歌謠使用。然而，波斯文並沒有真正成為官方語言（除了在國際通信時為官方語言）。高度波斯化

8　Abd-ul-Hak Adnan, 'La science chez les turcs ottomans du commencement jusqu'ò la fin du moyen-age', *Archeion, Archivio di storia della scienza*, 19 (1937), 347－65，亦見 pp. 411－14, 433－34, 468); 21 (1938), 35－61，追溯了歐斯曼領土上對自然科學的採納，特別是以突厥文翻譯著作為媒介的發展，儘管最重要的著作仍以阿拉伯文及波斯文寫成；這篇專文也附帶地提及歐斯曼領土的人們所捍衛的強烈學術自由傳統。（他也討論十六世紀的科學生活，直到在地傳統枯竭促使人們認知到當代西方的先進之際。）

的突厥語文（名為歐斯曼語文〔Osmanlı〕）趨於完善，人們也期待每個官員都能流利地使用這種語言。突厥文的這種官方用途與印度成為對比，在那裡，軍事人口及其朝代也同樣擁有突厥血緣，波斯文也同樣是模範文學，儘管一般人不使用波斯語。突厥語在歐洲東南部的特殊角色，無疑源自於這個地區相對容易進入的特性所造成的、相對大量的突厥部族移民。但這之所以能起作用，主要不是因為突厥的數量（或許在任何特定的時間點，移民都是少數群體），而是因而產生的、突厥信仰戰士組織相對於中央政府的團結精神。因此，首先將突厥文用在高等文化行政的，似乎就是孔亞的嘎拉曼勒朝信仰戰士政權（而不是那裡的塞爾柱朝）。不過，即使對突厥文學而言，波斯傳統也成為典範。

從此之後，歐斯曼朝將自己的政權合法化的說詞，首先是訴諸作為對抗異教徒的信仰戰士軍隊首領身分；接著，當他們的小國獨立後，則是作為即將結束統治的塞爾柱蘇丹的代理人，他進而主張自己作為受前朝哈里發任命者的祖傳權威；在更晚近的時期，也訴諸自己據稱作為烏古斯突厥高等部族後裔的身分，人們認為他們天生就是一切定居人類的統治者。但特別在梅赫美德二世之後，人們也強調一種想法，他們認為，統領是人類社會自然的必要成員，而最強大的統領，有義務盡其所能地擴張影響力，以求增進社會秩序與和平所及的領域，甚至，公正（原則上，也就是遵循伊斯蘭法）統治的統領本身，就是哈里發──神在地表的代理人。這些都是哲學的概念，且已經用來證實我所謂的「軍事勢力贊助國家」。事實上，梅赫美德二世所制定的朝代法（qânûn），就其細節而言，基本上獨立於伊斯蘭法傳統之外；就其總體傾向而言，朝代法使歐斯曼政體與那種制度模式的

同化，得以追溯到這個時期的其他穆斯林國家：所謂的制度模式就是一種專制體制，在其中，整個政府——甚至是身為受政府任命、清真寺的伊瑪目——都歸類為軍士，儘管並非劍士；而整體社會中一切有價值的事物，人們都認為是由皇族及其僕役支配。

拿下君士坦丁堡後的半個世紀中，帝國沒有擴張太多，但它鞏固自己作為穩定的地區性帝國的性格。在梅赫美德二世的統治下，消滅了塞爾維亞人與阿爾巴尼亞人當中殘餘的叛亂者——有時以非常殘酷的手段，而具有高度教養的梅赫美德，因為這些手段，連同他對數種語言的熟練、對高等藝術的興趣，甚至是基督教徒的藝術，而聞名於世。至少同等重要的是，（儘管信仰戰士早就在愛琴海上冒險）歐斯曼朝原本欠缺的主力海軍已經建立。威尼斯被迫（在西元1479年）割讓它在愛琴海與巴爾幹地區絕大多數的領土。然而，歐斯曼朝不只依賴海軍；它藉由從義大利北部的陸路入侵威尼斯領土，進而加速勝利的到來（威尼斯人徒勞無功地試著與白羊汗國的統治者們協調，從加濟拉地區的陸路攻擊出奇強大的歐斯曼政體）。威尼斯的對手熱那亞，也被迫放棄它在黑海北岸贏得的獨立崗哨（位於克里米亞〔Crimea〕的蒙古朝代也成為歐斯曼伊斯坦堡的納貢國）。君士坦丁堡對義大利貿易者長久以來的無能為力，也已經逆轉。然而，歐斯曼朝的海上勢力大多仍由軍隊組成；義大利城市保有商業船艦的支配地位，這是它們在十字軍東征時代所贏得的的為。這件事實造成歐斯曼海軍幾項潛在的弱點；不過，直到十七世紀，它仍然威震四方。

梅赫美德的兒子，巴耶濟德二世（在位於西元1481～1512年）幾乎沒有發動任何戰爭（也幾乎沒有人對他開戰）。他以建造者的身分聞名；就像他的父親，他美化了伊斯坦堡。在他的統治下，建立起橫

跨帝國的公路網；因為，隨著配備彈藥武器的步兵新近獲取的傑出地位，公路變得更加重要。在他繼位時，他被迫對提高薪餉一事（在每個統治者繼任時，都會再次提高薪餉——一旦考量到十六世紀世界性的穩定通貨膨脹，這就不是那麼不合理）讓步，以避免他們恣意的干預，這讓他徹底了解到這些軍隊的重要性——就歐斯曼朝而言，這些軍隊就是蘇丹禁衛軍團。同樣地，也正是這些軍隊，還有歐斯曼朝對於活躍領導階層的普遍需求，迫使他讓位給他原本打算排除其繼承權的兒子。歐斯曼的集體意志——表現在透過競爭來決定繼承人的過程——的實效因此確立；而其結果，正如我們將看到的，就是將歐斯曼朝政權遠遠拓展到它的歐洲家鄉之外。

長久以來，歐斯曼的上層文化就是外來的，容易受到某種知識上的冒名欺詐，急於取得地位的邊境民族有時會對它屈服。到了十六世紀開端，歐斯曼政體連同它穩定的朝代，已經吸引了各門各科的大批學者，數量多到足以誇耀高層次的伊斯蘭文化（Islamicate culture），儘管作為文化中心，它或許從來未能與其他文化中心並駕齊驅。它的地區相對緊密且同質性高，農商興盛，大半免受乾旱帶最糟糕的問題所擾；它的統治階級忠於制度。儘管未必是最龐大的國家，歐斯曼朝仍是伊斯蘭世界裡最強大的政權之一，面對中後期軍事體制所造成的、政治上的進退兩難，它也是其中少數能夠在相當程度上迴避這種局面的的政權。

伊斯蘭世界北部：從克里米亞到雲南

從都市觀點來看，中部的歐亞草原與沙漠形成類似於印度洋的荒

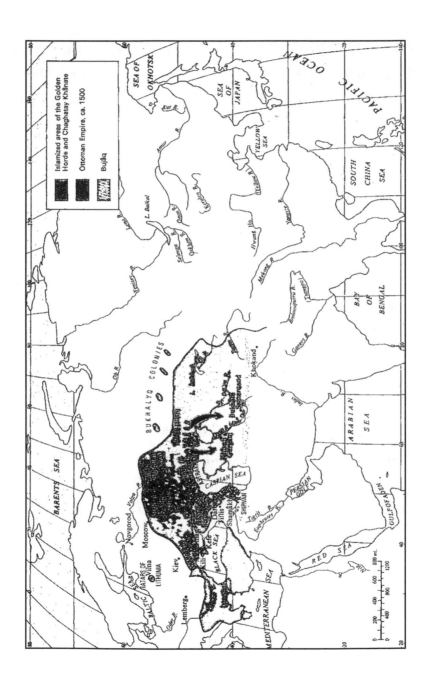

圖 4 − 4：北部區域

廢地區；（到了中期）不只一條貿易路線跨越它並延伸而來——除了南邊從中國通往伊朗的路線以外，還有北邊通往頓河（Don）和與窩瓦河平原的路線。然而，這個廣大地區又比印度洋更具一致性；正如我們已經看到的，除了畜馬游牧者本身，連同周圍的土地，甚至包含農業人口在內，地方上的古老語言正在流失，而突厥語言及突厥傳統正在取得優勢——頂多除了在最東邊的地區，與突厥語有所關聯的蒙古語盛行之處以外。

錫爾河與烏滸河流域的土地是原本的哈里發政權領土的一部分；從那時起，它們周圍的突厥部族從那個根基開始，逐漸伊斯蘭化，這個地方也代表了草原中部最活躍的世界主義文化中心。在哈里發盛期結束之前，定居於窩瓦河流域的突厥語使用者，就已經大舉接受伊斯蘭。接著，在草原南部與北部邊緣周圍，絕大多數的定居突厥當中，隨著中期的演進進行，伊斯蘭的宗教信仰穩固地建立起來，因此，在佛教興盛之處以西，遂行征服的蒙古人已經皈依伊斯蘭。

這逐漸導致人們接受伊斯蘭信仰，甚至連整個突厥地區的畜牧部族也都已經接受。同時，錫爾河盆地以東的塔里木盆地，也正在接納伊斯蘭，儘管那裡的蒙古統治者長久以來抗拒伊斯蘭；沿著穿過圖博與蒙古之間歐亞中部佛教地區的主要貿易路線，伊斯蘭世界逐漸延伸。在刻意優待異族的蒙古人統治之下，居住在中國各處的重要穆斯林群體興起。在甘肅（中國西北省份，向外通往塔里木盆地），穆斯林為數特別眾多，不過在其他地方也有穆斯林，特別是西南部的邊境省份雲南；但在中國的任何地方，穆斯林都未能形成多數群體，甚或建立穆斯林政府。

北部更遙遠地區的突厥穆斯林，熱切接受了伊斯蘭文化

（Islamicate culture）的規範。無論他們自己使用何種方言，他們都以察合台（東部的）突厥文寫作，確實也（不像歐斯曼朝）在嚴肅著作的寫作中，繼續賦予波斯文無可挑戰的優先地位，而不只是外交通信上的優先地位。但突厥穆斯林保有自己的獨立與尊嚴感。他們拒絕讓他們的婦女戴頭巾，以免顯得她們不值得信任；他們持續榮耀自己的突厥英雄傳統，雖然那些傳統，舉例來說，相較於古代伊朗的傳統，有時相當貧乏。

脫脫迷失（Toḳtamïsh）與帖木兒曾在十四世紀末回復蒙古—突厥勢力，但為時不久。在十五世紀，好幾個草原國家分裂成獨立的汗國。在西邊，繼承欽察汗國的是最著名的克里米亞汗國（khânate of Crimea），它控制了大片的烏克蘭農業與畜牧用地；位在窩瓦河灣的喀山汗國，在西元 1438 年脫離察合台汗國獨立；還有阿斯特拉罕汗國（Astrakhan），位於窩瓦河口（維持欽察汗國政治傳統的殘餘）。在這個時代，窩瓦河盆地政治勢力的重心，再次向北移往喀山，或許甚至在穆斯林的領域中，造成農業利益的復甦。北邊則有秋明汗國（Tyumen, Tura）或稱失必爾汗國（Sibir, Esker），西伯利亞自其得名。以游牧軍隊佔領花剌子模的烏茲別克（Özbeg，白帳汗國的旁系），是個具有蒙古血緣又活躍的朝代，在錫爾河與烏滸河流域瓦解並挑戰帖木兒朝勢力。在上錫爾河盆地東北部的耶地穌地區，還有在塔里木盆地的喀什噶爾（Kashghar），則存在其他的穆斯林統治者。

這些統治者之間幾乎互不合作。莫斯科國是一個重要的俄羅斯人國家，得以獨立於穆斯林的主宰地位之外，也很快就強勢地介入他們之間的紛爭。這個基督教國家進而代表這個地區最活躍的農業利益。在喀山汗國之後，很快地在喀山西邊靠近莫斯科的領土上建立起來的

嘎希姆汗國（Kâsimov），從一開始就與莫斯科人結盟，而在十五世紀的遞嬗過程之中，直接落入他們的庇蔭與控制。克里米亞的汗（khân）們一貫地支持莫斯科人對抗阿斯特拉罕的欽察汗國——而後者支持基督教徒立陶宛人對抗莫斯科人與克里米亞人。

隨著十六世紀的到來，與伊斯蘭世界其他地方一樣，阻礙穆斯林在遙遠地區擴張的新條件介入。重新主張自己享有穆斯林蒙古宗室之傳統權力者，幾乎只有烏茲別克人；在十六世紀初，從他們在花剌子模的本營出發，在謝班尼汗（Shaybânî Khan，在位於西元1500～1510年）這位出色領導者的統治之下，他們佔領了錫爾河與烏滸河流域的其餘地區，而謝班尼汗同時從烏滸河的南北兩側擊潰帖木兒朝君主，但他自己卻被逐出呼羅珊。一個世紀以來，烏茲別克的謝班尼朝人，在布哈拉這個藝術、哲學及商業繁榮的中心，維持著一座華美的王宮。（他們把自己的名字給了這個地區的突厥人口。）在這大半個世紀，跨越草原、可觀的陸路貿易仍然持續進行。曾有人基於理論而主張，當時的烏滸河直接流向裡海（而且，或許有一段時間，錫爾河的主要支流也流入烏滸河），而使東部山區與裡海及窩瓦河之間，能有直接的水路交通，因此使花剌子模享有特殊的貿易實力。但無論如何，到了十六世紀末，這條河不再如此流動；而且，更普遍的情形是在海路的競爭下，一切貿易都日漸沒落。有賴於技術上持續進步的槍砲，正在將軍事勢力的重心，轉移到與工業投資中心接觸最為密切的那些人們身上。在十六世紀，草原地區的所有汗國，似乎都遭受權力喪失之害；特別是在窩瓦河流域的汗國，屈服於莫斯科日漸增強的勢力，而到了這個世紀末，它們直接遭到征服。

世界的視野與舊伊斯蘭地區

　　伊斯蘭的擴張，對於舊伊斯蘭地區上的生活與文化造成何種結果，相關研究非常少。確實，伊斯蘭上層文化的代表，與來自遙遠地區的旅行者——朝聖者、托缽行者、來訪的學者、還有士兵與商人——混雜而行，這些遙地區的範圍日益廣大，更擁有多樣化的文化背景。來自整個伊斯蘭世界各地的人們，在麥加與麥地那會面並學習，而且不只在朝聖的季節，而是終年如此；在開羅與大馬士革、巴格達與伊斯法罕，從遠方延伸而來的朝聖路途上的所有中繼城市裡，也有同樣的情形，雖然互動的規模較小。詩人、宗教學者、蘇非行者與士兵，被吸引到遙遠的土地，有時又在稍後回到他們的家鄉；無論如何，他們保持聯絡。這一切如何刺激想像，或激發潛在的天分，我們只能臆測。《一千零一夜》所開啟的廣闊視野引發聯想。我們可以簡略闡述幾種類型的活動，對於這些活動而言，與遠處的積極聯繫，似乎關係重大。

　　隨著這幾個世紀的進展，出現在這個半球各處的新發明與新發現，不只改變了藝術技術或軍事技術的水準，更改變了城鎮甚至是鄉間的庶民生活。或許特別是在中期，其中一些發明及發現結合，改變了生活的調性。我們仍然無法追溯烹飪的歷史，但來自遠方的調味料顯然逐漸多樣化且流行；而且，可以假設多種甜食食譜，隨著糖的精煉這項相對晚近才出現的發明，後來才逐漸流行起來；它們的引進，未必都隨著精煉技術發展的過程而來。這個半球常見的、其他形式的通俗娛樂或許也是相當晚近的事。有時相當驚奇的魔術戲法，似乎得耗費幾個世代——在心理上及技術上——來趨近完美，而或許也在伊斯

蘭的中期，魔術作為市井藝術而達到顛峰。它們與印度特別有其關聯。在後來的時代，皮影戲無疑受到所有階級的歡迎，而取代了地中海地區的古代啞劇：這種表演是由平凡的傀儡人物在簾幕後面叫喊、相戀或戰鬥，因此觀眾只能看到它們的側影。這種藝術越發精緻，並以明顯諷刺城鎮或村莊生活的話語，輔助說書人所講述的虔誠故事或英雄事蹟，而從流言蜚語的層次，提升到某種抽象意義上的尊貴地位。（在十六世紀，從美洲引進的新穀物，特別是玉米，在某些穆斯林土地上帶來廣泛的成效。）

對於人類性格的成長而言，或許特別重要的是，在用來製造氣氛的消耗品當中，從許多地方上的產地引進新的種類，日漸取代葡萄酒，以及尼羅河至烏滸河間地區，傳統上用來營造氣氛的其他酒精飲品。同樣地，關於這一點沒有研究可供參考，但我可以指出幾項重點。「Hashîsh」（大麻製品之一）是一種聞名已久的鎮定劑，在早期以及特別是中後期，流行於某些都市圈子裡。（鴉片與其他麻醉劑也被引進，更大膽的人也施用它們。）在十四世紀，一種新的刺激品——咖啡，從印度洋海岸普遍引進到尼羅河至烏滸河間地區。在十六世紀，菸草從美洲引進。檳榔為東方的穆斯林廣泛使用，並沒有散佈於尼羅河至烏滸河間地區。但即使沒有檳榔，出神幻物的種類也仍多到足以配合截然不同的個人氣質或社會處境。

主要藉由減輕責任感來製造氣氛的葡萄酒，是最叫人陶醉的出神幻物；它在使用上搭配著歌唱的女奴、賭博之類激情的遊戲，最後，當然還伴隨著酒醉的瘋狂。當然，隨著時間經過，酒精會傷害體質，促使許多君主早亡；但再多令人傷心的前例，都無法阻止人們沉迷。其他的出神幻物也用於社交用途，但各有不同傾向。大麻藉由麻痺感

官知覺，而使人們不在意一切現實，最終以想像的夢幻展演取代之；吸食大麻不需要與女人同歡，立即的效果沒有那麼難以控制，也沒有那麼危險，但其長期慣用將導致衰弱。就其直接效果及其長期的退化性作用而言，咖啡與菸草都較為溫和；比起葡萄酒，這兩者都帶來某種精神上的刺激或放鬆，又不會導致責任感的喪失，更適合和平的男性聚會。在中後期末期的某些都市圈子裡，它們或許有助於減少生活中的混亂，讓生活更加體面。農民繼續消費以椰棗或其他植物釀成，且又相對粗糙的酒精飲料，文雅階級的酒精飲品則是葡萄酒，葡萄酒的用量確實減少，於是地中海東部一度著名的眾多葡萄園往往也跟著消失了。

是否皮影戲與咖啡廳這類事物的瑣碎與資產階級性格，可能正好適合大幅緊縮的經濟體（在其中，強大的領導者，儘管有其能動性，卻可能僅僅居於邊緣），以及埋首自身而不與他人接觸的社會？[9] 或許，無論如何，多種料理、娛樂以及用來營造氛圍的資源，還有倫理的多變性以及人口的迅速變遷，或許進一步滿足了家居生活及鄰里生活，但犧牲了城市盛大的展演，無論是王室、宗教或大眾的展現。

宗教學者們包持懷疑的態度看待更新穎的出神幻物；他們傾向於將它們類比於酒，並一概禁止。這些出神幻物頂多僅能視為無聊的奢侈品，且（更嚴重地）擾亂清醒且有責任感的心境，而這種心境正是

9　我們可以比較 Carleton Coon 在他的 *Caravan: The Story of the Middle East* (New York, 1951) 一書，總結的一章 'A Lesson in Austerity' 裡提出的主張，他認為，伊斯蘭（Islamicate）乾旱帶的許多規則與習俗，有助於促使貧富均等，進而將不滿降到最低程度，並在日益貧困的環境中保存資源。

合乎道德的信仰所需要的。最終，宗教學者與咖啡及菸草和解。另一方面，他們無法容忍麻醉劑。而相反地，某些蘇非行者欣然接受這些刺激想像、物質性的新道具。據說，（濃烈沖煮的）咖啡的美好是由葉門某個蘇非道團所發現的，並推廣到其他地方。

伊斯蘭在舊伊朗—閃族領土之外的傳布，至少在比例與平衡上，已經改變了伊斯蘭本身的宗教發展。在新開發領土被召集，前來扮演地方習慣與國際伊斯蘭間之橋梁的蘇非主義，可能在普遍具體化的過程，與帶有伊斯蘭認證、提供祝福的地方性實踐中，受到進一步的確認。這因地區而異：蘇非主義可能承載了馬來群島的伊斯蘭整體，或者減弱為黑色人種地區西部土地上受限且可能是世襲的功能，或者從更古老的都市化地區，吸收來自陳舊告解式傳統的元素。那麼，無論他們來自哪些地區，蘇非托缽行者們經常不斷在異地遊歷；他們也持續建立道團的新分支，代表著新出現的綜合體。

但是，不管蘇非行者的角色為何，與地方習慣持續進行的鬥爭，特別是從長久以來已經過調和的伊朗—閃族習俗，進而衍生而來的那些習慣，刺激人們為伊斯蘭法規範辯護。正直的穆斯林很容易想起，伊斯蘭社群的完整性如何仰賴伊斯蘭法本身。普遍化的伊斯蘭律法體制，形式上，自然而然地就屬於順尼伊斯蘭，而非什葉派。伊斯蘭世界的擴張，早就在中前期順尼綜合體（摻雜著效忠阿里後裔的意識）的援助下啟動，當什葉派接著在較古老的地區復興，它出於千年至福觀的立場，對既存穆斯林組織所抱持的關切，與在南部海域地區甚至是歐亞中部的大草原中，奮力求取支配地位、相對孤立的社群，幾乎毫無關聯。因此，憑藉著人多勢眾，順尼派在伊斯蘭世界的大多數地區取得支配性地位；即使當什葉派稍後在舊伊斯蘭的眾多核心地區上

取得權力，順尼派也仍然保有些許的少數群體身分意識；因為，至少就受過教育的穆斯林而言，他們必然意識到順尼派在總體社群中作為少數派的立場。（這種情況，在核心地區的上層文化生活與外圍地區的文化之間，可能造成了某種落差。）

最後，靠著伊斯蘭法意識（Shar'ism），無疑強化了穆斯林社群主義（Muslim communalism）：先知所傳播一神教的強大吸引力，將忠於啟示社群的立場，置於所有其他道德要求之前，甚至先於對異教徒所維持之道德價值的認可。因為在社群仍然是遭到敵人包圍的新興少數群體之處，社群的力量是首要的要求。社群與伊斯蘭法的情感，輕易地成為表達某種社會意識的主要管道。

穆斯林的卓越與西方的文藝復興

到了西元1500年，當穆斯林相互合作（一如他們之中常見的情形），他們就能控制位處這個半球中央的絕大多數地區，以及許多外圍地區的政治命運；整體而言，在十六世紀，穆斯林持續擴張，而且儘管在某些地方，穆斯林的支配地位有所動搖，伊斯蘭世界仍持續構成世界上最強大的社會陣營。藉由自己的行動，穆斯林踏入了一種處境：伊斯蘭世界的故事在此之後更不如以往，更與整個世界的故事有著明確的區分。

穆斯林的卓越興起之際，首先恰好碰上宋代中國文化與經濟發展的驚人動力，而藉由這些動力，中國人幾乎在社會複雜性與社會勢力的每個方面，都超越穆斯林的水準；接著，在中後期末期，穆斯林又正好碰上同樣非凡傑出的西方文化動力，那就是文藝復興；文藝復興

至少在某些方面，同樣也將西方人提升至高過穆斯林的文化水準。儘管這些文化繁榮發展，穆斯林在歐亞非舊世界仍然掌有領導地位；甚至大多無視其他文化的繁盛。這引發了一個問題。

　　穆斯林受間接的方式影響，進而欣賞甚至模仿中國人；伊斯蘭世界的絕大多數地區，幾乎鮮少受到西方文藝復興的影響，雖然對絕大多數的穆斯林而言，西方文藝復興在歷史甚至在地理上距離他們更近。在某種程度上，文藝復興所受到的部分啟發最終來自於穆斯林，而且無論如何，在更具想像力的面向上，文藝復興也立基於希臘遺產，而同一套遺產在伊斯蘭文化（Islamicate culture）中，也扮演相當重要的角色。況且，現代西方人往往認為，現代西方支配地位的開端，就在文藝復興期間，特別是在那個時期大發現的海上航行中。他們認為，文藝復興是從一股社會力量發展出來的，這股力量已經促成西方在地中海貿易上的優勢，而這樣的優勢奠基於歐洲西北部地區與增長的經濟重要性，以及地中海西北部港口的經濟影響，而他們只將這些港口視為通往現代世界強權的第一步。他們主張，穆斯林對文藝復興成就的忽視，是不可饒恕的愚笨，並隱約指出，穆斯林必定受制於某種嚴重的文化缺陷，才會忽視這些成就。在這個半球的大多數地區──甚至在地中海地區本身──穆斯林持續存在的卓越地位，就它實際的水準而言，就成為一種矛盾的悖論。我們必須從世界史的觀點，在這個必須評估它與同時代穆斯林之關聯的脈絡中，簡要地考量文藝復興的歷史本質。

　　西方文藝復興是世界史上偉大的全盛期之一，也確實具有特殊旨趣，那就是文藝復興構成了現代技術主義變遷因而萌生的直接背景，針對現代技術性的變遷，隨後我們需要從世界歷史的觀點來討論。但

就其本身而言，文藝復興的創造力或基本制度的創新，並未超越歐亞非舊世界歷史農業時代的某些偉大全盛期；尤其比起宋代中國的文化繁盛，甚至是伊斯蘭世界哈里發盛期令人驚艷的文化復興與創新，文藝復興並不特別引人注目。文藝復興時代只有些許令人興奮之處，在於這個時代的進步，與先前作為歐亞非舊世界邊境領域的地區性發展遲緩，兩者間的對比，即使在北方亦然；在中世紀盛期，大多已經克服這種落後。不過，如果沒有這種本質上僅屬地方性的對比所帶來的隱含意義，我們很難評價文藝復興時期；我們不拿它跟當代歐亞非舊世界的文明水準比較，卻與西方早先的水準對比。但是，在此處具有決定性的，主要不是文藝復興的積極成就——無論是它相對於西方的過往進展，或者相對於在當代世界的光輝——而是更貧乏、負面，卻又關鍵的議題，也就是這樣的文藝復興，並未脫離農業層次（agrarianate-level）社會中基本歷史預設的範圍。

　　某種在世界史上長期具有重要性的事物，確實見於後來的後軸心時代，而文藝復興是它的一種表現。當歐亞非舊世界的逐漸擴張與跨區互動發展到一定的程度，所積聚的創新與產品也廣泛流通之後，人們才首次發現，相較於商業投資，在相對北邊的領土，特別是歐洲西北部與中國北部，工業投資所扮演的、更為突出的角色。或許，一旦高層次的工業投資，進而對於任何地方的都市生活本質產生決定性，更加適應商業投資而非工業投資的、相對社會力量，就隱約遭受威脅。在某種程度上，關於西方與中國在它們鄰近地區（特別是在地中海地區與遠東南部地區）的事務上正在增加的影響力，我們無疑已經能夠追溯到工業投資在這兩個社會內部日增的重要性。在地中海地區與遠東南部，伊斯蘭世界的影響都受到這兩個對手的限制，儘管方式

並不相同。但是，任何工業力量的匯集，無論在中國或西方，都在許久之後才帶來大規模的影響。

　　換句話說，在十五世紀晚期與十六世紀早期的西方，並未顯現基本社會結構的變動，在這個結構裡，農耕生產與分配仍是整個地區的經濟支柱，而城市就像是依賴土地所產剩餘的特權的島嶼。城市的工業與商業生活，也不能逃避這項事實帶來的後果：事實上，文藝復興時期歐洲的工業發展，遠遠不如宋代的中國那麼先進。直到十六世紀末，使經濟從依賴農業的處境解放的關鍵特徵才出現在歐洲西北部，這項特徵就是：用於投資的資本，在持久穩固的基礎上，以高過農業生產力增長甚多的速度，永續進行的社會累積——就其規模而言，亦不侷限於過去見於各處的地方性效果。

　　因此，可行的政治結構，仍以農業層次（agrarianate-level）社會長久以來能在每個地方提供的範圍為限：領地政體可能採行君主體制及官僚體制，或者更具寡頭政治的色彩，由或多或少軍事化的地主團體控制，而只有地理位置優越的城市（或有時候是孤立的農民團體），能夠享有共和式的自治（但主要仍是寡頭政治），甚至在一段時間內，統治著從屬的領土地區。根本上，軍事方法與工藝生產方法，甚至是知識方法，不管如何進步，都仍停留在某個層次；這個層次在其社會性前提中，任何其他農業層次（agrarianate-level）社會都能夠直接理解之。說得稍微抽象一點，歷史變遷的步調都仍侷限於同樣的進行次序：在任何農業層次（agrarianate-level）的文化全盛期中，在世代之間尚存有優勢延續性的脈絡下，也都相對地鼓勵創新的自由；所有文化元素似乎都經過人們的重新反思，但也只在非常嚴格的界限中進行。在文藝復興時代，就像該時代的人們所理解的，已見於軸心時代

全盛期歐亞非舊世界所有地區的那種重大變革，幾乎不復存在；在後軸心農業層次（agrarianate-level）文化的模式中，真正的斷裂也並未出現。

　　至少稍晚於十六世紀的第一個階段——在西方正朝向屬於現代性的技術主義變遷前進之際，某些值得注意的科學發展出現了。維薩里（Vesalius）與哥白尼（Copernicus）實質推進了醫學與天文學的發展，超越拉丁人繼承自希臘人與阿拉伯人的遺產。但即使在這種人物身上，進展的程度也比不上穆斯林在其最偉大全盛時期的成就；科學著作的書寫，其人文基礎仍與古典希臘人及穆斯林的人文基礎相同。正如我們已經提到的，在哥白尼的著作當中，在科學上最站得住腳的篇章，早在兩個世紀前的亞塞拜然，就已經有人先行提出。這個時代的氛圍——即使在偉大的文化全盛期之中——對於後來作為西方技術變革之特徵的、專業且合作的勞動，仍然抱持敵意；例如，人們仍將困難的代數方程式解法，刻意當成私人財產而加以保密。

　　即使在世界史的關鍵層次上，也就是在數個社會相互接觸的層次上，也沒有決定性的斷裂存在。儘管在非洲周圍發現了新的貿易路線——就像較早的時代開啟跨越撒哈拉或歐亞中部草原的新路線，儘管城市定居社會的邊緣地區也已經開放（一如已經逐漸發生的情形，雖然比起跨越大西洋，距離沒有那麼遙遠），但絕大多數的古老貿易路線也仍保有其重要地位，至少在十六世紀大多數的時間如此。因為，在數個社會相互接觸的層次上，某個社會與另一個社會之間，沒有發展出顯著的對比。在伊斯蘭社會（Islamicate society）裡所能激起的社會力量，在西方社會中也同等強大。正如歐斯曼帝國，在其進行侵入西方的征服行動時所顯現的情形。西方的某些社會的確展現出特殊的

活力，但不足以永久性地移轉整體權力平衡。

　　因此，在十六世紀開端，使整個伊斯蘭世界的歷史處境改觀的（正如我們即將看到的）、這個時代最重要的技術性變遷，就屬火藥武器的支配性軍事角色的發展，而在伊斯蘭世界與西方，其軍事角色實際上以相同的步調進行著。全盛時期的西方，可能是特別重要的火藥研發中心。（我們無法準確地判斷這一點；因為西方的文獻紀錄比起其他許多地方都完整許多，而這些文獻顯示，西方享有微小幅度的優越性，但這樣的判斷大多以含糊的沉默證據為基礎。）但顯然在伊斯蘭世界絕大多數的地區，這些創新以約略同樣速度的腳步進行著，而且我們知道至少在某些時候，它們獨立進行；而正是伊斯蘭世界的內在發展，促成了火藥所帶來的變遷。

　　最後，正如我們即將看到，西方在文藝復興時代對於伊斯蘭世界最重要的干預，是葡萄牙人入侵印度洋的行動。葡萄牙人在十六世紀初的到來，在商業與政治上，對於穆斯林在南部海域的支配性地位帶來重大的打擊，但葡萄牙人只能掌握某些關鍵的港口；在許多港口與某些內陸土地，凡是非伊斯蘭文化（non-Islamicate culture）尚未充分生根之處，穆斯林仍持續扮演最強大的單一影響因素。在某些地方，作為穆斯林的對手，中國商人與日本冒險家幾乎與葡萄牙人一樣重要。在十六世紀後半葉，穆斯林已經能夠控制葡萄牙人的威脅。葡萄牙人在文藝復興的刺激下，在不同地帶所發展出來的技術性優勢，穆斯林似已經迎頭趕上；而且，既然葡萄牙人的優勢大多屬於戰術方面，事實終將證明，這些只會是短暫的優勢，甚至比阿拉伯人在七世紀時的優勢更加短暫。只有隨著下一波的歐洲人潮流到來——這次是在十七世紀，來自歐洲西北部（特別是荷蘭）——穆斯林在商業上對

南部海域的控制力才明顯減弱。當然，即使在當時，在或大或小的層次上，幾乎在每個地方都還留有普遍的伊斯蘭（Islamicate）色彩，不以穆斯林興盛的短程商業為限。

儘管西方對地中海貿易的控制，接著甚至還有對歐洲海上冒險事業的控制，其重要性逐漸增長，但西方歐洲文藝復興以及伴隨而來的事物，並未嚴重威脅穆斯林歐亞非舊世界霸權的長期機運。如果事實證明，鄰近的穆斯林無法輕易感受文藝復興的到來，部分的原因就在於，仍然是尼羅河至烏滸河間核心地區的主要伊斯蘭文化（Islamicate culture）中心，與西方中心相距較遠。但是，舉例來說，造成這種結果的原因，同樣也在西方人早前翻譯阿拉伯文著作時，阻礙他們翻譯最為新近、卻也迄今未獲得與時代相稱之尊重的重要著作；這項因素也妨礙他們進入大多數伊斯蘭文化（Islamicate culture）的層面。在農業時期，好幾個文明傳統的內部發展主要都以自己的內在對話為基礎而前進著，而它對外界對話的認知則步調悠閒，更留有好幾個世紀來追趕落後的進度。即使在十六世紀，這種時序的步調仍然足夠快速。伊斯蘭世界尚不需要為了維持自己在整個世界中的優勢地位，而太過在意西歐的進展。

表4－1　伊斯蘭在非洲與東南亞的擴張
Islamic Expansion in Africa and Southeast Asia

年分 （西元）	歷史概況
600 年之前	駱駝引進撒哈拉地區。
758 年	穆斯林掠劫廣東，且經常性地居住在中國港口。
十一世紀	經由貿易上的接觸，黑色人種地區感受到伊斯蘭的到來。穆斯林已經居住於占婆（Champa，越南南部地區）。
1040 年代	穆拉比特朝人（Murâbiṭûn，即 Almoravids）即拉姆圖納（Lamtûna）柏柏群體，他們在茅利塔尼亞（Mauritania）建立起黑色人種地區西部的伊斯蘭宣傳中心，並在該處開始對抗迦納（Ghana）的頌寧克（Soninke）諸王的軍事行動。
1060 年代	穆拉比特朝征服北非（Maghrib）與安達盧斯（al-Andalus）──第一個建立伊斯蘭帝國的柏柏群體。迦納帝國為黑色人種地區西部的貿易中心，勢力衰弱。
十一～十三世紀	只有眾黑色人種地區王國的一些統治者，以及定居的商人是穆斯林，統治者們偶爾前往朝聖，貿易上的接觸增加。
十三世紀	迦納帝國已經瓦解，馬利人（Mali）勢力興起。貿易活動受到刺激。卡南（Kanam，查德湖地區）的統治者是穆斯林。約在西元1250 年，在開羅建立了一間學生旅舍。
十三世紀末	穆斯林已經居住在蘇門答臘北部的港口，與古嘉拉特保持密切接觸。

年分 （西元）	歷史概況
1324 ～1325 年	馬利國王曼沙·穆薩（Mansa Musa）聲勢浩大地前往朝聖，而對開羅與沿路上的民族帶來經濟效應與視覺衝擊。與北非（Maghrib）、埃及之間的貿易駱駝商隊，大規模且穩定地運作著。
十四世紀	馬利、加奧（Gao）、廷巴克圖成為重要的穆斯林中心。
十五世紀	麻六甲的統治者開始在十五世紀改信伊斯蘭，麻六甲城很快就成為中國—印度洋貿易的重要集散地。到了十五世紀末，就伊斯蘭在馬來半島南部與鄰近島嶼的擴散而言，麻六甲富有影響力，與古嘉拉特的坎貝仍有穩定的接觸。
十五世紀末	馬利帝國沒落，黑色人種地區中部的桑海—阿斯奇亞（Songhai-Askiya）帝國興起。

參考文獻選讀

附註：概論性著作列在第一卷的參考書目。

中期的政體建構

† Angel Gonzalez-Palencia, *Historia de la España musulmana*, 4th ed. (Editorial Labor, Barcelona, 1945).

針對十一世紀與後來幾個世紀所做的簡明闡述。

† Ch.-André Julien, *Histoire de I'Afrique du Nord*, Vol. II, 2nd ed. (Payot, Paris, 1964).

最好的一卷式摘要之一。

† Georges Marcais, *La Berbérie mitsulmane et l'orient au moyen âge* (Montaigne, Paris, 1946).

其涵蓋範圍直到穆瓦希德政體沒落。

† Henri Terrasse, *Histoire du Maroc des origines à l'établissement du protectorat français*, 2 vols. (Editions Atlan tides, Casablanca, 1949－50).

由 Hilary Tee 譯為英文（Editions Atlantides, Casablanca, 1952）。特別討論穆瓦希朝以下的期間。

† Gaston Wiet, *L'Egypte arabe de la conquête arabe à la conquête*

ottomane, 642 — 1517; Vol. IV of *Histoire de la nation égyptienne*, ed. Gabriel Hanotaux (Pion, Paris, 1937).

優於同樣具有可讀性的 Stanley Lane-Poole, *A History of Egypt in the Middle Ages* (600 — 1500) (Methuen, London, 1901)。

† Steven Runciman, *A History of the Crusades*, 3 vols. (Cambridge University Press, 1951-54).

具有可讀性，並帶出拜占庭觀點。

† Kenneth M. Setton, *A History of the Crusades*, 5 vols

目前出版至第二卷 (University of Pennsylvania Press, 1955 —). 可靠的專題著作文集。包含對相關伊斯蘭政體的重要討論。

† Claude Cahen, *La Syrie du nord a l'époque des croisades et la principauté franque d'Antiocke* (P. Geuthner, Paris, 1940).

緊湊且有啟發性的研究。

† Claude Cahen, *Pre-Olloman Turkey; a general survey...c. 1071 — 1330*, translated by J. Jones-Williams (Sidgwick and Jackson, London, 1968).

考量到我們目前的知識狀況，這算得上出色研究。不過，兩份更舊的研究仍然有幫助：

† Melrmed F. Köprülü, *Les Origines de l'empire ottoman* (Boccard, Paris, 1935).

† Paul Wittek, *The Rise of the Ottoman Empire* (Royal Asiatic Society, London, 1938).

† *The Cambridge History of Iran*, Vol. V: 'The Saljuq and Mongol

Periods', ed. by J. A. Boyle (Cambridge University Press, 1968).

就其所涵蓋主題，十分傑出。此外，關於某些特殊歷史進展的專題研究，也值得一讀：

† Muhammad Habib, *Sultan Mahmud of Gkaznin* [1st ed. 1924], 2nd ed. (Cosmopolitan Publishers, Aligarh, 1951).

這本書是對征服者的評論，更試著將他的行動放在此時期伊斯蘭境域的脈絡下，陳舊但仍有用。而且，這本書必須配合

† Clifford E. Bosworth, *The Ghaznavids: Their Empire in Afghanistan and Eastern Iran 994－1040* (Edinburgh University Press, 1963).

一起閱讀，這本書是對行政與社會的詳細研究。

† Marshall G. S. Hodgson, *The Order of Assassins: The Struggle of the Early Nizârî Ismâ'îlîs against the Islamic World* (Mouton, The Hague, 1955).

伊斯瑪儀政體與宗教的故事，討論當時伊斯蘭裡某些重要的取向。

† Vasilii V. Barthold 曾對歐亞中部做過幾項研究，這些研究也已經從俄文譯為數種歐洲語言，它們集合起來，構成這個領域後續研究的基礎。特別是 *Turkestan down to the Mongol Invasion* [1900], 2nd ed. 由作者本人翻譯(E. J. W. Gibb Memorial, London, 1928, repr. 1958); *Zwölf Vorlesungen uber die Geschichte der Türken Mittelasiens* [1926] 由 M. Donskis 譯 為 *Histoire des Turcs d'Asie Centrale* (Adrien-Maisonneuve, Paris, 1945)；他的研究收錄在 *Four Studies on the History of Central Asia*, 3 vols. (E. J. Brill, Leiden, 1956－62).

† Niẓam al-Mulk, *Siyâsat-Namah*, translated by Hubert Darke as *The Book of Government or Rules for Kings* (Routledge and Kegan Paul, London, 1960).

這是著名塞爾柱朝大臣獻給其君上的忠言。

† Abul Barkat M. Habibullah, *Foundation of Muslim Rule in India* (Muhammad Ashraf, Lahore, 1945).

關於十三世紀德里蘇丹政權政治發展與行政模式的研究。

† Ishwari Prasad, *History of Medieval India from 647 AD to the Mughal Conquest* (Indian Press, Allahabad, 1925).

主要是政治史，在別無其他著作的情形下，有其助益。

† Khahq A. Nizami, *Some Aspects of Religion and Politics in India during the Thirteenth Century* (Muslim University, Aligarh, 1961).

關於這個時期的研究，這是晚近一例。

† Ziyâ al-Dîn Baranî, *Fatâwa-e jahândarî*, translated and studied by Mohammed Habib and Afsar Umar Salim Khan as *The Political Theory of the Delhi Sultanate* (Kitab Mahal, Allahabad, 19 －).

這是十四世紀的政治教科書，可以跟Niẓâm al-Mulk 的著作對照（見前一條目）。

道團蘇非主義

† Octave Depont and Xavier Coppolani, *Les confréries religieuses musulmanes* (Jourdan, Algiers, 1897).

關於北非（Maghrib）道團的大規模研究，探討的面向遠遠更為廣泛。

† John K. Birge, *The Bektashi Order of Dervishes* (Hartford Seminary Press, 1937).

探討著名突厥道團，其內容在水準之上，可資洞察庶民生活全貌。

† John P. Brown, *The Dervishes; or Oriental Spiritualism* [1868] (Oxford University Press, 1927).

以土耳其為研究對象，缺乏批評性，但內容完整。

† John A. Subhan, *Sufism, Its Saints and Shrines* [1938], revised ed. (Lucknow ublishing House, Lucknow, 1960).

缺乏批判性，但討論印度的部分內容完整。

† Jalâl-al-dîn Rûmî, *The Mathnawî of Jalâlu'ddîn Rûmî*, translated and ed. by R. A. Nicholson, 8 vols. (Gibb Memorial Series, London, 1925－40).

廣受歡迎且最具紀念意義的蘇非主義著作譯本，內容詳實但可讀性不高。

古典波斯文學

† Edward G. Browne, *A Literary History of Persia*, 4 vols. [1902－24] (Cambridge University Press, 1964 repr.).

由波斯文的敏銳讀者所寫，偉大的先鋒研究，焦點集中於伊朗文學本身；對於這個時期的歷史，含有許多有用的註記

† Muhammad 'Abdal-Ghani, *A History of Persian Language and Literature at the Moghul Court*, 3 vols. (The Indian Press, Allahabad,

1929－30).

在印度文學部分補充 Browne 的著作。

† Arthur J. Arberry, *Classical Persian Literature* (George Allen and Unwin, London, 1958)

提供簡要描述並附上文學作品節本翻譯，關於某些作者的內容，補充 Browne 的著作。

† Alessandro Bausani and Antonio Pagliaro, *Storia della Letteratura Persiana* (Nuova Accademia Editrice, Milan, 1960).

權威且敏銳的最新分類提要。

† Hellmut Ritter, *Das Meer der Seele; Mensch, Welt, und Gott in den Geschichten des Fariduddîn 'Aṭṭâr* (E. J. Brill, Leiden, 1955).

豐富地分析俄拓爾的蘇非主義著作以及其他著作所表現的、對待生命與愛的態度；引述完整且索引詳實。

† Firdawsî, *Shâh-Nâmah*, translated by Arthur G. Warner and Edmond Warner, 8 vols. (Kegan Paul, London, 1908－23).

維多利亞時代對偉大史詩的譯述，但相當完整。

晚期幾個世紀的社會及經濟生活

† Solomon D. Goitein, *A Mediterranean Society: the Jewish Communities of the Arab World...*, Vol. I 'Economic Foundations' (University of California Press, 1967).

以開羅藏書庫（Cairo Geniza）文獻為基礎的研究，這些文獻的深層意涵，必須仔細評估。

† Ira Lapidus, *Muslim Cities in the Later Middle Ages* (Harvard University Press, 1967).

關於傭兵統治團體與城鎮人民關係的研究，以敘利亞為主。

† Roger LeTourneau, *Les Villes musulmanes de l'Afrique dit Nord* (Maison des livres, Algiers, 1957).

發人省思的研究，某個程度上以晚近時期的觀察為基礎。

† George F. Hourani, *Arab Seafaring in the Indian Ocean* (Princeton University Press, 1951).

對於長途貿易的速寫。

† Ann K. S. Lambton, *Landlord and Peasant in Persia* (Oxford University Press, 1953).

起自伊斯蘭時代開端，對於農耕環境的研究，規模龐大、專精，卻未必總是清楚易懂。

† ibn-Khaldûn, *The Muqaddimah*, translated by Franz Rosenthal, 3 vols. (Pantheon, New York, 1958).

以技藝等為主題的選集，對制度提供廣博的概觀，特別是西伊斯蘭世界。

† ibn-Baṭṭûṭah, *Riḥlah*, translated by Hamilton A. R. Gibb as *The Travels of Ibn Battuta*, 2 vols, so far (Cambridge University Press, 1956-).

十四世紀著名旅行家的生動敘事；這本著作包含對這個時期的社會條件所作的重要評論。

† Carleton S. Coon, *Caravan: The Story of the Middle East* [1951],

2nd ed. (Henry Holt, New York, 1958).
體質人類學家對「乾旱帶」之前現代生活模式所做的流行研究；其述事部分最有助益。

† Edward W. Lane, *Manners and Customs of the Modern Egyptians* [1836], revised ed. 1860 (reprinted Everyman's Library).
對尚未承受現代性衝擊之前的埃及生活所做的動人敘述。

伊斯蘭世界的視覺藝術

† Katharina Otto-Dom, *Die Kunst des Islam* (Holle Verlag, Baden-Baden, 1964).
有用的簡介。

† Ernst J. Grube, *The World of Islam* (McGraw-Hill, New York, 1966).
以英文寫成簡要概論，附有華美彩色插圖。

† Derek Hill and Oleg Grabar, *Islamic Architecture and Its Decoration* [1964] 2nd ed. (Faber and Faber, London, 1967).
對塞爾柱人及後續發展的極佳考察。

† Arthur U. Pope, *A Survey of Persian Art*, 6 vols. (Oxford University Press, 1938－39).
巨幅概要。

† K. A. C. Creswell, *A Short Account of Early Muslim Architecture* (Penguin Books, 1958).
專精於一絲不苟地描述不朽作品的大師，對最初幾個世紀所做的簡要

研究，對專家來說，他的許多著作都非常重要。

　　† Ernst Kühnel, *Miniatwtnalerei im Islamiscken Orient* (Bruno Cassirer, Berlin, 1923).
插圖豐富的伊拉克、伊朗與印度—穆斯林繪畫研究。

　　† Ivan Stchoukine 的研究，扎實而且重要，儘管未必總是富於想像力；它們涵蓋印度—穆斯林與伊朗纖細畫，下至薩法維時代早期，並區分了數個畫派。

　　† Richard Ettinghausen 與 Oleg Grabar 在這方面也有重要作品，其中許多是期刊論文，可以在 *Index Islamicus* 上找到。

現代以前的非洲與東南亞穆斯林

　　† E. W. Bovill, *The Golden Trade of the Moors* (Oxford University Press, 1958).
同一位作者的早前作品，*Caravans of the Old Sahara* 的增訂版，迷人地呈現信仰伊斯蘭的黑人蘇丹與查德黑色人種地區的故事，還有它與西伊斯蘭世界的關係；在學術細節上略有闕漏。

　　† J. Spencer Trimingham, *Islam in Ethiopia* (Oxford University Press, 1952) 以整個東非「角」為主題，以及 *A History of Islam in West Africa* (Oxford University Press, 1962).
這兩份研究，周延地探討一系列議題，提及相當的歷史背景與社會分析。

　　† Alphonse Gouilly, *L'Islam dans l'Afrique occidentale française*

(Larose, Paris, 1952).

以伊斯蘭在蘇丹西部所採形式以及所帶來的影響為題，深入所有細節，卻仍有可讀性。

† Jacob C. van Leur, *Indonesian Trade and Society* (van Hoeve, The Hague, 1955).

反聖像運動學者的研究作品集，他的普遍性推論未必易讀，卻仍是深入研究的起點。可以對比Marie A. P. Meilink-Roelofsz, *Asian Trade and European Influence in the Indonesian Archipelago between 1500 and about 1630* (Nijhoff, The Hague, 1962)，這本著作沒有van Leur 那麼富於有洞察力。

† Bernard H. M. Vlekke, *Nusantara; A History of Indonesia* [1943], 2nd ed. (Van Hoeve, The Hague, 1960).

平凡的敘事，主要就葡萄牙人到來以下的期間有所助益。

† Christiaan Snouck-Hurgronje, *The Achehnese* [1893－94], translated by A. W. S. O'Sullivan, 2 vols. (E. J. Brill, Leiden, 1906).

重要詞彙與人物表

　　此處列舉的詞彙是本書內文中時常出現的專有名詞。其他在內文中出現的詞彙之定義和解釋，包括地理名稱，可以根據索引查詢。

akhî	弟兄；年輕男性，於十四世紀的安那托利亞，抱持青年團（見條目「futuwwah」）理想的年輕人所建立社群的成員；他們通常屬於都市工匠階級。
'Alid	阿里的後裔；先知表弟兼女婿、阿里（Alî）的後裔；什葉派相信，某些阿里後裔應成為伊瑪目（見條目「imâm」）。阿里的第一個妻子是法蒂瑪（Fâṭimah），先知的女兒，她為阿里生下的後裔（先知僅存的後裔）特別稱為法蒂瑪家族（Fâṭimid）。她的兒子、哈珊（Ḥasan）的後裔往往稱為「sharîf」；她的兒子、胡笙（Ḥusayn）的後裔則往往稱為「sayyid」。
'âlim	複數形為「'ulamâ'」，指受過教育的人；特別指那些專精於伊斯蘭法學和宗教研究的學者。
Allâh	阿拉；（穆斯林和基督教徒信仰的）獨一神的阿拉伯文名稱。

amîr	又作「emir」，將領或軍事領袖；阿巴斯朝的古典時期之後，有許多自立門戶的將領也沿用這個頭銜，有時也用來指統治者的家族成員。「amîr al-mu'minîn」意思是信仰者的領導人，是哈里發的專用頭銜，「amîr al-umarâ'」意思是最高統帥，即大將軍、總司令，用來指「哈里發盛期」晚期興起的軍事統治者。
'arif	知道真理的人（「諾斯底〔gnostic〕」）；蘇非行者（見條目「Ṣufî」）用這個詞彙指稱他們自己，以凸顯他們的密契知識（覺識〔ma'rifah〕）與宗教學者的知識（見條目「'ilm」）的不同。
'asabiyyah	按照伊本—哈勒頓的用法，指稱部族團結精神，它使人數相對較少而心態堅定的游牧者，得以征服人數眾多卻已然衰弱的城市定居者。
'askerî	軍士；歐斯曼帝國軍事軍事統治階級成員，包括該階級成員的妻子與孩子。
atabeg	又作「lâlâ」，大將領（或稱大首領）；突厥人的頭銜，指稱未成年統治者的監護人，特別是外派擔任總督的年輕兒子；其中某些人頂著這個頭銜而建立起獨立朝代。
awliyâ'	參見條目「walî」。
awqâf	參見條目「waqf」。

a'yân	單數形為「'ayn」，尊貴的人；在中期與晚近時期，指具有名聲與影響力的城鎮權貴；在後來的歐斯曼帝國時期，則指公認掌有政治權力的人。
baqâ'	與世界同在，生存；對蘇非行者（見條目「Şufî」）而言，它與「fanâ'」（見條目「fanâ'」）是語意對立的用詞，兩者都指稱個人在蘇非主義的路途上前進之際的意識狀態。
bâṭin	內在意義，即文本內在、隱藏或密傳的意義；因此，內隱學派（Bâṭinî、Bâṭiniyyah）即指懷有這種概念的團體。這些團體當中，絕大多數都屬於什葉派，特別是伊斯瑪儀里派。
dâ'î	宣教士、宣傳家；特別是什葉派運動的宣傳家，或指伊斯瑪儀里派高等宗教官員。
Dâr al-Islâm	伊斯蘭境域；即受穆斯林統治的土地，後來則指稱有穆斯林組織存在的任何土地，無論是否受到穆斯林的統治。它是戰爭之域（Dâr al-Ḥarb）的反義詞。
dervish	參見條目「Şufî」。
dhikr	又作「zikr」，唸記；蘇非行者（見條目「Şufî」）用以促使人們銘記著神的活動，通常是反覆誦唸的套語，往往還有更複雜的禮拜儀式。

dhimmî	又作「zimmî」，受保護者；在穆斯林統治的領土上，信奉受伊斯蘭寬容之宗教的人們，這種保護稱為「dhimmah」。
dihqân	伊朗舊貴族；哈里發朝興盛時期伊朗地主仕紳階級之一。
dîwân	又作「dîvân」，公共財務登記；或指某個政府部門、審議會，或是它們的主管官員；也可指詩人的詩集。
emir	參見條目「amîr」。
fakir	參見條目「Ṣufî」。
Falsafah	哲學；包含了自然科學和倫理學，在伊斯蘭社會（Islamicate society）裡，以希臘哲學傳統為基礎來詮釋的學問。
fanâ'	蘇非行者（見條目「Ṣufî」）的用語，指個人意識的無我狀態。
faqîh	參見條目「fiqh」。
faqîr	參見條目「Ṣufî」。
fidâ'î	奉獻生命致力追求理想者；特別是暗殺派敵人的尼查爾伊斯瑪儀里派成員。

fiqh	伊斯蘭法學；闡釋説明伊斯蘭法（見條目「Sharî‘ah」）的體系或學門，也指該學門產出的規則整體。闡述法學的人是伊斯蘭法學家（faqîh，複數形為「fuqahâ’」）。
futuwwah	青年團；好幾個世紀來所發展，都市階級年輕男性所組成的人合性質團體，在十二世紀之後，它保持某些理念並採取某些行動，有入門、祭禮，宣誓效忠領導者等等正式儀式。
ghâzî	為信仰奮戰（參見條目「jihâd」）的戰士；有時也指有組織的的先鋒部隊。
ḥabûs	參見條目「waqf」。
ḥadîth	又作「ḥadîs」，複數形為「aḥâdîth」，聖訓；指關於先知言行的記錄，或指這些記錄的集成。有時會因為歷經一位位的記錄人傳承，而被翻譯成「傳統」（tradition），但傳統這個詞是指難以溯及源頭而傳承下來的群體知識，與「ḥadîth」一字意義不符。
ḥajj	朝聖；伊斯蘭曆每年的最後一個月，即「朝聖月」（Dhû-l-Ḥijjah，也音譯作「都爾黑哲月」），是穆斯林到麥加朝聖的時間，在各種條件許可的情況下，每位穆斯林一生中至少要朝聖一次。

Ḥanafî	哈那菲法學派；順尼法學派（見條目「madhhab」）之一，以開宗學者阿布—哈尼法（Abû-Ḥanîfah, 699 — 767 CE）為名。
Ḥanbalî	漢巴里法學派；順尼法學派（見條目「madhhab」）之一，以開宗學者阿赫瑪德·伊本—漢巴勒（Aḥmad b. Ḥanbal, 780 — 855 CE）為名。
harem	突厥語對禁止男客進入之住家區域的稱呼（出自阿拉伯語的「ḥarem」，又作「ḥarîm」），延伸指稱住在那裡的女性；在印度稱為「zanânah」，等同於義大利語的「seraglio」。
ijâzah	授業證書；一種認證，用以證明某人徹底理解特定書籍，且獲准教授該本著作；原則上，係由書籍作者或本身曾獲頒授業證書者授予。
ijtihâd	理性思考判斷；為建立伊斯蘭律法（見條目「Sharî'ah」）針對特定議題之裁判，所進行的個人探索，由理性思考判斷學者（mujtahid），即有資格進行此種探索的人所為。順尼派長久以來認為，只有針對公認權威尚未作成決定的議題，才能允許理性思考判斷；針對已由公認權威作成決定的議題，他們則主張因循原則（見條目「taqlîd」），即應遵從個人所屬法學派（見條目「madhhab」）的通說見解觀點。絕大多數的什葉派成員，則允許他們的偉大學者們探求完整的理性思考判斷。

‘ilm	學問；特別指關於聖訓（見條目「ḥadîth」）、法學（參見條目「fiqh」）的宗教知識，在現代阿拉伯文中此字意為「科學」。什葉派中認為伊瑪目（參見條目「imâm」）具備一種特別的非公開知識，並稱之為「‘ilm」。
imâm	伊瑪目；帶領大眾禮拜的人，或指穆斯林社群的領袖。什葉派認為即使遭到伊斯蘭社群抵制，阿里和他的子嗣仍是最合適的社群領導者，因為他們作為穆罕默德的繼承人，有著精神象徵的功能。在順尼派裡，任何偉大的學者（見條目「‘âlim」），尤其是法學派（見條目「madhhab」）的奠基者都稱為伊瑪目。
iqtâ‘	墾地；政府以土地或其收益對個人所做的分派或授予；有時作為軍人服役的薪餉而授予，偶爾引人誤解地譯為封地（fief）。
Jamâ‘î-Sunnîs	參見條目「Sunnîs」。
jâmi‘	參見條目「mosque」。
Janissary	土耳其文作 yeñi cheri，蘇丹禁衛軍；歐斯曼步兵軍團成員，這個軍團一度由受俘獲或徵召而來、並改信伊斯蘭的年輕基督教徒組成。

jihâd	奮戰；根據伊斯蘭法（見條目「Sharî'ah」）而發起的對不信者的戰爭，關於發動這類戰爭的必要條件各界有不同的見解；也用來指個人對抗自身俗世欲望的奮鬥。
kalâm	辯證神學；以穆斯林的神學、宇宙觀假設為根基的討論，有時候，也可以稱作「經院神學」（scholastic theology）。
kazi	參見條目「qâḍî」。
khân	汗；突厥人的頭銜，原本指國家的統治者，也用以指稱行旅商人客棧。
khâniqâh	又作「khângâh」，蘇非中心；供蘇非行者（見條目「Ṣufî」）活動所用的建築，人們在這裡奉行唸記（見條目「dhikr」），一位或數位導師住在這裡，接待正在旅行途中的蘇非行者，並教導他們的門徒。這個詞語形式源自於波斯語，同義詞為「tekke」（源自阿拉伯文「takyah」），主要用於突厥語；「zâwiyah」（阿拉伯文）以及「ribâ」（阿拉伯文）也用於指稱前線碉堡。
kuttâb	又作「maktab」，古蘭經學校；供人學習朗誦古蘭經的初等學校，有時也教授閱讀與書寫。

lâlâ	參見條目「atabeg」。
madhhab	複數形為「madhâhib」，法學派；由伊斯蘭法學（見條目「fiqh」）構成的一套系統，或是泛指所有既存的宗教群體所遵循的系統，特別用來指稱順尼派最終認可的四大法學派，而什葉派和出走派則擁有各自的法學派。有時也會翻譯作「教派」（sect）、「學派」（school）、「儀派」（rite）。
madrasah	經學院；宗教學者的學校，特別指教授法學（見條目「fiqh」）的學校，其建築形式一般而言如同受有特殊捐助的清真寺，往往附有宿舍。
maktab	參見條目「kuttâb」。
Mâlikî	瑪立基法學派；順尼法學派（見條目「madhhab」）之一，以開宗學者瑪立克・賓・阿納斯（Mâlik b. Anas, 715 — 795 CE）為名的一派。
masjid	參見條目「mosque」。
mašnavî	阿拉伯文作「mathnawî」，二行詩體；波斯文與相關文學中的一種長詩，幾乎涵蓋任何主題，其韻律為 aa bb cc dd ee，以此類推，有時稱為「史詩體」。

mosque	清真寺；阿拉伯文拼寫作「masjid」，指任何穆斯林用來進行集體禮拜的場域。而進行星期五聚眾禮拜的清真寺稱作「jâmî'」，即大清真寺。
mujtahid	參見條目「ijtihâd」。
murîd	蘇非導師（見條目「pîr」）的門徒。
naṣṣ	直接任命（由前任指定的繼任者）；尤其和什葉派裡伊瑪目的傳位觀點有關，繼承人被授予獨有的知識與學問權力。
pîr	蘇非導師；在密契的靈修道路上引導門徒的人。
qâḍî	又作「kazi」，（伊斯蘭）法官；執行伊斯蘭法（見條目「Sharî'ah」）的法官。
qânûn	世俗法；伊斯蘭法（見條目「Sharî'ah」）以外的法律，有時係由政府頒布。
sayyid	參見條目「'Alîd」。
sepoy	參見條目「sipâhî」。
Shâfi'î	夏菲儀法學派；順尼法學派（見條目「madhhab」）之一，以開宗學者夏菲儀（al-Shâfi'î, 767 — 820 CE）為名的一派。

shaikh	參見條目「shaykh」。
Sharî'ah	又作「Shar'」，伊斯蘭法；引導穆斯林生活的整體規範，形式涵括法律、倫理和禮儀等，有時也譯為「神聖律法」（Sacred Law or Canon Law）。以法源為基礎，透過法學學科（見條目「fiqh」）產出伊斯蘭法的規範。在順尼派裡，一般是以《古蘭經》、聖訓（見條目「ḥadîth」）、公議（ijmâ'）和類比（qiyâs）為法源。什葉則是以推論（'aql）代替類比，把公議解釋為伊瑪目（見條目「imâm」）們共同意見。
sharîf	見條目「'Alîd」。
shaykh	字面意義為「長老」；可指部族首領（並延伸指稱某些微型政體的首領）、任何宗教領袖。特指獨立的蘇非行者（見條目「Ṣufî」），他們有資格在蘇非之道方面領導渴望精進者；就這個意義而言，波斯語則以導師（pîr）稱呼，他的門徒則稱門徒（murîd）。
Shî'ah	什葉（阿里的追隨者）；一般指穆斯林之中擁護阿里及其後裔的社群領導權的人，不論其權力是否為多數人所認同，或指任何持此立場的派系。「Shî'î」是它的形容詞，或作名詞，指什葉派的擁護者；「Shî'ism」（tashayyu'）則指稱什葉派的立場或學說。什葉派中最知名的團體是柴迪派（Zaydîs）、伊斯瑪儀里派（Ismâ'îlîs）、七伊瑪目派（Seveners）以及十二伊瑪目派（Twelvers）。

silsilah	傳承系譜；蘇非導師（見條目「shaykh」）（真實或假定的）序列，通常往後延伸到穆罕默德，透過這些導師，特定蘇非主義「修會」的教導始得以流傳。
sipâhî	士兵；用以稱呼多種軍隊的士兵，特別是歐斯曼帝國的騎兵，在印度往往也拼寫為「sepoy」。
Şufî	蘇非；蘇非主義（Şûfism，阿拉伯文作「taşawwuf」）的倡導者，蘇非是伊斯蘭中根基於密契或靈性經驗最常見的稱呼。阿拉伯文的「faqîr」（fakir）及波斯文的「darvîsh」（dervish），兩者都意指「窮人」，也用以指稱蘇非行者，暗指他們貧窮或流浪的生活。
Sunnîs	順尼；較貼切的解釋是「追隨先知傳統和社群的人」（ahl al-sunnah wa-l-jamâ'ah），在本書中多採用「順尼派」（Jamâ'i-Sunnîs）一詞。相較於出走派（Khârijîs）或什葉派（參見條目「Shî'î」），順尼是穆斯林中的多數，他們認同全體第一代穆斯林與歷史社群的領導正當性。「Sunnî」作形容詞時指順尼派立場，當作名詞則指該立場的擁護者，而「Sunnism」有時指「正統」（Orthodoxy）。「順尼」一詞通常偏限於「順尼群體」的立場，排除如理性主義學派、卡拉密派（Karrâmîs）或是其他未能得到認可的團體。在較早期的穆斯林著作中，有時「順尼」只限定於作者本身的派系立場。

sulṭân	蘇丹；意指統治權威的來源，在中前期，用於指稱事實上統治者，往往是獨立於哈里發之外而掌有權力的軍事人員，後來成為穆斯林通常用以指稱主權者的用詞。
sunnah	被接受的傳統或習俗慣例；尤指從和穆罕默德相關的傳統，在聖訓（見條目「ḥadîth」）中具體化。
taqlîd	參見條目「ijtihâd」。
ṭarîqah	道團；意為「密契之道」，特別指蘇非行者（見條目「Ṣufî」）的「兄弟會」或「修道團體」；有其傳承系譜及共同唸記儀式（見條目「dikhr」）的蘇非行者團體。
tekke	參見條目「khâniqâh」。
'ulamâ'	參見條目「'âlim」。
Ummah	宗教社群；特定先知的追隨者們，尤指追隨穆罕默德的穆斯林形成的社群。
uṣûl al-fiqh	法理學；參見條目「Sharî'ah」。
vizier	「wazîr」（見條目「wazîr」）英文化的拼寫法。

walî	複數形為「awliyâ」，神的朋友；聖人的一種，通常是或據稱是蘇非行者（見條目「Ṣufî」），人們拜訪他的墳墓，以求祝福。同時也是未成年人、女性或身心障礙者在法律上的監護人。
waqf	複數形為「awqâf」，福利產業；出於虔誠而以某種收入所做的捐贈（或「基金」），其收入性質通常是租金或土地收益，用以維持清真寺、醫院等等；在西伊斯蘭世界（Maghrib）稱為「ḥabûs」。有時候，這種捐贈的主要目的，是為特定人的後裔提供附負擔且不得扣押的收入。
wazîr	英文化的拼寫法為「vizier」，大臣；官員的一種，統治者將其統治領域的行政事務授權給他（如同「部長」）；往往由好幾個人同時擔任，相互分工。
zanânah	參見條目「harem」。
zâwiyah	參見條目「khâniqâh」。
zikr	參見條目「dhikr」。
zimmî	參見條目「dhimmî」。

地圖重要詞彙

圖1-1　旭烈兀時期（西元1255～1265）的蒙古勢力

Lands controlled by the Mongols

蒙古人控制的領土

Lands raided or loosely controlled by the Mongols

蒙古人掠奪或寬鬆控管的領土

Expansion of Islam under the Mongols

蒙古人統治下的伊斯蘭擴張

SEA OF OKHOTSK 鄂霍次克海

SEA OF JAPAN 日本海

YELLOW SEA 黃海

PACIFIC OCEAN 太平洋

SOUTH CHINA SEA 南海

BAY OF BENGAL 孟加拉灣

ARABIAN SEA 阿拉伯海

PERSIAN GULF 波斯灣

GULF OF ADEN 亞丁灣

RED SEA 紅海

MEDITERRANEAN SEA 地中海

BLACK SEA 黑海

BALTIC SEA 波羅的海

BARENTS SEA 巴倫支海

ARAL SEA 鹹海

CASPIAN SEA 裡海

Kur R. 庫拉河

Amur R. 黑龍江

Kerulen R. 克魯倫河

Onon R. 鄂嫩河

Hwang Ho (Yellow R.) 黃河

Yangtze R. 長江

Mekong R. 湄公河

Selenga R. 色楞格河

Lena R. 勒拿河

Yenisey R. 葉尼塞河

L. Baikal 貝加爾湖

Orkhon R. 鄂爾渾河

Brahmaputra R. (Tscmgpo) 布拉馬普特拉河

Ganges R. 恆河

Tarim R. 塔里木河

Ili R. 伊犂河

L. Balkhash 巴爾喀什湖

Ob R. 鄂畢河

Syr-Dar'ya R. 錫爾河 錫爾河

Oxus R. (Amu-Dar'ya) 烏滸河

Tigris R. 底格里斯河

Euphrates R. 幼發拉底河

Volga R. 窩瓦河

Nile R. 尼羅河

Danube R. 多瑙河

Oder R. 奧得河

L. Urmia 爾米亞湖

L. Van 凡湖

Indus R. 印度河

EMPIRE OF THE GREAT KHÂNS (YÜAN DYNASTY) 大元帝國（元朝）

KHÂNATE OF CHAGHATYA 察合台汗國

SULTÂNATE OF DELHI 德里蘇丹國

THE WHITE HORDE 白帳汗國

KHÂNATE OF JOCHI 欽察汗國

THE GOLDEN HORDE 金帳汗國

KHÂNATE OF THE ÎLKHÂNS 伊兒汗國

RÛM SELJUKS 東羅馬塞爾柱人

MAMLÛK EMPIRE 馬木魯克帝國

Khanbalik (Peking) 汗八里（北京）

Kaifeng 開封

Hangchow 杭州

Canton 廣東

Karakorum 哈拉和林

Khotan 和田

Beshbalik 吉木薩爾

Kâshghar 喀什

Delhi 德里

Harât 赫拉特

Samarqand 撒馬爾干

Bukhârâ 布哈拉

Gurganj 古爾干

Kazan 喀山

Bulghar 保加爾

Old Sarây 舊薩萊

Astrakhân 阿斯特拉罕

Marâghah 馬拉加

Alamût 阿拉穆特

Baghdad 巴格達

Sultâniyah 蘇丹尼耶

Tabrîz 塔布里茲

Tana 亞速

Tiflis 提比里斯

Medina 麥地那

Mecca 麥加

Riazan 梁贊

New Sarây 新薩萊

Moscow 莫斯科

Kiev 基輔

Bahcesarây 巴赫切薩萊

Köse Da　克塞山戰役

Ayn Jalût 艾恩賈魯特戰役

Aleppo 阿勒坡

Damascus 大馬士革

Constantinople 君士坦丁堡

Cairo 開羅

Venice 威尼斯

圖1－2　旭烈兀時期（西元1255～1265）的蒙古勢力

MAMLÛK SULTÂNATE 傭兵蘇丹政權

OTTOMAN SULTÂNATE 歐斯曼蘇丹政權

CHAGHATAY KHÂNATE 察合台汗國

GOLDEN HORDE 金帳汗國

LANDS FORMERLY UNDER ÎLKHÂNÎ SUZERAINTY 前伊兒汗國屬地

BAY OF BENGAL 孟加拉灣

INDIAN OCEAN 印度洋

ARABIAN SEA 阿拉伯海

GULF OF ADEN 亞丁灣

RED SEA 紅海

ARAL SEA 鹹海

CASPIAN SEA 裡海

BLACK SEA 黑海

MEDITERRANEAN SEA 地中海

PERSIAN GULF 波斯灣

Tarim R. 塔里木河

Indus R. 印度河

Ganges R. 恆河

L. Balkhask 巴爾喀什湖

Ili R. 伊犁河

Chu R. 楚河

Syr-Dar'ya R. 錫爾河

Amu-Dar'ya (Oxus) 烏滸河

Euphrates R. 幼發拉底河

Tigris R. 底格里斯河

Danube R. 多瑙河

Nile R. 尼羅河

JAUNPUR 喬恩普爾

BENGAL 孟加拉

GONDWANA 岡瓦那

BAHMANID SULIÂṬATE 巴赫曼蘇丹政權

KHANDESH 含地須

MÂLVÂ 摩臘婆

KASHMÎR 喀什米爾

DELHI SULTÂNATE 德里蘇丹政權

GUJARAT 古嘉拉特

KARTS 卡爾特朝

SARBIDÂRS 薩比達爾朝

TUGHÂ-TÎMÛR 帖木兒政權

MUẒAFFARIDS 穆查法爾朝

JALÂYIRI SULTÂNATE 賈剌儀爾蘇丹政權

RASÛLIDS 拉蘇勒朝

QARA QOYUNLU 黑羊汗國

KURDS 庫德人

AQ QOYUNLU 白羊汗國

TURKMÂNS 放牧突厥

KARAMAN 卡拉曼

KINGDOM OF TREBIZOND 特拉比松王國

ḤAFṢIDS 哈夫斯朝

Dawlatâbâd 道拉塔巴德

Delhi 德里

Multan 穆勒坦

Kâshgha 喀什

Tashkent 塔什干

Balkh 巴爾赫

Kîsh 基什

Samarqand 撒馬爾干

Bukhârâ 布哈拉

Khîvah 希瓦

Marv 木鹿

Harât 赫拉特

Yazd 亞茲德

Shîrâz 須拉子

Kirmân 奇爾曼

Hormuz 荷莫茲

Iṣfahân 伊斯法罕

Baṣrah 巴斯拉

Baghdad 巴格達

Tabrîz 塔布里茲

Ardabîl 阿爾達比勒

Darband 達爾班德

Tiflis 提比里斯

Old Saray 舊薩萊

Astrakhân 阿斯特拉罕

Tana 亞速

New Saray 新薩萊

Trebizond 特拉比松

Erzincan 埃爾津詹

Mosul 摩蘇爾

Kayseri 開塞利

Konya 孔亞

Kaffa 卡法

Sivas 錫瓦斯

Medina 麥地那

Mecca 麥加

Damascus 大馬士革

Aleppo 阿勒坡

Bahcesarây 巴赫切薩萊

Venice 威尼斯

Cairo 開羅

Alexandria 亞歷山卓

Barqah 巴爾嘎

圖 1－3　歐斯曼帝國的擴張，至西元 1503 年

Traditional Ottoman holdings 歐斯曼朝傳統領土

The Ottoman Empire 歐斯曼帝國

Ottoman vassals 歐斯曼侯國

BLACK SEA 黑海

MEDITERRANEAN SEA 地中海

ADRIATIC SEA 亞德里亞海

ANGEAN SEA 愛琴海

SEA OF AZOV 亞速海

Don R. 頓河

Euphrates R. 幼發拉底河

Dnieper R. 聶伯河

Dniester R. 聶斯特河

Prut R. 普魯特河

Enns R. 恩斯河

Danube R. 多瑙河

MAMLÛKS 傭兵政權

GEORGIA 喬治亞

CHERKES 切爾克斯人

CRIMEAN KHANATE 克里米亞汗國

JANDAR 將達爾

POLAND 波蘭

MOLDAVIA 摩達瓦

KARAMAN 卡拉曼

ANADOLU 安那托利亞

SARUHAN 薩魯漢（今馬尼薩省）

WALLACHIA 瓦拉幾亞

RUMELI 魯米利亞

BOSNIA 波士尼亞地區

SERBIA 塞爾維亞

HUNGARY 匈牙利

NAPLES 拿坡里

MOREA 摩里亞島

CYPRUS 賽普勒斯

RHODES 羅得島

CRETE 克里特島

Tana (Azak) 亞速

Kaffa 卡法戰役

Trabzon 特拉比松

Baskent 巴斯肯特戰役

Erzincan 埃爾津詹

Sinop 錫諾普

Sivas 錫瓦斯

Kayseri 開塞利

Amasya 阿馬西亞

Kastamonu 卡斯塔莫努

Bursa 布爾薩

Sofia 索菲亞

Konya 孔亞

Constantinople-İstanbul 君士坦丁堡

Akkerman 阿克曼

Kiev 基輔

Silistre 錫利斯特拉

Varna 瓦爾納戰役

Nicopolis 尼科波利斯戰役

Gelibolu 蓋利博盧

Athens 雅典

Lepanto 勒班陀

Modon 莫頓

Durazzo 都拉斯

Otranto 奧特朗托

Ragusa 拉古薩

Belgrade 貝爾格萊德

Buda 布達

圖1－4　帖木兒的征服行動，西元
1370～1405 年

Tîmûr's Empire 帖木兒帝國

Mamlûks 傭兵政權

Ottomans 歐斯曼朝

Principality of Muṭahhartan 穆塔哈爾
坦公國

Anatolian principalities restored by
Tîmûr 帖木兒奪回的安那托利亞公國

Aq Qoyunlu 白羊汗國

Qara Qoyunlu 黑羊汗國

Tîmûr's campaigns 帖木兒的戰役

CASPIAN SEA 裡海

BLACK SEA 黑海

MEDITERRANEAN SEA 地中海

RED SEA 紅海

ARAL SEA 鹹海

PERSIAN GULF 波斯灣

Indus R. 印度河

Ozboy R. (oxus) 烏滸河

Nile R. 尼羅河

Kur R. 庫拉河

Don R. 頓河

Tigris R. 底格里斯河

Aras R. 阿拉斯河

Euphrates R. 幼發拉底河

Danube R. 多瑙河

MAMLÛKS 傭兵政權

Delhi 德里

Multan 穆勒坦

Tashkent 塔什干

Samarqand 撒馬爾干

Ghazna 嘎茲納

Qandahâr 坎大哈

Kâbul 喀布爾

Balkh 巴爾赫

Kîsh 基什

Utrâr 烏特拉爾

Bukhârâ 布哈拉

Marv 木鹿

Harât 赫拉特

Gurganj 古爾干

Mashhad 馬什哈德

Sabzavâr 薩卜澤瓦爾

Kirmân 奇爾曼

Yazd 亞茲德

Jurjân (Astarâbâd) 朱爾將

Simnân 希姆南

Iṣfahân 伊斯法罕

Old Saray 舊薩萊

Astrakhân 阿斯特拉罕

New Saray 新薩萊

Darband 達爾班德

Ganjah 干賈

Ardabîl 阿爾達比勒

Tabrîz 塔布里茲

Sulţâniyah 蘇丹尼耶

Hamadân 哈瑪丹

Shîrâz 須拉子

Hormuz 荷莫茲

Başrah 巴斯拉

Erciş 埃爾吉斯

Tiflis 提比里斯

Tana 亞速

Mosul 摩蘇爾

Baghdad 巴格達

Ruhâ 埃德薩

Sivas 錫瓦斯

Konya 孔亞

Kayseri 開塞利

Kaffa 卡法

Bahcesarây 巴赫切薩萊

Trebizond 特拉比松

Aleppo 阿勒坡

Damascus 大馬士革

Jerusalem 耶路撒冷

Sinope 錫諾普

Constantinople 君士坦丁堡

Cairo 開羅

Alexandria 亞歷山卓

Medina 麥地那

圖 4－1　伊斯蘭的擴張，西元 1250～1500 年

Dâr al-lslâm 伊斯蘭境域

Expansion of lslâm 伊斯蘭的擴張

Kingdom of Granada captured by Ferdinand and Isabella 斐迪南二世和伊莎貝拉一世控制的格拉納達王國

INDIAN OCEAN 印度洋

SOUTH CHINA SEA 南海

JAVA SEA 爪哇海

BAY OF BENGAL 孟加拉灣

ARABIAN SEA 阿拉伯海

RED SEA 紅海

CASPIAN SEA 裡海

BLACK SEA 黑海

MEDITERRANEAN SEA 地中海

NORTH SEA 北海

ATLANTIC OCEAN 大西洋

ARAL SEA 鹹海

PERSIAN GULF 波斯灣

Huang Ho 黃河

Kerulen R. 克魯倫河

Amur R. 黑龍江

Yangtze R. 長江

Yenisey R. 葉尼塞河

Selenga R. 色楞格河

Mekong R. 湄公河

Irrawady R. 伊洛瓦底江

Syr-Dar'ya R. 錫爾河

Amu-Dar'ya (Oxus) 烏滸河

Tarim R. 塔里木河

L. Balkhash 巴爾喀什湖

Ili R. 伊犁河

Volga R. 窩瓦河

Danube R. 多瑙河

Ganges R. 恆河

Ob R. 鄂畢河

Irtysh R. 額爾齊斯河

Euphrates R. 幼發拉底河

Nile R. 尼羅河

Indus R. 印度河

Zambezi R. 尚比西河

L. Nyasa 尼亞薩湖

L. Tanganyilca 坦干依喀湖

L. Victoria 維多利亞湖

Tigris R. 底格里斯河

Congo R. 剛果河

L. Chad 查德湖

Niger R. 尼日河

Elbe R. 易北河

Rhine R. 萊茵河

Rhone R. 隆河

Prut R. 普魯特河

Dniester R. 聶斯特河

Don R. 頓河

圖 4－2　馬來西亞與中南半島

Areas Islamized 伊斯蘭化地區

Major Indonesian Sultânates 印尼蘇丹
政權

PACIFIC OCEAN 太平洋

CORAL SEA 所羅門海

PHILIPPINE SEA 菲律賓海

SOUTH CHINA SEA 南海

INDIAN OCEAN 印度洋

ARAFURA SEA 阿拉弗拉海

JAVA SEA 爪哇海

Sepik R. 塞皮克河

Fly R. 弗萊河

Rajang R. 拉讓江

Surgai Kanuas R. 卡普阿斯河

Kampur R. 坎帕爾河

Hungshui R. 紅水河

Red R. 紅河

Mekong R. 湄公河

Chao Phraya R. 湄南河

Irrawaddy R. 伊洛瓦底江

Tonle Sap 洞里薩湖

TIDORE 蒂多雷

TERNATE 德那第

MACASSAR 望加錫

BALI 峇里島

MATARAM 馬塔蘭

BANTEN 萬丹

PALEMBANG 巨港

JAMBI 占碑

ACHEH 亞齊特

JOHOR 柔佛

BRUNAI 汶萊

Banjarmasin 馬辰

Macassar 望加錫

Tuban 圖班

Pajang 帕將國

Demak 淡目國

Chirebon 井裡汶

Tanjungpura 丹戎布拉

Brunai 汶萊

Mataram 馬塔蘭

Banten 萬丹

Bandung 萬隆

Jakarta Batavia 雅加達

Jambi 占碑

Singapore 新加坡

Johor 柔佛

Malacca 麻六甲

Pahang 彭亨

Trengganu 丁加奴

Kelantan 吉蘭丹

Patani 北大年國

Canton 廣州

Haiphong 海防

Hue 順化

Saigon 西貢

Angkor 吳哥

Pegu 勃固

圖4－3　黑色人種地區

Desert 沙漠

Savannah 大草原

Forest 森林

INDIAN OCEAN 印度洋

RED SEA 紅海

MEDITERRANEAN SEA 地中海

ATLANTIC OCEAN 大西洋

Blue Nile R. 藍尼羅河

White Nile R. 白尼羅河

Bahr el Ghazal R. 加扎勒河

Shari R. 沙里河

Lake Chad 查德湖

Niger R. 尼日河

Benue R. 貝努埃河

Gambia R. 甘比亞河

Senegal R. 塞內加爾河

Nile R. 尼羅河

KORDOFAN 庫爾都凡

DARFUR 達弗

WADAI 瓦代國

KANEM 加涅姆國

FEZZAN 費贊

AHAGGAR 阿哈加爾

HAUSA 豪薩

ADAMAWA 阿達馬瓦

NUPE 努普

YORUBA 約魯巴

DAHOMEY 達胡米

AKAN 阿坎

SONGHAY 桑海國

MOSSI 穆希

MALI 馬利

TAKRUR 塔克魯爾

SONINKE 蘇寧克

Sennar 森納爾

Tibesti 提貝斯提

Murzuq 邁爾祖格

Bilma(S) 比爾馬

Agades 阿加德茲

Zaria 扎里亞

Kano 卡諾

Katsina 卡齊納

Sokoto 索科托

Gobir 古比爾

Takedda 塔克達

Tadmekka 埃蘇克

Sijilmasa 西吉爾馬薩

Taghaza (S) 塔嘎薩

Gao 加奧

Yatenga 雅滕加

Wagadugo 瓦加杜古

Jenne 傑內

Timbuktu 廷巴克圖

Walata 瓦拉塔

Oyo 奧約

Kumbi-Saleh (Ghana) 迦納

Segu 塞古

Bamako 巴馬科

Niani 馬利帝國

Bure (G) 布爾

Bambuk (G) 班布克

圖 4－4 　北部區域

Islamized areas of the Golden Horde
and Chaghatay Khânate 金帳汗國和察
合台汗國的伊斯蘭化地區

Ottoman Empire 歐斯曼帝國

SEA OF OKHOTSK 鄂霍次克海

PACIFIC OCEAN 太平洋

SEA OF JAPAN 日本海

YELLOW SEA 黃海

SOUTH CHINA SEA 南海

BAY OF BENGAL 孟加拉灣

ARABIAN SEA 阿拉伯海

GULF OF ADEN 亞丁灣

RED SEA 紅海

PERSIAN GULF 波斯灣

MEDITERRANEAN SEA 地中海

BARENTS SEA 巴倫支海

CASPIAN SEA 裡海

BLACK SEA 黑海

BALTIC SEA 波羅的海

ARAL SEA 鹹海

Kur R. 庫拉河

Amur R. 黑龍江

Onon R. 鄂嫩河

Kerulen R. 克魯倫河

L. Baikal 貝加爾湖

Lena R. 勒拿河

Selenga R. 色楞格河

Orkhon R. 鄂爾渾河

Yenisey R. 葉尼塞河

Hwang Ho (Yellow R.) 黃河

Yangtze R. 長江

Mekong R. 湄公河

Ganges R. 恆河

Brahmaputra R. (Tscmgpo)

Ob R. 鄂畢河

Indus R. 印度河

Tarim R. 塔里木河

Tigris R. 底格里斯河

Euphrates R. 幼發拉底河

Volga R. 窩瓦河

Nile R. 尼羅河

Ili R. 伊犁河

L. Balkhash 巴爾喀什湖

Syr-Dar'ya R. 錫爾河

Oxus R. (Amu-Dar'ya) 烏滸河

Oder R. 奧得河

Danube R. 多瑙河

KHANATE OF KASIMOV 卡西姆汗國

KHANATE OF ASTRAKHAN 阿斯特
拉罕汗國

SHIRVAN 希爾凡

TATARS OF LITHUNIA 立陶宛的韃
靼人

Bukhârâ 布哈拉

Samarqand 撒馬爾干

Khokand 浩罕

Khîvah 希瓦

Gurganj 古爾干

Tiflis 提比里斯

Darband 達爾班德

Shamâkhi 沙馬基

Kefe 卡法

Kili 奇里

Akkerman 阿克曼

İstanbul 伊斯坦堡

Novgorod 諾夫哥羅德

Moscow 莫斯科

Vilna 維爾諾

Kiev 基輔

Lemberg 利維夫

索引

歷史，

世界史

伊斯蘭文明
中期伊斯蘭的擴張 中卷第四冊

作者	馬歇爾·哈濟生（Marshall G. S. Hodgson）
譯者	高慧玲
發行人	王春申
總編輯	李進文
編輯指導	林明昌
封面設計	吳郁婷
校對	邱太乙
營業經理	陳英哲
業務組長	高玉龍
行銷企劃	葉宜如
出版發行	臺灣商務印書館股份有限公司
地址	23141 新北市新店區民權路108-3號5樓
電話	(02) 8667-3712　傳真：(02) 8667-3709
讀者服務專線	0800056196
郵撥	0000165-1
E-mail	ecptw@cptw.com.tw
網路書店網址	www.cptw.com.tw
臉書	facebook.com.tw/ecptw
部落格	blog.yam.com/ecptw

局版北市業字第 993 號

初版一刷：2016 年 01 月

初版二刷：2018 年 08 月

定價：新台幣1500元（套書上下冊不分售）

THE VENTURE OF ISLAM, VOLUME 2: The Expansion of Islam in the Middle Periods

Licensed by The University of Chicago Press, Chicago, Illinois, U.S.A.

© 1974 by The University of Chicago. All rights reserved.

Arranged through Big Apple Agency, Inc.

Traditional Chinese edition copyright:

2016 THE COMMERCIAL PRESS, LTD.

伊斯蘭文明：中期伊斯蘭的擴張

馬歇爾.哈濟生（Marshall. G. S.
Hodgson）著；高慧玲譯

初版一刷. -- 新北市：臺灣商務出版發行
2016.01
　　面：　公分. --（歷史・世界史：6）
譯自：The Venture of Islam: The Expansion
of Islam in the Middle Periods
ISBN 978-957-05-3026-1
1.文明史　2.古代史　3.阿拉伯

735.9
104022623